KB129722

# 인간 생존의 법칙

# 인간 생존의 법칙

로버트 그린 지음 | 안진환 · 이수경 옮김

웅진지식하우스

**일러두기 —**

이 책은 『전쟁의 기술』(웅진지식하우스, 2007)의 에센셜 에디션입니다.

할 수 있다면 착해져라.

하지만 필요하다면 얼마든지 사악해져라.

**_마키아벨리, 『군주론』**

# 치열한 전쟁으로 치닫는 무한 경쟁의 시대, 살아남아 우위를 점하는 '생존'의 기술

오늘날 우리는 공정의 가치를 장려하며, 집단에 적응하고 다른 사람들과 협조하며 살아야 한다고 강조한다. 어릴 때부터 우리는 타인과 세상에 공격적인 성향을 드러내지 말라고 배운다. 그러면 남들에게 인기를 끌지 못하고 고립되는 등 사회적 대가를 치르게 된다는 이유다. 문제는 우리가 평화를 위해서는 여러 교육을 받지만 실제 세상과 대면하는 것, 즉 전쟁 속에서 살아남는 방법에 대해서는 전혀 알지 못한다는 사실이다.

전쟁은 우리 삶에 다양한 모습으로 존재한다. 명백한 적으로 우리의 반대편에 존재하는 라이벌을 들 수 있다. 세상은 점점 더 거칠어지고 치열한 경쟁 상황으로 치닫고 있다. 서로 우위를 점하기 위해 무슨 짓이든 서슴지 않는다. 더 심란한 것은 때로 자기편인 줄 알았던 이들과 전투를 치러야 한다는 사실이다. 겉으로는 팀을 위해 일하며 우호적으로 협력하는 듯 보이지만, 뒤에서는 사보타주를 행하고 자신만의 이익을 위해 조직을 이용하는 자들이 있다. 교묘하게 '수동적 공격'을 하는 이들은 더욱 찾아내기 힘들다. 이들은 우리를 돕는 척하나 전혀 도움이 되지 않을뿐더러 우리 마음에 죄책감을 불어넣는다.

치열한 공격과 경쟁이 이뤄지는 이유는 우리가 평화와 이타심이 없는 비열한 동물이라서가 아니라, 현실에 부응하며 살 수밖에 없는 존재이기 때문이다. 과거에는 개개인이 국가나 대가족, 회사 등 집단의 보호를 받을 수 있었지만, 이제 더는 그렇지 않다. 생존이 우선인 시대이다. 우리는 각자 자기 자신과 자신의 이익을 먼저 생각해야 한다. 우리에게 필요한 지식은 평화와 협동이라는 낭만적인 이상과 그것이 안겨주는 혼란이 아니라, 일상적으로 접하는 전투와 충돌 상황을 다루는 방법에 관한 실제 지식이다. 이러한 지식은 갈등과 경쟁 상황이 닥쳤을 때 인간 본연의 공격적 충동을 의도적이며 전략적인 방향으로 전환하는 고도의 기술이다. 이제 목표로 삼아야 하는 이상이 있다면, 그것은 생존을 위해 전략적인 전사戰士가 되어야 한다는 것이다. 여기서 전사란 능숙하고 지적인 책략을 통해 어려운 상황과 타인을 잘 다루는 사람을 가리킨다.

인생의 성패는 우리가 사회에서 맞닥뜨리는 불가피한 충돌을 얼마나 잘 다루는지에 달려 있다. 일반적으로 사람들은 충돌하는 상황이 벌어지면 무조건 피하려 들거나 감정적으로 경솔하게 행동하거나 얕은 속임수를 쓰는데, 이러한 방식은 여지없이 역효과를 낼 것이다. 합리적이지 못한 처신은 종종 상황을 악화시키게 마련이다.

전략적인 전사들은 이와는 사뭇 다르게 움직인다. 그들은 장기적인 목표를 향해 한발 앞서 생각하고, 피해야 할 싸움과 맞부딪쳐야 할 싸움을 결정하며, 감정을 조절하고 상황의 흐름을 바꾸는 방법을 알고 있다. 싸워야 할 상황에 내몰리면 그들은 우회적이고 교묘한 책략을 통해 싸우지만, 상대는 그 책략을 결코 알아채지 못한다.

'전략(strategy)'이라는 단어는 '장군'이라는 뜻을 가진 고대 그리스어 'strategos'에서 유래한다. 전략은 이런 의미에서 지휘의 기술, 즉 전쟁을 통솔하며 어떤 대형으로 배치하고 어떤 지형에서 싸우며 우위를 점하기 위해 어떤 책략을 써야 하는지 등을 결정하는 병술兵術을 뜻했다. 이러한 기술이 발전함에 따라 군 지휘관들은 상대보다 앞서서 더 많은 것을 생각하고 계획할수록 이길 확률이 더 높다는 사실을 깨달았다. 그러나 그들 역시 전략을 제대로 활용할 줄 아는 상대를 맞이하면 고전을 겪었다. 유리한 고지를 점하기 위해 장수는 상대편보다 더욱 전략적이고 더욱 우회적이며 더욱 영리해져야 했다. 세월이 흐르면서 지휘의 기술도 복잡해졌고, 더불어 더욱 많은 전략이 고안되었다.

전쟁이라는 불가피한 사태에서 살아남는 방법과 승리를 위한 궁극적인 계획을 정교하게 짜내는 방법, 최상의 군대를 조직하는 방법 등에 대한 확고한 원칙을 고대 중국에서 현대 유럽에 이르는 다양한 전쟁 교범에서 발견할 수 있다. 칭기즈칸의 군대나 나폴레옹의 군대는 예외 없이 역습과 측면 및 포위 작전, 기만술 등을 활용했다. 이러한 원칙과 전략은 싸움에서 승리하여 생존의 가능성을 높이기 위한 일련의 패턴을 보여준다.

역사상 가장 위대한 생존의 전략가를 꼽으라면 아마도 고대 중국의 병법서《손자병법》으로 유명한 손자孫子일 것이다. 기원전 4세기경에 쓰인《손자병법》에서 그 후 몇 세기에 걸쳐 개발되는 거의 모든 전략적 패턴과 원칙의 흔적을 발견할 수 있다. 그런데 손자가 보기에 사실상 그의 병법의 핵심은 '피 흘리지 않고 승리한다'는 이상이다. 전략가는 상대의 심리적 약점을 이용하고, 책략을 통해 상대를 불안정한 위치에 몰아넣음으로써, 그리고 좌절감과 혼란스러운 감정을 유도함으로써 상대방을 일찌감치 심리적으로 압도할 수 있다. 이것이야말로 적은 대가를 치르고 승리를 거두는 비법이다. 이를 통해 인명 피해를 줄이고 자원을 덜 낭비하며 승리를 거둔 국가는 한동안 태평성대를 누리며 번성할 수 있었다.

전쟁은 우리 삶과 동떨어진 영역이 아니다. 전쟁은 인간 본성의 악함과 선함이 적나라하게 드러나는 인간적인 격전장이다. 게릴라전이나 테러 등 과거보다 비전통적이고 더 더러운 전략으로 진화한 현재의 모습은 온갖 것이 다 통하는 사회의 변화상을 그대로 반영한다. 이때 전쟁에서 어떤 전략을 통해 생존할 것인지가 관건이다.

전쟁에서 살아남는 전략은 전통적이든 비전통적이든, 시대를 초월한 심리학에 기반한다. 이성과 감정의 균형을 유지하며 최소한의 인명 및 자원 손실로 승리를 거두는 전략은 우리 일상의 전투와도 전혀 무관하지 않으며, 얼마든지 거기에 적용할 수 있다.

전략에 따라서 행동했을 때의 이점 같은 것은 필요 없다고 넘겨버리는 대신, 생존을 위한 전략의 필요성을 직시하는 편이 훨씬 낫다. 그 기술을 정복하면 더욱 평화롭고 생산적인 인생을 누리게 될 것이다. 게임의 규칙과 폭력 없이 이기는 법을 터득했기 때문이다. 그것을 무시한다면 우리의 인생이 끝없는 혼란과 패배로 얼룩질 따름이다.

다음은 우리가 일상의 전략적 전사로 변모하고자 할 때 목표로 삼아야 할 여섯 가지 근본 원칙이다.

1. 상황을 있는 그대로 바라보고, 감정으로 덧칠하지 마라.
2. 행동을 보고 사람을 판단하라.
3. 자기 자신의 무기에 의존하라.
4. 전쟁의 신 아레스가 아닌 지혜의 신 아테나를 숭배하라.
5. 전술적으로 굴지 말고 전략적으로 움직여라.
6. 정신적으로 자신과 전쟁을 벌여라.

이 책은 전쟁의 교훈과 원칙에 담긴, 시대를 초월한 지혜의 정수를 소개한다. 이를 통해 일상의 전투에서 자신을 공격하는 교묘한 적들을 다룰 수 있는 실용적 지식을 알게 될 것이며, 그 지식으로 무장하여 극한 경쟁 속에서 생존하는 기술을 배울 수 있을 것이다. 이러한 전략들은 오늘날의 비즈니스 전쟁이나 조직 내부의 정치 역학, 대인 관계 등 그 어떤 규모의 투쟁에든 적용할 수 있다.

전략이야말로 가장 고귀한 형태의 실용 지식이다. 중요한 것은 인생의 경험에서 지혜를 얻고, 책에서 얻은 아이디어를 실생활에 적용해야 한다는 사실이다. 또한 자신이 아는 것을 반드시 행동으로 옮겨야 하고, 그 행동을 다시 지식으로 표현해야 한다. 이러한 방식으로 전략을 수행한다면 일생에 걸친 어려움을 맞닥뜨릴 때마다 지속적으로 위기를 극복하고 문제를 해결할 수 있을 것이다. 주도권을 빼앗긴 채 무기력하게 끌려다닐 것인가? 아니면 빈틈없는 전략으로 무장하여 살아남아 승리할 것인가? 열쇠는 당신에게 달려 있다.

CONTENTS

## PART 3 방어의 기술



## PART 4 공격의 기술

## PART 5 모략의 기술

# PART 1
# 자기 준비의 기술

전쟁 같은 일상에서 벌어지는 모든 충돌 상황에서 어떻게 생존할 것인가? 반드시 전략으로 무장해야 한다. 전략을 하나의 목표를 겨냥하는 일련의 선과 화살로 생각하라. 세상에서 확고한 지위를 차지하거나, 앞길을 가로막는 문제를 공략하거나, 적을 포위하여 물리칠 비책을 마련하려는 목표를 세웠다면 전략이 필요하다. 다만 이 화살로 적을 겨누기에 앞서 가장 먼저 당신 자신을 겨누어야 한다.

당신의 정신은 전쟁과 생존을 위한 모든 전략의 출발점이다. 정신이 감정에 쉽게 휘둘리고, 현재보다는 과거에 집착하며, 분명하고 긴박하게 세상을 보지 못한다면, 전략을 세우더라도 결코 목적을 이루지 못한다. 진정한 전략가가 되어 전쟁 같은 세상 속에서 살아남기 위해서는 다음의 세 단계를 밟아야 한다.

첫째, 정신을 옭아맬 수 있는 약점과 결함을 감지하여 정신의 전략적 능력이 왜곡되지 않도록 조심한다. 둘째, 일종의 전쟁을 스스로에게 선포하여 일보 전진하라. 셋째, 확실한 전략을 적용하여 당신 내부의 적들과 무자비하고 지속적인 전투를 수행하라.

이어지는 네 개의 장은 당신의 정신에 십중팔구 빌붙어 있을 심적 장애들을 지금 당장 감지하고, 그것들을 제거하여 명확한 전략으로 당신을 무장시키도록 구성되었다. 이 장들은 당신 자신을 겨냥한 화살이다. 사고와 실행을 통해 내면화하면, 앞으로 벌어질 모든 전투에서 이 화살들을 행동 지침으로 삼아 당신 안에 잠자고 있는 야심만만한 전략가를 깨울 수 있을 것이다.

STRATEGY 01

# 적이 누구인지를 명확히 하라

## 동지와 적

▲

삶은 끊임없는 전투와 충돌의 연속이다. 따라서 적이 누구인지 확인할 수 없다면 효과적으로 전투를 수행할 수도 없다. 사람들은 교활하고 종잡을 수 없는 데다가 자신의 의도를 숨기고 당신 편인 척 연기한다. 그들을 분명하게 식별해야 한다. 이 장에서는 적을 알아채는 법, 적의를 드러내는 패턴과 신호로 그들을 찾아내는 법을 배운다. 적이 누구인지 확인하고 나면 마음속으로 전쟁을 선포하라. 자석의 양극이 운동을 발생시키듯, 적을 알고 나면 목적과 방향에 따라 움직일 수 있다. 앞길을 가로막는 자, 보기만 해도 메스꺼운 자, 앙갚음을 해주고 싶은 자들, 그들이야말로 활력의 원천이다. 순진하게 굴지 마라. 어떤 자들과는 타협하기 어려우며 중립지대도 없다.

▲

## ◆ 대처 총리의 투쟁술

1970년대 영국의 정치계는 안정적인 양상을 보였다. 노동당이 정권을 잡고 나면 다음 선거에서는 보수당이 이기는 식이었다. 권력이 왔다 갔다 하는 와중에도 모두 품위와 예의를 지켰다. 사실 양 당은 서로를 닮아가기 시작했다. 그러나 1974년 선거에서 보수당이 패하자, 당원들 가운데 일부는 이제 참을 만큼 참았다고 판단했다. 변화를 원했던 그들은 마거릿 대처를 당수로 지명했다. 그 해 보수당은 분열되었고 이후 그 분열을 기회로 이용한 대처는 당수의 자리에 올랐다.

그때까지 누구도 대처 같은 정치인을 본 적이 없었다. 남성 주도의 세계에 뛰어든 여성인 데다가, 전통적으로 귀족 사회의 당인 보수당 내에서 자신이 식료품상의 딸이며 중산계급 출신임을 부끄러워하지 않았다. 차림도 수수해서 정치가라기보다 가정주부처럼 보였다. 또 그전까지 보수당 내에서 주도적 역할을 한 적도 없었다. 사실 대처는 우익 과격파였다. 무엇보다 충격적인 것은 그녀의 언행이었다. 다른 정치인들은 부드럽고 타협적이었지만,

그녀는 반대자를 대할 때 직설적으로 공격했다. 대처는 다분히 호전적인 성향을 지니고 있었다.

대부분 정치인은 대처가 요행으로 당수가 되었다고 여겼으며, 오래갈 것이라고 생각하지 않았다. 당을 이끌고 처음 2~3년 동안, 노동당이 정권을 잡은 이 시기에 대처를 바라보는 정치인들의 시선에는 거의 변화가 없었다. 그녀는 사회주의 체제를 매도했다. 그녀가 보기에 사회주의는 영국 경제를 사양길로 접어들게 한 주범이었다. 대처는 당시의 화해 무드를 깨고 소비에트연방을 힐난했다. 1978년과 1979년에 걸친 겨울, 몇 개의 공공 부문 조합이 파업을 결의했다. 대처는 정면충돌을 감행하여, 노동당과 제임스 캘러핸James Callaghan 총리를 이 파업과 결부시켰다. 이것은 대담하고 분파적인 발언으로서 저녁 뉴스를 장식하기에 딱 좋았다. 그러나 선거의 승리에는 도움이 되지 않는 행동이었다. 유권자들을 부드럽게 대하고 안심시키는 게 아니라 오히려 겁을 주고 있었기 때문이다. 이는 전통적인 상식에서 벗어난 행동이었다.

1979년 노동당이 총선거를 요구했다. 대처는 공격을 멈추지 않고 이 선거가 사회주의에 대항하는 십자군 전쟁이며 대영제국이 현대화될 수 있는 마지막 기회라고 규정했다. 대처는 점잖은 정치인의 대표 주자였던 켈러핸의 약점을 깊숙이 파고들었다. '가정주부 출신 정치인'인 대처에 대해 오로지 경멸만을 품고 있던 캘러핸은 곧장 그녀에게 반격을 가했다. 그는 만약 대처가 승리한다면 경제를 충격으로 몰아넣을 것이라고 주장했다. 이 전략은 부분적으로는 성공하는 듯 보였다. 대처는 많은 유권자에게 위협감을 주었고, 이 때문인지 여론조사에서도 캘러핸에 비해 대처가 한참 뒤처지는 형세였다. 그러나 또 한편으로는 그녀의 정치적 수사와 그에 대한 캘러핸의 반응이 양당의 차이를 극명하게 보여주면서 유권자들을 양극화했다. 대중이 좌와 우로 갈라지자 그녀는 그 틈새를 집중 공략하여 부동층을 끌어들였다. 대처는 상당한 표 차로 승리를 거두었다.

총리가 된 이후에는 대처에게도 변화가 필요했다. 지금까지 유권자들을 당황하게 해왔지만, 이제 논조를 절제할 필요가 있었다. 여론조사에 따르면 그것이 대중이 원하는 바였다. 그러나 대처 총리는 언제나 그랬듯이 정반대로 행동했다. 그녀는 예산 삭감법안을 통과시켰다. 그것도 선거 때 공약한 것보다 훨씬 더 큰 규모의 삭감이었다. 캘러핸이 주장했던 대로 대처 총리의 정책이 진행될수록 경제는 충격에 빠졌고 실업률이 치솟았다. 곧 같은 당의 남성 의원 다수는 수년간 자신들을 대해온 대처의 처신에 더는 분개를 참지 못하고, 공개적으로 그녀의 능력을 문제 삼았다. 대처는 보수당에서 가장 존경받는 온건한 의원들을 '웨츠(wets, 'wet'에는 '나약하고 감상적인 사람'이라는 의미가 있다 – 옮긴이)'라고 불렀고, 이들은 대처가 국가 경제를 파탄에 빠뜨림으로써 자신들의 정치 경력에 오점이 남을지 모른다며 두려워했다. 대처 총리는 그들을 내각에서 추방하는 것으로 대응했다. 그녀는 작심하고 모든 반대자를 밀어낼 기세였다. 적들의 영역은 점점 커졌고, 그녀의 인기는 하락 일로에 놓여 있었다. 다음 선거에서 그녀가 끝장날 것이 틀림없었다.

그즈음, 1982년 대서양 반대편에서 아르헨티나 군사정권이 자국의 문제로부터 주의를 분산시킬 목적으로 영국령인 포클랜드섬을 침공했다. 아르헨티나는 이곳이 자국의 영토라고 주장했다. 현지 군사정권 관리들은 영국이 본토에서 멀리 떨어진 데다 불모지인 포클랜드를 포기할 것이라고 확신했다. 그러나 대처는 주저하지 않고 포클랜드에 해군 특수부대를 파견했다. 1만 3천 킬로미터에 달하는 먼 거리도 아랑곳하지 않았다. 노동당 지도자들은 무의미하고 희생이 큰 이 전쟁을 비난했다. 당내에서도 다수가 두려움에 휩싸였다. 섬의 재탈환에 실패한다면 보수당은 파멸할 것이라는 두려움이었다. 대처는 그 어느 때보다 고독했다. 그러나 다수 대중이 그녀의 자질을 새롭게 바라보기 시작했다. 지금까지 그들을 초조하게 만들어놓던 바로 그 자질을 말이다. 완고한 고집이 이제는 용기와 고결한 기품으로 보였다. 우유부단하고 겁 많은 데다 제 경력만 챙기는 주위 남성들에 비하면 대처 총리는 단호하고 강력해 보였던 것이다.

마침내 영국은 포클랜드를 탈환하는 데 성공했다. 이제 대처는 그 어느 때보다 위대해 보였다. 삽시간에 국내의 사회, 경제적 문제가 잊혔다. 대처는 정치 무대를 장악했고, 다음 두 번의 선거에서 노동당에 압승을 거두었다.

삶은 전투와 충돌의 연속이다. 당신은 불리한 상황과 파괴적인 관계와 위험한 일들을 끊임없이 맞닥뜨린다. 이러한 난국을 어떻게 대처하여 생존할 수 있을지가 관건이다.

마거릿 대처는 아웃사이더로서 권력의 정점에 도달했다. 중산계급의 여성이고 우익 과격파였기에 주류와는 거리가 멀었다. 대부분의 아웃사이더는 권력을 얻기 위해 본능적으로 우선 인사이더가 되려 한다. 아웃사이더의 삶은 고달프기 때문이다. 하지만 그렇게 함으로써 자신의 정체성과 차별성을 잃어버린다. 대처가 주위의 남성들처럼 행동했다면 다른 남성이 그 자리를 다시 쉽게 빼앗을 수 있었을지도 모른다. 그녀의 본능은 아웃사이더로 머무르는 것이었다. 실제로 그녀는 가능한 한 멀리까지 아웃사이더로서 영역을 확장했다. 남성들의 군대에 대항하여 한 명의 여성으로서 자리매김한 것이다.

모든 단계마다 적절하게 차이를 부각함으로써 대처는 사회주의자, 웨츠, 아르헨티나 같은 반대자들과 선을 그었다. 대처의 적들은 그녀가 결단력 있고 힘 있으며 자기희생적이라는 인상을 확립하는 데 오히려 도움을 주었다. 유권자들의 마음은 호감을 주는 인사보다 우위를 차지한 인사에게 끌리게 마련이다. 일부 대중이 미워하더라도 내버려두어라. 모든 사람을 만족시킬 수는 없는 법이다. 당신과 첨예하게 대립하는 자들, 적들이야말로 당신이 든

든하게 의지할 토대를 구축하는 데 도움을 줄 존재다. 한가운데로 휩쓸려 들어가지 마라.

◆ 생존의 기술

## 적이 누구인지를 명확히 하라

우리는 사람들이 직접 적대감을 드러내지 않는 시대에 살고 있다. 시대적 변화에 따라 적에 대한 관념도 바뀌어야 한다. 이는 사회, 정치, 군사적 측면 모두에 해당한다. 노골적인 적은 드문 세상이므로 그런 적을 만난다는 것은 오히려 축복에 가깝다. 사람들은 당신을 파괴하려는 욕망과 의도를 드러내놓고 공격하지 않는다. 그 대신 정치적이고 우회적인 방식을 택한다. 많은 이들이 우정이라는 가면을 쓰고 공격적 욕망을 숨긴다. 그들은 친밀하게 다가와서 더 많은 해를 끼치려 한다. 그런 면에서 친구는 당신을 다치게 하는 방법을 가장 잘 아는 존재라고 할 수 있다. 어떤 이들은 도덕성을 이용해 교묘한 전쟁을 치른다. 이들은 희생양을 가지고 놀며, 당신이 저지른 일을 두고 딱 꼬집어 말하지 않으면서도 죄책감을 느끼게 만든다. 전쟁터는 이런 전사들, 요리조리 잘 빠져나가고, 종잡을 수 없고, 머리 회전이 빠른 전사들로 가득하다.

명심하라. 전략가로서의 첫 번째 과제는 적의 개념을 확장하는 것이다. 교묘한 방법으로 당신에게 반대하여 작업하고 훼방 놓는 자들의 집단을 적의 개념에 포함시켜라. (이때 무관심과 무시는 때때로 적극적인 공격보다 효과적이고 교묘한 무기가 된다. 그 뒤에 감춰진 적대감을 알아채기 힘들기 때문이다). 당신이 잘못되기를 바라면서 간접적으로 작전을 수행하는 자가 있다는 사실을 냉정하게 인식할 필요가 있다. 그들이 누구인지 알아내기만 해도 책략을 발휘할 공간이 생긴다. 한 발짝 물러서서 기다릴 수도 있고, 최악의 상황을 피하기 위해 공격적이든 단순히 회피하기 위함이든 어떤 조치를 취할 수도 있다. 심지어 이 적을 친구로 만들기 위해 노력해볼 수도 있다. 당신이 어떻게 대처하든, 순진한 희생양은 되지 말아야 한다. 신중함으로 무장하여 절대로 생존을 위한 당신의 무기를 완전히 내려놓지 마라. 친구 앞이라도 마찬가지다.

위험은 어디에나 있다. 언제나 적대적인 사람들과 파괴적인 관계들이 있다. 그러한 위험들을 대면하는 편이 낫다. 분노를 억누르고, 당신을 위협하는 사람을 회피하며, 언제나 타협점을 찾으려 하는 식의 무난한 전략은 파멸을 부른다. 충돌을 회피하는 태도는 버릇이 되며, 당신은 전투에 흥미를 잃게 될 것이다. 전투에서 죄책감은 부질없다. 당신에게 적이 있는 것은 당신 탓이 아니다. 부당한 취급을 받았거나 자신이 희생양이 되었다는 느낌을 갖는 것도 똑같이 부질없는 감정이다. 두 경우 모두 당신은 내면을 바라보며 자기 자신과 자신의 감정에 집중해야 한다. 나쁜 상황을 내면화하는 대신, 그것을 외면화하여 적과 대면하라. 탈출구는 그것뿐이다. 사실 공격당한다는 것은 당신이 표적이 될 만큼 중요한 인물이라는 방증이다. 그 관심을 즐기면서 자신을 증명할 기회로 삼아라.

지도자들은 어려운 시기에는 문 앞에 적이 있는 편이 도움이 된다는 점을 알고 있었다. 대중이 처한 온갖 어려움으로부터 주의를 돌릴 수 있기 때문이다. 자신의 부대를 결속시키기 위해 적을 이용한다면, 가능한 한 그들을 양극화시켜라. 약간의 증오심을 가질 때 더욱 격렬히 싸우는 법이다. 자신과 적과의 차이점을 과장하라. 선을 분명히 그으라는 말이다.

기억하라. 언제나 당신보다 더 공격적이고 교활하고 무자비한 사람들이 있으며, 그중 누군가는 당신이 가고자 하는 방향과 엇갈린다는 사실을 말이다. 당신은 그들과 화해하거나 타협하고 싶겠지만 그러한 유형의 인간은 대부분 대단한 사기꾼이어서 자신의 매력이 전략적 가치가 있음을 잘 알고 있다. 어떤 사람을 대할 때는 스스로를 단련시켜서, 중립지대는 없으며 화해란 헛된 희망에 불과함을 인식해야 한다. 상대방은 타협하고자 하는 당신의 욕망을 무기로 활용할 수 있다. 또 한 가지 명심할 점이 있다. 당신은 그들의 과거를 통해 위험한 적들을 가려내야 한다. 그들이 권력을 빠르게 획득했거나, 그들의 재산이 급격히 불어났거나, 이전에 배신행위를 한 적이 있는지 파악하라.

일단 상대방이 나폴레옹에 버금가는 전략가라는 의심이 든다면, 무기를 내려놓거나 남이 대신 행동에 나서기를 기대하지 마라. 살아남기 위한 최후의 방어선은 당신 자신이다.

항상 감정을 억제하면서 적을 포착하고 그들을 이용하라. 당신에게 필요한 것은 분명함이지 편집증이 아니다. 숱한 폭군들은 모든 사람을 적으로 보았기에 몰락했다. 당신은 적일지도 모를 사람에게서 눈을 떼지 않음으로써, 신중하고 조심성 있게 행동해야 한다. 의심이 생기더라도 혼자만 간직하여, 설령 잘못 짚었더라도 아무도 알아채지 못하게 하라. 또한 사람들을 편 가를 때는 완전히 돌이킬 수 없을 정도가 되지 않게 조심해야 한다. 마거릿 대처 총리는 대립 전략에 능수능란했지만 결국 조절에는 실패하여 끝까지 살아남지 못했다. 너무 많은 적을 만들어놓은 데다 똑같은 책략을 반복했기 때문이다. 심지어 퇴각해야 할 상황에서도 말이다.

STRATEGY

# 02

# 과거의 방식으로 싸우지 마라

## 혁신자들의 전쟁법

▲

당신을 종종 우울하거나 비참하게 만드는 것은 과거의 일이다. 과거는 불필요한 집착, 진부한 공식의 반복, 과거의 승리나 패배에 대한 기억이라는 형태로 당신을 옥죈다. 따라서 의식적으로 과거에서 벗어나야 하며, 스스로 현재에 반응하도록 노력을 기울여야 한다. 당신 자신에게 무자비하게 대하라. 과거에 썼던 방법을 다시 사용하는 우를 범하지 마라. 교활하고 무자비한 세상에서 살아남으려면 가끔은 위험을 감수하고 새로운 방향을 개척하도록 애써야 한다. 지금껏 안락과 안정감에 빠져 있었다면 당신은 변화를 통해 얻지 못했을 무언가를 성취할 것이며, 그로 인해 적은 당신의 다음 행동을 예상하기 어려워질 것이다. 머릿속으로 게릴라전을 수행하라. 고정적인 방어선을 정해두지 말고, 공격받기 쉬운 노출된 요새를 만들지 마라. 모든 것을 유동적이고 융통성 있게 유지하라.

▲

◆

## 천하무적 프로이센 군대의 패배

나폴레옹 보나파르트는 역사상 그 누구보다도 권력의 정점에 빠르게 도달한 인물이다. 1793년 나폴레옹은 프랑스 혁명군의 대위에서 준장으로 진급했다. 이탈리아 원정군 사령관으로 임명된 1796년, 그리고 3년 후 두 차례에 걸쳐 오스트리아를 격파했다. 1801년에 제1통령, 1804년에 황제가 되었다. 1805년 아우스터리츠전투에서는 오스트리아-러시아 동맹군에게 굴욕적인 패배를 안겨주었다.

많은 이들에게 나폴레옹은 위대한 장군 그 이상이었다. 그는 천재이자 전쟁의 신이었다. 하지만 모두가 그렇게 생각한 것은 아니다. 프로이센의 장군들은 나폴레옹이 단지 운이 좋았을 뿐이라고 생각했다. 그들이 보기에 나폴레옹은 무모하고 공격적인 반면 그의 적들은 소심하고 약해빠진 자들이었다. 그가 프로이센군과 맞붙는다면 그 명성이 신기루에 불과함을 만천하가 알게 되리라고 생각했다.

프로이센 장군 중에 프리드리히 루트비히 호엔로에-잉겔핑

겐Friedrich Ludwig Hohenlohe-Ingelfingen이 있었다. 전쟁에서 큰 공을 여러 번 세운, 독일의 유서 깊은 귀족 가문 출신인 호엔로에는 프로이센을 대국으로 키워낸 프리드리히 대왕 밑에서 복무한 경력이 있었다. 그는 진급을 거듭하여 쉰 살이라는, 프로이센 기준으로는 비교적 젊은 나이에 장군이 되었다.

호엔로에는 전쟁의 승리가 우월한 전략의 구사, 조직력, 군기에 달려 있다고 보았다. 프로이센군은 이러한 덕목을 그대로 갖추고 있었다. 프로이센 군사들은 정교한 전술을 마치 한 대의 기계처럼 정확하게 수행할 수 있도록 끊임없이 훈련을 거듭했다. 프로이센 장군들은 프리드리히 대왕의 승전 사례를 맹렬하게 연구했다. 그들에게 전쟁이란 수학적 원리가 적용되는 과업이자, 시간을 초월한 원칙의 적용을 의미했다. 장군들에게 나폴레옹은 기강이 해이한 시민군을 이끄는 성미 급한 코르시카인에 불과했다. 그들은 지식과 기술에서 나폴레옹을 능가한다고 자신했다. 프랑스군은 규율 잡힌 프로이센군을 대면하면 혼비백산할 터였다. 나폴레옹의 신화는 붕괴되고, 유럽은 다시 옛날로 복귀할 것이다. 호엔로에는 흥분했다.

1806년 8월 호엔로에와 동료 장군들에게 기다리던 소식이 날아들었다. 나폴레옹의 거듭되는 협정 파기에 진력이 난 프로이센의 왕 프리드리히 빌헬름 3세가 6주 후에 전쟁을 선포하기로 결정한 것이다.

호엔로에는 무아지경이었다. 이번 원정이야말로 자신의 경력에서 절정이 될 기회가 아닌가. 수년간 나폴레옹을 무찌를 방책을 연구해왔던 호엔로에는 마침내 장군들과의 첫 전략 회의에서 계획을 발표했다. 한 치 오차 없는 행군을 통해 완벽한 각도를 이루는 위치를 확보하여, 프로이센 남부를 통과하면서 전진하는 프랑스군을 공격한다는 것이었다. 프리드리히 대왕이 즐겨 구사했던 사선斜線 전투 대형의 공격으로 적들에게 치명타를 가할 것이다. 육십 대나 칠십 대에 이르는 다른 장군들도 그들 나름의 계획을 발표했지만, 모두 프리드리히 대왕의 전술을 변형한 것에 불과했다. 논의는 논쟁으로 변질되었다. 그렇게 몇 주가 흘러갔다. 결국 왕이 개입하여 장군 모두를 만족시키는 전략을 절충하여 도출해야만 했다.

영광의 시절이 다시 오리라는 기대가 전국을 휩쓸었다. 프로이센 장군들은 나폴레옹의 뛰어난 첩자들이 자신들의 전략을 적에게 새어나가게 했다는 사실을 깨달았지만, 프로이센군의 '전쟁 기계'는 이미 작동에 들어갔다.

10월 5일 프로이센 왕이 전쟁을 선포하기 며칠 전, 장군들은 당혹스러운 소식을 접했다. 정찰대에 따르면, 흩어져 있는 줄 알았던 나폴레옹의 분대가 서쪽으로 진군하여 본대와 합류한 뒤, 프로이센 남부 깊숙이 모여들었다는 소식이었다. 정찰대를 이끄는 대위는 프랑스 군사들이 등에 배낭을 짊어지고 행군 중이라고 보고했다. 프로이센군이 물자를 보급하기 위해 느려터진 짐수레를 이용하는 반면, 프랑스군은 보급품을 각자가 소지하여 놀랄 만한 속도와 기동력으로 이동하고 있었다.

장군들이 계획을 수정할 겨를도 없이, 나폴레옹 군대는 북쪽으로 급선회하여 프로이센의 심장부인 베를린을 향해 직진했다. 장군들은 갑론을박, 우왕좌왕하면서 공격 지점을 찾지 못한 채 군대를 이리저리 이동시켰다. 공포감이 엄습했다. 마침내 왕은 퇴각을 명했다. 북부에서 부대를 재결집한 후, 베를린으로 진군하는 나폴레옹 군의 측면을 치겠다는 생각이었다. 호엔로에는 퇴각하는 프로이센군을 보호하는 후위대를 맡았다.

10월 14일 예나 부근에서 나폴레옹과 호엔로에는 맞닥뜨렸다. 호엔로에 입장에서는 바라 마지않던 결전을 드디어 맞이한 것이다. 양측 병력의 숫자는 동등했지만 상황은 달랐다. 상대인 프랑스군은 체계도 없이 무턱대고 전투하다가 여차하면 도망갈 기강이 해이한 병력인 반면, 호엔로에 자신은 휘하 부대가 엄격한 지휘 체계를 준수하게 했으며 군사들을 마치 발레단처럼 일사불란하게 지휘하지 않았던가. 전투는 막상막하였지만 마침내 프랑스군이 피어첸하일리겐 마을을 점령했다.

호엔로에는 마을을 탈환하라고 부대에 명했다. 프리드리히 대왕 시절의 의식대로, 군악대 장교가 북으로 구령 박자를 연주하면 프로이센 병사들은 깃발을 휘날리며 헤쳐 모이면서 완벽한 대열을 갖추었다. 그러나 그들은 탁 트인 평지에 있었고, 나폴레옹의 군사들은 정원 벽 뒤나 집 지붕 위에 있었다. 그들에게 프로이센군은 볼링 핀처럼 차례로 모조리 무너뜨리기 딱 좋은 손쉬운 과

녁이었다. 당황한 호엔로에는 병사들에게 진격을 멈추고 대형을 바꾸라고 명령을 내렸다. 북소리가 다시 울리자, 프로이센군은 언제나 멋진 구경거리가 되었던, 빈틈없이 열을 맞춘 행진을 선보였다. 그러나 프랑스군은 사격을 계속 퍼부어서 프로이센군의 대열을 무너뜨리며 그들을 살육해버렸다.

호엔로에의 눈에 프랑스 병사들은 악마 같았다. 기강 잡힌 자신의 병사들과 달리 그들은 자기 멋대로 움직였지만, 그들의 "미친 짓에도 나름대로 조리가 있었다(셰익스피어의 《햄릿》에 나오는 폴로니우스의 대사 - 옮긴이)." 프랑스군은 어디에서 나타났는지 모르게 느닷없이 양쪽에서 달려들어서는, 프로이센군을 포위하고 위협을 가했다. 호엔로에는 퇴각을 명했다.

프로이센군은 삽시간에 카드로 만든 집처럼 무너졌고 요새는 차례차례 함락당했다. 프로이센 왕은 동쪽으로 피신했다. 이렇게 예나 전투는 한때 무적이던 프로이센군의 굴욕적인 패배로 끝나버렸다.

## ● 해석

1806년 프로이센군이 직면한 현실은 간단하다. 그들은 50년 정도 시대에 뒤떨어진 구식 군대였다. 늙어빠진 장군들은 현재 상황에 대처하기보다 과거에 잘 먹혔던 공식을 반복하려 했다. 군대는 느리게 이동했고, 병사들은 퍼레이드에 참가한 자동인형에 불과했다. 그동안 재앙을 경고하는 신호는 많았다. 프로이센군은 최근의 격전에서 제대로 싸워내지 못했고, 많은 장교가 개혁을 주창했으며, 무엇보다 나폴레옹을 연구할 시간이 10년이나 있었다. 현실은 그들을 노려보고 있었지만, 그들은 그것을 무시했다. 스스로의 운명을 나폴레옹에게 내맡긴 셈이다.

프로이센 군대의 패배를 그냥 흥미로운 역사적 사례로만 여길지 모르겠지만, 사실은 우리 역시 그들과 같은 방향으로 행진하고 있는 듯하다. 개인과 국가를 제한하는 것은 현실과 직면하는 능력, 즉 사물을 있는 그대로 보는 능력의 부재다. 우리는 줄곧 과거에 집착한다. 해묵은 습관이 우위를 점하고, 전에 잘 먹혀들던 그 무엇이 우리를 현실로부터 보호하는 교리가 되어버린다. 반복이 창의력을 대체하면 생존과 거리가 멀어진다.

과거의 성공이 미래에도 당연히 계속될 거라고 생각하지 마라. 실제로는 과거의 성공이야말로 가장 큰 장애물이다. 모든 전투, 전쟁은 다르다. 예전에 통했던 것이 오늘도 통하리라고 가정해서는 안 된다. 과거와의 끈을 끊고, 현재를 향해 눈떠야 한다.

◆ 생존의 기술

## 과거의 방식으로 싸우지 마라

용인하기 힘들거나 불쾌한 경험을 떠올릴 때마다 우리는 생각한다. x 대신 y라는 말이나 행동을 했더라면, 그것을 단 한 번이라도 다시 해볼 수 있다면……. 숱한 장수들이 전투의 열기 속에서 허둥대고 난 후에, 실수를 일거에 만회할 만한 작전이나 책략에 대해 생각한다. 하지만 문제는 해결 방안을 너무 늦게 생각했다는 점이 아니라 우리가 지식이 모자랐다고 생각한다는 점이다. 이것은 명백히 그릇된 접근 방식이다. 우리가 길을 잃는 이유는 당면한 순간에 주파수를 맞추지 않고 주변 환경에 둔감하기 때문이다. 우리는 자신의 머릿속 생각에만 귀를 기울이고, 과거에 일어난 일들에 반응하며, 현재의 난관을 극복하는 데는 아무 도움이 안 되는 이론과 발상을 적용하려 든다. 더 많은 책, 더 많은 이론, 더 많은 생각은 문제를 악화시킬 뿐이다.

명심하라. 위기 속에서 창의적인 전략가가 돋보이는 이유는 그들이 지식이 많아서가 아니라, 필요할 때 선입견을 떨쳐버리고 당면한 순간에 온 신경을 집중하기 때문이다. 이것이 바로 창의력을 점화하고 행운을 거머쥐는 방법이다. 지식과 경험, 이론에는 한계가 있다. 미리 아무리 많은 생각을 하더라도, 어느 한순간에 발생하는 무한한 가능성과 인생의 혼돈에는 완벽하게 대비할 수 없다. 위대한 전쟁 철학자 카를 폰 클라우제비츠는 이것을 '마찰friction'이라 불렀다. 우리가 세우는 계획과 실제 일어나는 일의 차이를 일컫는 말이다. 마찰이 불가피하므로 우리의 정신은 변화를 따라잡고 예측하지 못한 것에 적응해야만 한다. 변화하는 상황에 우리의 생각을 적응시키면 시킬수록, 그 상황에 대한 우리의 반응도 더욱 현실적으로 변한다.

어떤 전술도 고집스럽게 적용하지 마라. 정신이 정적인 위치에 안주하여 특정한 장소나 생각을 방어하거나, 생명력 잃은 작전을 되풀이하도록 내버려두지 마라. 문제를 새로운 각도에서 공격하여 새로운 전망과 새로이 주어진 것들에 적응하도록 하라. 당신이 끊임없이 움직이면 적들에게 어떠한 표적도 보여주지 않게 된다. 세상의 혼돈에 굴복하는 대신 그 혼돈을 이용하여 살아남아라.

## ● 뒤집어보기

과거의 전쟁을 반복하는 것은 생각해볼 가치도 없다. 그러나 당신이 그 치명적인 성향을 제거하는 동안, 적 또한 똑같은 일을 하리라는 생각도 해봐야 한다. 현재에서 배우며 현재에 적응하는 것 말이다. 역사적으로 최악의 군사적 재앙은 과거의 전쟁을 반복했을 때가 아니라 상대편이 과거의 전쟁을 반복하리라고 추측했을 때 일어났다.

1990년 이라크가 쿠웨이트를 침공했을 때 사담 후세인은 미국이 '베트남 증후군(베트남 전쟁에서 발생한 사상자와 손실에 대한 뼈아픈 상처를 떠올리게 되는 두려움)'에서 회복하지 못했다고 생각했고, 그렇다면 전쟁을 피하거나 이전과 같은 방식으로, 즉 지상전 대신 공중전을 통해 승부를 걸리라고 생각했다. 후세인은 미군이 새로운 형태의 전쟁 준비를 완료했다는 사실을 깨닫지 못했다.

기억하라. 패자는 치유 불가능할 만큼 뼈아픈 상처를 입어 다시는 싸우지 않을 수도 있지만, 경험을 통해 배우며 계속 전진하기도 한다. 낭패도 조심하다 당하는 편이 낫다. 항상 대비하라. 교활한 세상 속에서 절대로 적에게 허를 찔리지 마라.

STRATEGY
03

# 평정심을 잃지 마라

## 리더의 정신력

▲

위기 속에서는 마음의 균형을 상실하기 쉽다. 예상치 못한 실패, 동맹자의 의심이나 비난 등 많은 것이 당신을 막아선다. 이때 두려워하거나 의기소침하거나 좌절하며 감정적으로 대응할 위험성이 있다. 환경이 어떠하든 마음의 평정을 유지하며 정신력을 유지하는 것이 지극히 중요하다. 그 순간에 감정적으로 이끌리려는 나약함에 적극적으로 저항해야 한다. 그 어떤 것과 부딪히더라도 공격성과 결단력, 자신감을 유지하라. 당신의 마음을 역경에 노출시켜 더욱 강인하게 단련시켜라. 전장의 혼돈으로부터 자신을 분리하는 법을 배워라. 다른 사람들은 그 속에서 허둥대도록 내버려 두어라. 그동안 평정심은 당신이 그들의 영향력에서 벗어나 생존할 수 있도록 도와줄 것이다.

▲

◆

## 넬슨 제독의 명령 불복종

해군 중장 호레이쇼 넬슨Horatio Nelson은 온갖 역경을 겪었다. 코르시카섬의 칼비를 점령하는 과정에서 오른쪽 눈을 잃었고 테네리페섬 전투에서 오른팔을 잃었다. 1797년 상비센테곶에서 스페인군을 무찔렀고, 이듬해 나일 전투에서 나폴레옹의 해군을 무찌름으로써 그의 이집트 점령 계획을 좌절시켰다. 그러나 어떠한 시련이나 승리도 1801년 2월 덴마크와의 결전을 앞두고 상관과 대립했을 때와 비교할 순 없었다.

영국의 가장 영광스러운 전쟁 영웅인 넬슨이 함대를 지휘하는 것은 당연해 보였다. 그러나 해군성은 하이드 파커Hyde Parker 경을 사령관으로, 넬슨을 부사령관으로 임명했다. 이번 전쟁은 민감한 사안이었다. 영국이 프랑스로 가는 전쟁 물자에 대해 입출항 금지를 조치했음에도 불구하고 덴마크인들이 따르지 않자 전쟁을 선포한 것이었다. 해군성은 넬슨의 성격이 불같아 침착성을 잃기 쉽다고 판단했다. 그는 나폴레옹을 증오했기 때문에 덴마크와의 전투에서 무리수를 둘 가능성이 컸다. 그런 면에서 하이드 경은 맡은 일만 충실히 하고 판을 더 이상 키우지 않을 연륜 있고 안정적이며 침착한 사람이었다.

넬슨은 자존심을 억누르며 보직을 맡았지만 앞으로 있을 난관을 짐작했다. 그는 시간이 관건임을 알고 있었다. 영국 해군이 더 빨리 항해한다면 덴마크가 방어를 공고히 할 시간이 없을 터였다. 그런데 파커의 좌우명은 "모든 것을 순리대로"였다. 그의 태평스러움이 싫었던 넬슨은 곧장 행동에 돌입하고 싶었다. 그는 정보 문서를 검토하고, 해도를 연구했으며, 세부 전투 계획까지 짜놓았다. 넬슨은 파커에게 선제공격을 주장하는 서신을 보냈다. 그러나 파커는 그의 의견을 무시했다.

마침내 3월 11일 영국 해군 선단은 항해를 시작했다. 코펜하겐으로 향하는 대신, 파커는 코펜하겐 항구 정북 방향에 정박한 뒤 함장들을 소집하여 회의를 열었다. 파커는 덴마크군이 코펜하겐의 정교한 방어벽을 구축했다는 첩보를 입수했다고 설명했다. 보트들은 항구에 정박해 있고, 요새들은 남북으로 포진되어 있으며, 기동 포대는 영국군을 바다 속에 침몰시킬 태세라는 것이다. 또한 코펜하겐 주변 해역에 정통한 도선사들의 보고에 따르면 그곳은 모래톱 지대인 데다 해풍까지 종잡을 수 없는 까다로운 지역이었다. 집중포화 속에서 이러한 위험지대를 항해하는 것은 끔찍한 일이 될 터였다. 이 모든 난관을 감안하면, 덴마크군이 항구를 떠나 공해公海상에 나오기를 기다리는 게 최선일 수도 있다는 말이었다.

넬슨은 마침내 폭발해서는 회의실을 활보하며 열변을 토했다. "기다려서 승리를 거둔 전쟁은 여태 한 번도 없었다. 덴마크의 방어벽은 '전쟁 애송이들'한테나 겁줄 따름이다. 나에게는 계획이 있다. 접근하기 쉬운 남쪽에서부터 공격할 것이며, 파커와 예비 병력은 코펜하겐 북쪽에 대기한다. 기동력을 이용하여 덴마크 대포를 무력화할 것이다. 지도는 이미 연구해보았다. 모래톱은 위협적이지 않다. 해풍에 관해서 말하자면, 공격적인 행동이 중요하지 해풍 때문에 안달복달해서는 안 된다."

지금껏 부하들을 훌륭히 지휘해온 넬슨의 모습에는 자신감과 호소력이 넘쳤다. 함장들은 물론 하이드 파커 경조차 연설에 감명을 받아서 계획을 승인했다.

다음 날 아침 넬슨 함대가 코펜하겐으로 전진했고 전투가 개시되었다. 덴마크군 대포는 근거리에서 발사되며 굉음을 울려댔다. 넬슨은 기함旗艦 엘리펀트호의 갑판 위를 왔다 갔다 하며 부하들을 독려했다. 그는 거의 무아지경이었다. 돛대를 관통한 총탄이 아슬아슬하게 그를 비켜갔다. 넬슨은 그 일격에 약간 동요되어 한 중령에게 말했다. "힘든 전투로군. 오늘은 누구라도 한순간에 불귀의 객이 될 수 있다네. 하지만 명심하게. 이유 여하를 막론하고 나는 결코 이곳을 벗어나지 않을 걸세."

파커는 북쪽 위치에서 전투를 지켜보았다. 넬슨의 계획을 승인한 것이 점점 후회되었다. 만약 여기서 패배한다면 이를 책임져야 할 것이며 자기 경력에도 치명적인 흠집이 날 것이다. 포격 네 시간이 지나자, 파커는 더는 참을 수 없었다. 함대는 타격을 입었으며 조금도 우위를 확보할 기미가 보이지 않았다. 파커는 39번 신호기信號旗를 게양하기로 결정했다. 퇴각하라는 명령이었다. 엘리펀트호 갑판 위에서 대위 한 명이 넬슨에게 신호기가 올랐다고 보고했다. 넬슨은 이를 무시했다. 덴마크 수비벽을 향해 맹포격을 퍼붓다가 한 장교에게 물었다.

"16번 신호기가 여전히 올라가 있나?"

16번은 '적군에 더욱 근접하여 교전하라'는 뜻이다. 장교는 아직도 그 깃발이 게양되어 있다고 대답했다.

"명심하게. 깃발을 그대로 두게나."

넬슨이 말했다. 몇 분 뒤, 파커의 신호기가 여전히 산들바람에 펄럭이는 것을 보고 함장에게 말했다.

"폴리, 자네도 알다시피 난 애꾸 아닌가. 가끔은 장님이 될 권리가 있다네. 난 정말이지 신호가 보이지 않는군."

파커와 넬슨 사이에서 갈등하던 함장들은 넬슨에게 자신들의 전 경력을 걸었다. 얼마 지나지 않아 덴마크군의 방어선이 무너지기 시작했다. 일부 전함이 포위된 채 항구에 정박했으며, 함포 사격도 잦아들었다. 파커의 전투 중지 신호기가 게양된 지 한 시간도 안 돼 덴마크군은 항복했다.

다음 날 파커는 마지못해 넬슨의 승전을 축하했다. 명령 불복종 문제는 언급하지 않았다. 단지 자신의 용기 부족까지 포함해서 모든 일이 조용히 잊히기만을 바랄 뿐이었다.

영국 해군성은 하이드 파커 경을 신임함으로써 군사상의 실수를 저질렀다. 해군성은 조심스럽고 꼼꼼한 사람에게 군사 지휘권을 맡긴 것이다. 그런 자들은 평화 시에는 침착하고 심지어 강인해 보이기까지 하지만, 흔히 자신감 뒤에 약점을 감춘다. 그들이 그토록 조심스럽게 일을 처리하는 까닭은 실수를 저지를까 봐 두렵고 그 실수가 그들의 경력에 오점을 남길까 전전긍긍하기 때문이다. 전투에 돌입하면 그들은 갑자기 우유부단해진다. 어느 곳에서나 문제를 발견하고 사소한 실패에도 패배를 예감한다. 그들은 두려움 때문에 망설이기 일쑤인데, 이렇게 머뭇거리는 순간들이 운명을 결정짓는다.

작고 호리호리한 체구의 넬슨 경은 불같은 결단력으로 자신의 육체적 약점을 상쇄했다. 전투에 돌입하는 순간, 그는 자신의 공격 욕구를 서서히 끌어올렸다. 다른 해군본부 위원들이 사상자 수, 바람, 적군 대형의 변화에 대해 걱정했던 반면, 그는 자신의 계획에 집중했다. 넬슨만큼 미리 적을 철저하게 연구하고 전략을 세운 사람은 없었다. 그렇게 얻은 지식은 적이 약해질 시점을 예상하는 데 도움이 되었다. 그러나 일단 교전이 시작되고 나면 우유부단이나 신중함은 용납하지 않았다.

평정심은 일종의 균형추로서, 전투의 열기 속에서 총체적 관점을 잃고 감정적으로 변하기 쉬운 우리의 성향과 심적인 약점에 대해 균형을 잡아준다. 우리의 가장 큰 약점은 용기의 상실, 자신에 대한 의심, 불필요한 조심성이다.

◆ 생존의 기술

## 평정심을 잃지 마라

인간은 자신을 합리적인 존재로 믿고 싶어 한다. 사고 능력과 이성이 우리가 동물과 구별되는 점이라고 여긴다. 그것은 일부만 사실이다. 우리는 합리적인 동시에 감정적인 존재이며, 자신의 행위를 이성과 사고를 통해 다스린다고 믿고 싶어 하지만 실제로는 감정이 우리 행동을 좌지우지하는 경우가 많다.

곤경에 처하게 되면 합리성을 잃고 혼란에 빠진 채로 압박감에 굴복하고 만다. 적이나 믿었던 동료로부터 공격을 받을 때 우리는 분노, 슬픔, 배신감에 압도된다. 이런 상태에서 벗어나 합리적으로 대응하기까지는 굉장한 노력이 필요하다.

명심하라. 정신은 감정보다 나약하다. 하지만 당신은 이러한 약점을 곤경의 순간에야 깨닫는다. 전쟁 같은 일상에서 생존할 수 있도록 당신을 무장시키는 최선의 것은 더 깊은 지식이나 지성이 아니다. 정신을 더 강하게 하고 감정을 더 잘 조절할 수 있게 해주는 것은 내면의 규율과 강인함이다.

매일매일 평정심이 유지되도록 연마하라. 자신감, 용감무쌍함, 자기 의존성은 전쟁 시기뿐 아니라 평화 시기에도 필수적이다. 프랭클린 루스벨트는 비단 2차 세계대전뿐 아니라 평상시(가족 앞에서나 심지어 소아마비라는 자신의 신체적 장애를 다룰 때)에도 압력에 굴하지 않는 품위와 강인한 내면을 보여주었다.

걱정이 많고 혼란스러운 순간에는 더욱 결의를 다져야 한다. 공격적인 에너지를 끌어올려 조심성과 무력감을 떨쳐내야 한다. 어떤 실수를 저질렀건, 더 힘 있는 행동으로 바로잡을 수 있다. 심적 균형을 되찾으면, 당면한 문제를 제대로 바라볼 수 있다. 평정심이 일단 습관으로 자리 잡고 나면, 결코 당신을 저버리지 않는다.

● **뒤집어보기**

경쟁자들이 평정심을 잃게 할 방도를 찾는 것도 현명한 대처다. 당신의 평정심을 잃게 했던 바로 그것을 선택하여 적들에게 적용하라. 그들이 준비되기 전에 행동에 나서라. 허를 찔러라. 예측하지 못한 상황에서 뭔가 행동을 해야 할 때만큼 마음이 불안할 때는 없다. 그들의 약점을, 그들을 감정적으로 몰아가는 것을 찾아내어, 갑절로 선사하라. 그들을 감정적으로 만들수록, 진로에서 빗나간 방향으로 그들을 더 멀리 밀어붙일 수 있다.

STRATEGY

04

# 절체절명의 순간으로 자신을 밀어 넣어라

## 배수진

▲

당신의 가장 큰 적은 당신 자신이다. 현재에 전념하는 대신 미래를 꿈꾸느라 소중한 시간을 낭비하지 마라. 아무것도 긴박하게 느껴지지 않기 때문에 지금 하는 일에 반쯤만 열중하는 것이다. 변화하기 위한 유일한 길은 압박감이 드는 상황에 뛰어들어 행동의 변화를 꾀하는 것이다. 시간이나 자원을 허비하기에는 위험 부담이 지나치게 큰 상황에 자신을 놓아보라. 도저히 패배를 용납하지 못하겠다면, 실제로도 패배하지 않을 것이다. 과거와의 끈을 끊고, 자신의 재능과 에너지에 의해서만 통과할 수 있는 미지의 영토로 들어서라. 살아서 돌아가려면 당신은 배수진을 치고 죽기를 각오하고 싸워야 한다.

▲

◆

## 죽음과 마주한 경험

1845년 도스토옙스키는 스물네 살에 발표한 첫 소설 《가난한 사람들》로 러시아 문단을 뒤흔들었다. 그러나 이른 성공은 뭔가 공허감을 가져다주었다. 방황 끝에 미하일 페트라셰프스키Mikhail Petrashevsky라는 사회주의자가 구심점이 된 급진주의 정치 조직에 가담했다.

3년 뒤인 1848년 전 유럽에 혁명이 발발했다. 서구에서 일어나고 있는 상황에 영감을 받은 페트라셰프스키파派와 같은 러시아 급진주의 조직들은 혁명의 물결에 동참하고자 했다. 그러나 당시 차르 니콜라스 1세는 의심스러운 조직마다 첩자들을 침투시켜 그들의 활동을 감시했다. 페트라셰프스키 조직도 예외일 수 없었다. 농민 반란을 선동하자는 내용을 비롯하여 그들의 일거수일투족이 일일이 보고되었다. 도스토옙스키는 농노 해방을 열렬히 지지했다. 1849년 4월 23일 그를 포함해서 페트라셰프스키파의 조직원 스물네 명이 체포되었다.

여덟 달이 넘는 고달픈 수감 생활을 보내던 어느 추운 날 아침, 잠에서 깬 죄수들은 최종 판결을 받을 거라는 통보를 받았다. 그들 정도의 죄라면 몇 달간 유배 조치가 통례였다. '이 끔찍한 고통도 몇 달이면 끝나겠군.' 모두 이렇게 생각했다.

죄수들은 짐짝처럼 마차에 실려 상트페테르부르크의 얼어붙은 거리를 지나갔다. 마차에서 내려 세묘노프스키 광장에 발을 디디자 신부 한 명이 그들을 맞았다. 신부 뒤편에는 병사들이 줄지어 있었고, 그들 뒤로 구경꾼이 수천이었다. 그들은 검은 천에 싸인 교수대가 놓인 광장 한가운데로 끌려갔다. 교수대 앞쪽에는 말뚝 세 개가, 옆쪽에는 관들이 실린 손수레 행렬이 있었다.

도스토옙스키는 눈앞의 광경을 도저히 믿을 수 없었다. "우리를 처형하려 하다니, 있을 수 없는 일이야." 그는 옆 동료에게 속삭였다. 죄수들은 교수대 앞까지 행진해서 두 줄로 섰다. 둥둥둥둥 북소리가 울려 퍼졌다. 장교 한 명이 앞으로 나와 판결문을 낭독했다. "피고인 모두는 국가 질서를 전복하려는 혐의에 대해 유죄가 인정되므로, 총살형에 처한다." 죄수들은 충격으로 할 말을 잃었다.

죄수들에게 두건이 달린 상의가 주어졌다. 신부가 마지막 성사를 하고 각자의 고해를 들어주었다. 그들은 서로에게 안녕을 고했다. 먼저 총살당할 세 명이 말뚝에 묶였고, 두건이 그들의 얼굴을 덮어씌웠다. 도스토옙스키는 앞줄에 서서 다음 차례를 기다렸다. 병사들은 소총을 들어 조준했다. 그때였다. 마차 한 대가 질주하며 광장에 들어섰다. 한 사람이 봉투 하나를 꺼내 들었다. 마지막 순간에, 차르가 그들을 감형해주기로 했다는 전갈이 도착한 것이다.

그날 오전이 다 지나갈 무렵 도스토옙스키는 4년간의 시베리아 강제 노동 후 군대 복무를 마쳐야 한다는 새로운 선고를 전해 들었다. 그날 도스토옙스키는 담담한 어조로 동생에게 편지를 써서 보냈다. "지난 일을 돌이켜보고 실수와 게으름으로 허송세월했던 날들을 생각하니 심장이 피를 흘리는 듯하다. 인생은 신의 선물… 모든 순간은 영원의 행복일 수도 있었던 것을 모르고! 젊었을 때 알았더라면! 이제 내 인생은 바뀔 것이다. 다시 태어난다는 말이다."

며칠 뒤, 도스토옙스키는 팔과 다리에 5킬로그램에 가까운 쇠고랑을 매단 채 시베리아로 보내졌으며, 형기 내내 그 쇠고랑을 차고 있어야 했다. 그 후 4년 동안 그는 나락 같은 감옥의 조건을 견뎌냈다. 글을 쓰는 것이 허락되지 않았기 때문에 그는 머릿속으로 소설을 쓴 후 모조리 외워두었다. 마침내 1857년 형기 중 남은 군대 기간을 보내고 있을 무렵, 작품을 출간해도 좋다는 허가를 받았다. 예전에는 한 페이지를 쓰면서도 스스로를 고문하듯 자책하고 상념에 빠져서 반나절을 넘기기 일쑤였지만, 이제 그는 쓰고 또 쓰기만 했다. 친구들은 그가 상트페테르부르크를 걸어가면서 작품의 대화 일부를 중얼대는 모습을 목격하곤 했다. 그의 새로운 좌우명은 "최단 시간에 가능한 한 빨리 끝내기"였다.

어떤 이들은 도스토옙스키가 감옥에서 보냈던 시기를 애석하게 여겼다. 그럴 때마다 그는 오히려 화를 내면서 자신은 그 경험에 감사하며 그 시간에 대해 어떤 괴로움도 느끼지 않는다고 말했다. 1849년 12월 그날에 그는 그동안 인생을 허비했다는 것을 깨달았다. 1881년 죽는 날까지 그는 미친 듯한 속도로 집필하여 『죄와 벌』, 『악령』, 『카라마조프의 형제들』 등을 발표했다. 마치 매일 매일이 생의 마지막 날이라도 되듯이 말이다.

● **해석**

사실 차르 니콜라스는 페트라셰프스키 과격파를 체포하자마자 그들에게 강제 노동을 시킬 생각이었다. 그전에 그들에게 모진 교훈을 주기를 원했고, 그래서 사형선고라는 잔인한 연극을 조심스럽게 세부 사항을 신경 써서 꾸민 것이다. 신부, 두건, 관, 마지막 순간의 사면까지 말이다. 이렇게 함으로써 그들의 콧대를 꺾고 굴복시킬 수 있으리라 생각했다. 실제로 몇몇 죄수는 그날 사건 이후 미쳐버렸다. 그러나 도스토옙스키에게 일어난 효과는 전혀 달랐다. 그는 이전 몇 년 동안 방황, 상실감, 어떻게 시간을 보내야 할지 모르겠다는 느낌 때문에 괴로워했다. 극도로 감성적이었던 그는 그날 말 그대로 뼛속 깊이 죽음을 느꼈다. 그리고 소위 '사면'의 순간을 재탄생의 경험으로 인식했다.

그 효과는 영구적이었다. 남은 평생 도스토옙스키는 의식적으로 자신을 그날로 되돌려, 다시는 한순간도 허비하지 않겠다는 다짐을 되새기곤 했다. 자신이 너무 편해지고 자기만족에 빠졌다고 느껴지면, 카지노로 가서 가진 돈을 탕진해버리곤 했다. 가난과 빚은 그에게 일종의 상징적인 죽음으로서, 자신의 인생에서 일어날 법한 무無의 상태로 자신을 내던지는 것이었다. 어느 경우에든 그는 작품을 쓰려고 애썼으며, 결코 여타 작가들이 글을 쓰는 방식을 따르지 않았다. 마치 창작이 즐거운 예술적 취미에 불과한 듯 그에 수반되는 살롱 생활과 강연과 겉치레로 대부분의 만족을 얻지 않았다는 말이다.

인생의 전사로서, 당신은 이러한 동력의 방향을 바꾸어놓아야 한다. 죽음에 관한 생각에서 도피할 것이 아니라 그것을 포용할 수 있는 대상으로 삼아라. 우리가 살아갈 날은 얼마 남지 않았다. 그날들을 반쯤 잠든 채로 마지못해 흘려보낼 것인가? 아니면 정신 바짝 차리고 살아갈 것인가? 발뒤꿈치에 다가온 죽음을 느낀다면 당신의 모든 행동은 더욱 확신과 힘에 넘치게 된다. 이번 행동이 인생에서 주사위를 던지는 마지막 기회가 될 수도 있다. 그 기회를 무엇보다 소중하게 여겨라.

◆ 생존의 기술

## 절체절명의 순간으로 자신을 밀어 넣어라

우리는 자신의 행동에 대해 어찌할 바를 모를 때가 많다. 이렇게도 저렇게도 할 수 있고 선택의 여지는 많지만, 어떤 것도 절실해 보이지 않으니 좀처럼 감이 잡히지 않는다. 그리하여 엄청나게 시간을 허비하게 된다. 그런데 외부로부터 오는 위기감을 느끼게 되면 모든 것이 달라진다. 업무에서 뒤처지거나, 경솔하게 감당하지도 못할 일이나 억지로 강요된 책임을 떠맡게 될 때 모든 것이 바뀐다. 자유는 없다. 이건 반드시 해야 하고, 저건 반드시 고쳐놓아야 한다. 놀랍게도 위기감은 우리 삶에 활력과 생기를 불어넣는다. 이제 우리가 행하는 모든 일이 꼭 필요한 일로 느껴진다. 그러나 어느새 슬며시 일상의 습관으로 다시 돌아가고 위기감이 사라져버리면, 우리는 그것을 다시 되돌릴 방법을 알지 못한다.

군대가 존재한 이래로 군사 지휘관들은 이 주제에 대해 고심해왔다. 어떻게 하면 병사들에게 동기를 부여하여 좀 더 공격적이고 필사적으로 싸우게 할 수 있을까? 어떤 장수들은 강렬한 웅변에 의존했고 그중 몇몇 달변가는 성공을 거두었다. 그러나 2천 년 전 중국의 전략가 손자는 아무리 각성을 촉구하는 내용이라 해도 연설을 듣는 것은 너무 수동적인 경험이기 때문에 지속적인 효과를 발휘할 수 없다는 결론에 도달했다. 그 대신 그는 '사지死地'라는 개념을 논한다. 사지란 어떤 군대가 산이나 강, 또는 숲과 같이 탈출로가 없는 지형을 등지는 장소를 말한다. 퇴각할 길이 없을 때 군대는 평지에서보다 두 배 세 배의 기세로 싸우게 되는데, 죽음에 당면했음을 뼛속 깊이 느끼기 때문이다. 손자는 병사들을 사지에 배치하여 그들이 악마처럼 싸우도록 절박한 낭떠러지에 몰아붙이라고 말한다.

명심하라. 우리는 환경에 밀접하게 얽매인 존재다. 만약 우리가 처한 상황이 편안하고 느슨하다면, 사람들이 우호적이고 따뜻하다면, 우리는 긴장이 풀린다. 심지어는 지루함과 피곤함마저 느끼고, 우리의 도전 의식은 마비된다. 위험성이 높은 상황과 동적인 변화에 스스로 뛰어들어라. 당신의 육체는 들끓는 에너지로 위험에 대응하고 정신을 집중할 것이다. 긴박함이 당신을 압도하고, 당신은 도저히 시간을 허비할 수가 없다.

우리가 지쳤다면, 그것은 지루해졌다는 의미이기도 하다. 진정한 도전에 직면하지 않는다면 심리적, 육체적인 혼수상태로 접어든다. "때로는 활기 부족으로 죽음이 찾아온다."는 나폴레옹의 말처럼 도전이 부족할 때와 감당할 수 있는 것보다 더 적게 취하려 할 때 활력이 떨어진다. 위험을 무릅쓴다면 당신의 몸과 마음은 밀려드는 활력으로 대응할 것이다. 위험을 부단한 연습 대상으로 삼아라. 당신이 계속 감수하는 위험과 지속적으로 극복하려 하는 도전은, 인생의 진가를 더욱 강렬하게 느끼게 해주는 상징적인 죽음과도 같다.

● **뒤집어보기**

당신이 져도 잃을 것이 없다고 느낄 때 오히려 추진력을 얻는다면, 다른 이들도 그럴 것이다. 따라서 그러한 상황에 있는 사람들과의 충돌은 반드시 피해야 한다. 아마도 그들은 지독한 악조건에 놓여 있거나 이유를 막론하고 자살하고 싶을 만큼 절망적일지도 모른다. 그들은 절박하며, 절박한 사람들은 생존을 위해 한 번의 싸움에 모든 것을 건다. 이것은 그들에게 엄청난 이점이다. 상황이 그들을 이미 패배시킨 상태이기 때문에 그들은 더 이상 잃을 것이 없다. 당신에 대해서도 마찬가지다. 그들을 내버려두어라.

역으로 적들의 사기가 떨어진 상태에서 공격하는 것이 당신에게 유리하다. 아마 그들은 싸우는 이유가 부당하다고 여기고 있거나 존경하지 않는 리더를 위해 싸우고 있는지도 모른다. 그들의 사기를 더욱 떨어뜨릴 방법을 찾아내라. 사기가 낮은 부대는 작은 실패에도 용기를 잃기 쉽다. 힘을 보여주는 것만으로도 그들의 투지를 박살 낼 수 있다.

상대편이 절박감을 덜 느끼게 하라. 마치 그들이 세상의 모든 시간을 다 가진 양 느긋하게 느끼도록 만들어라. 그들이 졸고 있을 때 쉽게 쳐부술 수 있다. 당신이 당신의 투지를 날카롭게 가다듬는 동안, 언제나 그들의 투지를 무디게 만들 수 있도록 하라.

# PART 2
# 조직의 기술

당신은 훌륭한 아이디어를 가지고 있거나, 깨뜨릴 수 없는 전략을 창안해낼 수 있을지 모른다. 하지만 계획 실행에 협력해주어야 하는 당신 휘하의 조직이 기민함과 창의성을 보여주지 않는다면, 또 조직의 구성원들이 항상 개인적 어젠다만을 우선시한다면, 당신의 아이디어는 아무 의미도 없어진다.

전쟁의 일차적 목표는 당신이 이끄는 조직의 구조가 속도와 기동성을 갖추도록 하는 것이다. 이는 최상부의 권력을 단일화해 리더십이 분열될 때 빚어지는 혼란과 지체를 피하는 것을 의미한다. 또 대원들에게 전반적 목표와 그 목표를 이루기 위한 행동 범위를 인식시키는 것을 의미한다. 대원들은 전장에서 벌어지는 일련의 사건들에 기계적으로 반응하는 대신 적극적으로 대응할 수 있어야 한다. 마지막으로 그것은 대원들에게 동기를 부여하는 것을 뜻한다. 즉 대원들에게 단합심을 심어주어 저항할 수 없는 추진력으로 삼게 해야 한다. 이런 식으로 군사력을 정비한 장군은 필연적으로 결정적인 우위를 확보하게 된다.

군대의 이러한 모델은 어떤 조직에서든 활용할 수 있다. 단, 한 가지 간단한 요건이 충족되어야 한다. 전략을 세우거나 조치를 취하기 전에 먼저 당신이 이끄는 조직의 구조를 이해해야 한다. 당신은 항상 자신의 목적에 부합할 수 있도록 조직의 구조를 변화시키고 재구성할 수 있어야 한다. 5, 6, 7장은 바로 이 점에 초점을 맞추고 있다. 또 피해야 할 실책과 함께 본받을 만한 조직 모델 등 여러 가지 전략적 선택 사항을 고려해보게 될 것이다.

STRATEGY

05

# 자신만의 지휘 계통을 확립하라

## 자기 사람 만들기

▲

집단을 이끌 때 문제점은 사람들이 필연적으로 저마다의 어젠다를 가지게 된다는 것이다. 당신이 너무 권위적이라면 사람들은 말은 안 해도 속으로 원망하고 당신에게 반항할 것이다. 반면 너무 유약한 모습을 보이면, 그들은 본래의 이기심을 드러내어 당신의 통제권을 떨어뜨릴 것이다. 따라서 속박한다는 느낌은 주지 않으면서도 당신을 따르게 하는 지휘 계통을 확립해야 한다. 적재적소에 알맞은 사람들을 배치하라. 명령을 기계적으로 따르는 사람들이 아닌 당신의 아이디어에 담긴 정신을 구현해낼 사람들로 말이다. 명령은 명확하고 영감을 줘야 하며, 리더가 아닌 팀에 초점을 맞추어야 한다. 참여 의식을 높이되 비합리적인 집단 의사결정인 집단 사고에는 빠지지 말아야 한다. 당신은 공평무사함을 보여야 하지만, 명령의 통일성을 결코 포기해서는 안 된다.

▲

## ◆ 명령 계통은 어떻게 붕괴되는가

1914년 8월 1차 세계대전이 발발했다. 그해 말 서부전선의 영국군과 프랑스군은 독일군에 의해 완전히 궁지에 몰렸다. 한편 동부전선의 독일군은 영국과 프랑스의 동맹국인 러시아 군대를 거세게 몰아붙이고 있었다. 영국의 군 고위 관료들은 새로운 전략을 실행해야 했다. 그들은 해군 장관이던 윈스턴 처칠의 지원을 받아 터키 다르다넬스해협에 있는 갈리폴리반도를 공격하기로 했다. 당시 터키는 독일의 동맹국이었고, 다르다넬스해협은 터키의 수도인 콘스탄티노플(현재의 이스탄불)로 들어가는 관문이었다.

이 계획은 1915년 3월에 승인되었다. 작전 지휘는 영국의 이언 해밀턴Ian Hamilton 장군이 맡았다. 당시 62세였던 해밀턴은 뛰어난 전략가이자 노련한 지휘관이었다. 해밀턴 장군과 처칠은 호주군과 뉴질랜드군이 포함된 연합군이 터키의 군사력보다 우세하다고 확신했다. 처칠이 내린 명령은 간단했다. "콘스탄티노플을 점령하라." 나머지 세부 사항은 해밀턴 장군에게 위임했다.

해밀턴은 갈리폴리반도의 남서쪽 끝 세 지점에 상륙해 해안을 확보한 후 북쪽으로 급습한다는 계획을 세웠다. 4월 27일 상륙작전이 이루어졌다. 그러나 처음부터 모든 것이 어긋나기 시작했다. 부정확한 지도 때문에 군대는 다소 엉뚱한 곳에 상륙했고, 해안은 예상보다 협소했다. 무엇보다 상황을 어렵게 만든 것은 터키군의 격렬한 저항이었다. 작전 수행 첫날 연합군의 7만 병력은 대부분 상륙했지만, 몇 주째 해안에서 더 진격하지 못하고 있었다. 연합군은 궁지에 몰렸고 갈리폴리 작전은 오히려 재앙이 되어버렸다.

6월에 처칠은 정부를 설득해 추가 병력을 파견하도록 했고 해밀턴은 새로운 계획을 고안해냈다. 그는 북쪽으로 약 32킬로미터 떨어진 수블라만에 2만 병력을 보낼 작정이었다. 수블라는 공략하기 쉬운 곳이었다. 큰 항구가 있고 저지대의 평탄한 지형일 뿐 아니라, 그곳을 방어하고 있는 터키군도 소수에 불과했다. 이 곳을 공격하면 터키 군대를 분산시켜 남쪽에 있는 연합군 군대가 활로를 모색할 수 있고 갈리폴리를 함락할 수 있을 것이라고 기대했다.

수블라 작전을 지휘할 자로 해밀턴은 마지못해 프레더릭 스톱퍼드Frederick Stopford 중장을 임명했다. 임무 수행을 맡을 자격이 있는 영국인 중 그가 최고위직에 있었기 때문이다. 프레더릭 해머슬리Frederick Hammersley 소장에게는 11사단을 이끌도록 했다. 이들 모두 해밀턴으로서는 최선의 선택이 아니었다. 61세의 스톱퍼드는 전쟁에서 군대를 이끈 경험이 없었고, 전쟁에서 이기는 유일한 길은 대포를 이용한 포격뿐이라고 생각하는 인물이었다. 그는 건강 상태도 좋지 않았다. 해머슬리 역시 지난해 신경쇠약을 앓은 전력이 있었다.

해밀턴은 장교들에게 전투의 목적에 대해서는 전달하되, 그 목적을 달성하는 방법은 장교들의 몫으로 남겨두는 스타일이었다. 그는 결코 무례하거나 강압적으로 굴지 않는 신사였다. 해밀턴은 이번 작전을 앞두고 스톱퍼드에게 한 가지 사항을 지시했다. 터키군이 수블라 상륙작전을 알게 되면 신속히 군대를 증강할 터이니, 해변에 상륙하는 대로 테케테페로 최대한 빨리 진격해가라는 것이었다. 테케테페는 내륙 쪽으로 6.5킬로미터 떨어진 구릉지대로, 그곳에 진을 치면 연합군은 반도를 점령하기 훨씬 수월해진다. 해밀턴의 명령은 지극히 간단했지만, 부하들의 심기를 건드리지 않도록 명령을 최대한 광범위하게 설명하느라 오해의 소지를 남기고 말았다. 세부 일정을 제시하지 않은 것은 치명적인 실수였다. 스톱퍼드는 그의 말을 완전히 오해하고 말았다. 그는 해밀턴의 명령을 테케테페에 '최대한 빨리' 도달하라는 것으로 이해하지 않고, '가능하다면' 구릉지대로 진격하라는 뜻으로 이해했다. 그리고 자신이 이해한 내용을 해머슬리에게 전달했다. 작전 전반에 의구심이 있던 해머슬리가 그 내용을 대령들에게 전달하자 명령은 더욱더 막연해지고 긴박성은 훨씬 떨어졌다.

8월 7일 드디어 공격이 개시되었다. 하지만 상황은 좋지 않게 돌아갔다. 스톱퍼드의 '오해'가 혼란을 빚은 것이다. 해안에 도착하자 장교들은 자신의 위치와 목표를 확신하지 못해 언쟁을 벌이기 시작했다. 이들은 상부에 전령을 보내 진격해야 하는지, 진지를 강화해야 하는지 물었다. 해머슬리는 아무런 결정도 내릴 수 없었다. 근해의 배에 머물고 있던 스톱퍼드가 전장 지휘권을 가지고 있었기 때문이다. 하지만 그 배 위에서는 신속한 명령을 내릴 수 있을 만큼 빨리 전장의 상황을 파악하기가 불가능했다. 해밀턴은 훨씬 더 멀리 떨어진 섬에 머물고 있었다. 결국 그날 하루는 논쟁과 전갈만 주고받다가 어영부영 지나가고 말았다.

다음 날 아침 해밀턴은 뭔가 크게 잘못되었다는 사실을 감지했다. 정찰 비행선으로 전장을 돌아본 결과 수블라 근처의 평지가 거의 비어 있을 뿐 아니라 방어도 되지 않고 있었다. 테케테페로 가는 길이 완전히 뚫려 있어서 진격만 하면 되는데도 군대는 상륙한 자리에서 움직이지 않았다. 해밀턴은 직접 전장에 가보기로 했다. 그날 오후 늦게 스톱퍼드의 배에 도착해서 보니 중장은 2만 명의 병사가 해안에 상륙했다는 사실에 들떠 자축하는 분위기였다. 군대에 구릉지대로 진격하라는 명령은 내리지도 않은 상태였다. 대포 없이는 터키군이 해올 반격이 두려웠던 그는 자신의 진영이 강화되고 보급품이 도착할 날을 기다리고 있었다. 해밀턴은 자제심을 발휘하느라 애를 써야 했다. 이미 한 시간 전 그는 터키의 지원부대가 수블라를 향해 진격하고 있다는 소식을 들은 터였다. 해밀턴이 오늘 저녁 테케테페를 확보해야 한다고 말하자 스톱퍼드는 야간 행군에 반대했다. 너무 위험하다는 것이었다.

거의 공포에 질린 해밀턴은 이번에는 수블라의 해머슬리를 찾아갔다. 놀랍게도 병사들은 마치 해변에서 휴일을 즐기는 것처럼 보였다. 구릉지대 확보에 실패한 원인을 묻자 해머슬리는 구릉지대 확보를 위해 몇 개 여단을 보냈으나 터키군의 포병대를 만난 데다 대령들이 상관의 지시 없이는 더 이상 진격할 수 없다고 했다며 변명을 늘어놓았다. 마침내 스톱퍼드가 상황을 파악하고 해머슬리에게 내린 명령은 병사들을 쉬게 하고 다음 날까지 기다렸다 진격하라는 것이었다. 그러나 내일 아침이면 너무 늦을 것이었다. 터키의 지원부대가 길을 떠났으니 말이다. 날은 이미 저물었지만 해밀턴은 해머슬리에게 여단 하나를 즉각 테케테페로 보내라고 명령했다. 여단은 반드시 테케테페에 도착해야 했다.

해밀턴은 항구의 선박으로 돌아와 상황을 주시했다. 다음 날 아침 해가 떠오르자 그는 쌍안경으로 전장을 살펴보았다. 그의 눈앞에 연합군이 수블라로 퇴각하는 끔찍한 상황이 벌어지고 있었다. 터키의 대부대가 그들보다 30분 일찍 테케테페에 도착했던 것이다. 터키군은 며칠 만에 수블라 주변의 평원을 재탈환하고 해밀턴의 군대를 해안에 묶어두는 데 성공했다. 약 4개월 후 연합군은 갈리폴리 공격을 포기하고 군대를 철수해야 했다.

## ● 해석

명령 계통의 첫 번째 연결고리는 스톱퍼드와 해머슬리였다. 두 사람 모두 위험을 감수하기를 두려워했고 해밀턴은 이들의 나약함에 적절히 대응하지 못했다. 테케테페에 진격하라는 그의 명령은 정중하고 강압적이지 않았기에 스톱퍼드와 해머슬리는 자신의 두려움을 반영해 이 명령을 나름대로 해석했다. 이들은 일단 해안을 확보하면 테케테페 확보도 가능하리라 생각했다.

그다음으로 명령 계통에 연결된 것은 테케테페 확보를 지휘했던 대령들이었다. 이들은 섬에 머물고 있던 해밀턴이나 선박의 스톱퍼드와 접촉할 수 없었고, 해머슬리는 너무 당황한 나머지 이들을 제대로 지휘하지 못했다. 명령을 정확하게 이해하지 못했던 대령들은 자신들이 멋대로 행동하다가 계획을 망칠까 겁이 났다. 이들은 한 걸음 한 걸음 내디딜 때마다 주저할 수밖에 없었다. 한편 대령 휘하의 장교와 병사들은 리더십 부재로 길 잃은 개미처럼 헤맬 수밖에 없었다. 최상부의 막연함이 말단부의 혼란과 무기력으로 이어지고 말았다. 작전이 성공하기 위해서는 명령 체계의 양방향으로 정보가 신속히 전달되어 해밀턴이 전장의 상황을 파악하고 적보다 빨리 조치를 취할 수 있어야 했다. 그런 명령 계통이 무너지자 연합군은 갈리폴리를 내어줄 수밖에 없었다.

이러한 실패를 통해 깨달을 수 있는 진실은 모든 것은 최상부에서 비롯된다는 것이다. 당신이 실패하느냐 성공하느냐는, 당신이 어떤 리더십을 발휘하느냐와 어떤 명령 계통을 고안해내느냐에 달려 있다. 막연하고 정확하지 않은 명령이 몇 단계를 거쳐 전장에 도착하면 왜곡되거나 아무 의미가 없어진다. 사람들은 일할 때 감독을 받지 않으면 본래의 이기적인 모습으로 되돌아간다.

## 자신만의 지휘 계통을 확립하라

오늘날 효과적인 리더십을 위해서는 노련하고 교묘한 관리가 어느 때보다 필요하다. 그 이유는 권위에 대한 신뢰가 떨어졌기 때문이다. 모두 각자 자신을 나름의 권위자로 생각한다. 자신을 보병이 아닌 장교로 여기는 것이다. 사람들은 자기주장을 내세워야 한다는 필요성을 느끼며 팀보다는 개인의 이익을 우선시한다. 팀의 결속력은 약해지고 또 쉽게 깨져버린다.

이러한 경향은 리더들에게도 영향을 미친다. 민주주의적으로 보이기 위해 리더들은 참모진 전체의 의견을 구하고, 집단이 결정을 내리게 하며, 전반적 전략을 고안할 때 부하들의 의견을 중시한다. 이러한 리더들은 자신도 모르는 사이 전쟁과 리더십의 가장 중요한 규칙 하나를 어긴 셈이다. 바로 명령의 통일성이다. 너무 늦기 전에 전쟁의 교훈을 배우기 바란다. 분열된 리더십은 재앙을 부르며, 역사상 가장 참혹한 군사적 패배의 원인이 되었음을 우리는 기억해야 한다.

분열된 리더십이 위험한 이유는 집단에 속한 이들이 비논리적이고 비효과적인 방식으로 사고하고 행동할 때가 많기 때문이다. 이를 '집단 사고'라고 부를 수 있다. 집단에 속한 사람들은 정치적으로 행동하게 된다. 집단 내에서 자기 이미지를 높여줄 말과 행동을 골라 하는 것이다. 사람들은 사태를 냉정하게 파악하기보다는 다른 사람을 기분 좋게 만들고 자신의 지위를 높이려고 한다. 개인이라면 과감하고 창의적일 수 있는 상황에서도 집단은 리스크를 두려워하는 경향이 있다. 그러는 사이에 창의성은 죽어버리고 만다.

그렇다고 대놓고 명령을 부르짖으라는 말이 아니다. 당신이 고삐를 세게 당기면, 통제력이 오히려 약해지기 쉽다. 리더십은 단순히 큰 소리로 명령을 내리는 것이 아니다. 리더십에는 미묘함이 필요하다.

효율적인 명령 계통을 세우는 데 없어서는 안 될 중요한 단계는 당신의 목표와 가치를 공유하는 능력 있는 팀을 구성하는 것이다. 이러한 팀은 많은 이점을 가져다준다. 우선 스스로 생각할 수 있는 진취적이고 동기 부여가 된 사람들을 얻을 수 있고, 당신은 대리인의 이미지를 구축하여 공평하면서도 민주적인 리더가 될 수 있다. 또 귀중한 에너지를 절약해 더 큰 그림을 그리는 데 활용할 수 있다.

이런 팀을 구성할 때는 전문 기술이나 지식에 현혹되지 않도록 조심해야 한다. 더 큰 안목을 가지고 그의 기술만이 아닌 그의 심성까지 살펴야 한다.

명령 계통에서 단연 최대의 위협은 조직 내의 정치 세력이다. 어떤 조직에서나 이들은 갈대처럼 무성하게 자라난다. 이들은 자신의 이익을 추구할 뿐 아니라, 당파를 형성해 자신들의 주장을 관철하고 당신이 만들어놓은 결속력을 깨뜨리려고 한다. 이들은 당신이 내린 명령을 자신의 목적에 맞게 해석하고, 불명료한 부분에서는 어떻게든 허점을 찾아 명령 계통에 보이지 않는 장애물을 만들어낸다. 이런 이들은 애초에 싹을 뽑아버려야 한다.

마지막으로 명령 자체에 주의를 기울여라. 내용은 물론 형식에도 신경을 써야 한다. 명확하지 않은 명령은 아무 가치가 없다. 명령을 내리기 전에 먼저 자신이 원하는 바가 무엇인지 명확히 인식해야 한다.

### 뒤집어보기

분열된 리더십으로 얻을 수 있는 이점은 하나도 없다. 혹시 권위를 공유해야 하는 자리를 제안받으면 거절하라. 그 기업은 실패할 것이고 그런데도 그에 대한 책임은 함께 지게 될 것이다. 이때는 오히려 낮은 직책을 맡고 다른 사람이 그 자리를 차지하게 하는 편이 낫다.

STRATEGY

06

# 스스로 작전을 수행하게 하라

## 재량권 부여 방법

▲

적군보다 빨리 이동하고 더 신속하게 결정을 내리는 능력인 스피드와 적응력은 전쟁에서 꼭 필요한 요소다. 하지만 오늘날 이러한 스피드와 적응력을 갖추기는 힘든 일이다. 우리에게 주어지는 정보가 그 어느 때보다 많아져, 그 의미를 파악하고 결정 내리기가 어려워졌기 때문이다. 또 관리해야 하는 사람들도 많아진 데다, 훨씬 광범위하게 분산된 터라 우리가 느끼는 불확실성은 더욱 커진다. 이때 우리는 역사상 가장 뛰어난 전쟁의 대가인 나폴레옹에게서 한 수 배울 수 있다. 당신의 병력을 독립적인 조직으로 나누고, 조직이 스스로 운영되고 결정을 내릴 수 있도록 하는 것이다. 또한 출정의 정신을 주입하고, 달성해야 할 임무를 부여한 후 어느 정도 재량권을 주면, 당신의 병력은 미묘하면서도 멈출 수 없는 강한 힘이 될 것이다.

▲

◆

## 나폴레옹의 계산된 혼란 전략

1800년 나폴레옹은 마렝고 전투Battle of Marengo에서 오스트리아를 무찌르고 이탈리아 북부를 장악했다. 이 패배로 오스트리아는 강제 조약을 맺어 프랑스의 오스트리아 및 벨기에 지방에서의 영토 확장을 승인해야 했다. 이후 5년 동안 불안정한 평화 상태가 지속되었다. 그러다 나폴레옹이 스스로 프랑스 황제의 자리에 오르자, 유럽에서는 이 신출내기의 야심이 끝도 없는 것 아니냐는 의구심으로 긴장이 팽배해졌다. 당시 오스트리아의 병참감이자 군대의 원로 실세였던 카를 마크Karl Mack는 대규모 군대를 확보해 프랑스를 선제공격하자는 주장을 펼쳤다. 그는 "전쟁의 목적은 적을 격파하는 것이지, 단순히 패배를 피하는 것이 아니다."라며 동료들을 설득했다.

마크와 뜻을 함께하는 장교들이 늘어나 그의 주장이 서서히 힘을 얻으면서 1805년 4월 오스트리아, 영국, 러시아 3국은 동맹 조약을 체결했다. 프랑스와 전쟁하여 나폴레옹에게 빼앗긴 영토를 모두 회복하자는 내용이었다. 그해 여름 3국은 전쟁 계획안을 마련했다. 먼저 9만 5천 명의 오스트리아 군대가 이탈리아 북부의 프랑스군을 공격하여 1800년의 굴욕적인 패배를 씻는다. 그리고 2만 3천 명의 병력은 이탈리아와 오스트리아의 접경지대에 있는 티롤을 사수한다. 마크는 7만의 병력을 이끌고 도나우강을 따라 서쪽으로 이동하여 바이에른 왕국으로 들어가 이 전략적 요충국가가 프랑스와 동맹을 맺는 것을 막는다. 바이에른에서 진영을 잡은 후에는 러시아의 7만 5천 명의 군대가 도착할 때까지 몇 주 기다린다. 그리고 합쳐진 무적의 대군대가 서쪽으로 행군해 프랑스로 들어간다. 한편 영국군은 해상에서 프랑스를 공격한다. 각 교전 지역에서는 병력이 추가로 충원될 예정이었다. 그 숫자는 총 50만으로 당시까지 유럽에서 그 정도의 대규모 병력이 소집된 것은 전무후무한 일이었다. 아무리 나폴레옹이라도 당해내지 못할 것이 분명했다.

9월 중순 마크는 작전에서 자신이 맡은 역할에 따라 도나우강을 따라 바이에른 왕국의 중심지인 울름으로 진격해나갔다. 울름에서 진영을 갖춘 그는 크게 만족했다. 혼란과 불확실성은 질색이었다. 그는 사전에 모든 것을 고려하고 명확한 계획을 마련한 다음 그대로 이행해야 직성이 풀리는 스타일이었다.

마크는 한때 프랑스에서 3년간 포로로 잡혀 있던 적이 있었다. 이때 그는 나폴레옹의 전투 방식을 연구했다. 나폴레옹의 핵심 전략은 적군의 병력을 분산시키는 것이었는데, 이제 나폴레옹이 그 전략에 당할 차례였다. 이탈리아의 프랑스 군대가 공격을 받으면 나폴레옹은 라인강 건너의 독일과 바이에른 지방에 7만 이상의 군대를 보내지는 못할 것이다. 게다가 나폴레옹이 라인강을 건너려는 순간 오스트리아가 그들의 행군을 늦추기 위한 조치를 취할 것이다. 그렇게 되면 나폴레옹의 군대가 울름과 도나우강에 도착하는 데는 적어도 두 달 이상이 걸릴 것이다. 그때쯤이면 오스트리아군은 이미 러시아군과 연합해 알자스 지방 및 프랑스를 완전히 장악하고 있을 것이다. 이것은 마크가 아는 한 결코 실패할 수 없는 전략이었다. 마크는 러시아군이 서둘러 도착하기만을 기다렸다.

하지만 9월 말이 가까워졌을 때 마크는 뭔가가 잘못됐음을 감지했다. 울름 서부, 그의 진지와 프랑스 국경 사이에 슈바르츠발트(Schwarzwald, 독일 남서부에 있는 '검은 숲'이라는 뜻의 삼림지대 - 옮긴이)라는 지역이 있었다. 그런데 갑자기 정찰병이 보고하기를, 프랑스 부대 하나가 이 삼림지대를 지나 마크의 진지 쪽으로 오고 있다는 것이었다. 마크는 당황했다. 정석대로라면 나폴레옹은 더 북쪽 지대에서 라인강을 건너 독일로 들어가야 했다. 북쪽 길이 진군하기 더 쉬우면서도 진을 칠 때 유리하게 이용할 수 있는 험난한 장소가 많았기 때문이다. 그런데 지금 나폴레옹은 예상치 못한 행동을 하고 있었다. 슈바르츠발트에 난 좁은 통로를 이용하여 자신의 진영을 향해 행군해오는 것이 아닌가. 이것이 적을 속이는 일종의 양동작전이라 해도 진지는 지켜야 했기에 그는 군대를 슈바르츠발트 지역으로 보냈다. 러시아 원군이 도착하기 전에 일찌감치 프랑스의 진군을 완전히 차단할 작정이었다.

하지만 그로부터 며칠 후 마크는 극도의 혼란에 빠졌다. 마크에게 들어오는 보고들은 도대체 앞뒤가 맞지 않았다. 어떤 병사는 프랑스 군대가 울름에서 북서쪽으로 96킬로미터 떨어진 슈투트가르트에 있다고 보고하는가 하면, 누구는 그보다 더 동쪽에 있다고 하고, 또 누구는 훨씬 더 북쪽에 있다고 보고했다. 심지어 울름에서 아주 가까운 도나우강 근처에 있다는 보고도 있었다. 마크는 믿을 만한 정보를 얻을 수 없었다. 슈바르츠발트 지대를 통과한 프랑스 기병대 때문에 북쪽 지역을 정찰할 길이 막혀버렸기 때문이다. 자신이 가장 두려워하는 '불확실성'에 직면한 이 오스트리아 장군은 크게 당황했다. 마침내 그는 전 부대에 울름으로 돌아오라는 명령을 내렸다. 울름에 병력을 집중할 작정이었다. 나폴레옹이 울름에서 전투를 할 심산이라면, 적어도 같은 병력을 가지고 싸울 수 있을 것이다.

오스트리아 정찰병들은 10월 초에 이르러서야 사태를 파악했다. 악몽 같은 일이 일어나고 있었다. 프랑스군은 도나우강을 건너 울름 동쪽으로 이동해 마크의 군대가 오스트리아로 돌아가는 길을 차단하는 동시에 러시아군의 이동로도 막고 있었다. 또 부대 일부는 남부에 자리를 잡고 이탈리아로 가는 길을 봉쇄했다. 어떻게 7만의 프랑스 병사가 동시에 그렇게 많은 곳에서 나타날 수 있단 말인가? 또 어떻게 그렇게 빠른 속도로 이동할 수 있었을까? 완전히 겁에 질린 마크는 이리저리 탈출구를 모색했다. 10월

11일 병사들이 공략 지점을 찾아냈다. 북동쪽 길에 자리 잡은 프랑스군의 규모가 작았던 것이다. 그곳을 돌파하면 프랑스군의 포위망에서 벗어날 수 있을 것이었다. 마크는 진군을 준비했다. 하지만 이틀 후 후퇴를 명하려던 바로 그 시점에 하룻밤 사이에 대규모 프랑스군이 나타나 북동쪽 진로마저 차단해버렸다는 보고가 날아들었다.

10월 20일 마크는 러시아가 원군을 보내지 않기로 했다는 소식을 듣고 프랑스군에 항복했다. 6만 명이 넘는 오스트리아 병사가 총 한 번 제대로 쏴보지 못하고 포로 신세가 되었다. 피를 거의 흘리지 않고도 나폴레옹이 대규모 군사적 승리를 거둔, 보기 드문 광경이 연출되는 순간이었다.

이후 수개월 동안, 나폴레옹의 군대는 동쪽으로 진격해 러시아군과 남은 오스트리아군의 혼쭐을 빼놓았고, 아우스터리츠에서 다시 한번 대승을 거두었다. 한편 마크는 이 굴욕적인 패배에 대한 책임으로 2년 형을 선고받고, 감옥에서 힘겨운 나날을 보내야 했다. 그는 감옥 안에서 머리를 쥐어짜며 생각을 거듭했다. '도대체 계획의 어디가 잘못된 것일까?' '프랑스군은 어떻게 오스트리아군의 동쪽 지역에 난데없이 나타나서는 그렇게 손쉽게 승리를 가져갈 수 있었을까?' 평생 전쟁을 치렀지만 그런 일은 난생처음이었다. 마크는 생애 마지막 날까지 당시의 상황을 이해하려고 애썼다.

나폴레옹의 전투 방식은 기존의 통념을 완전히 뒤집는 것이었다. 1800년에서 1805년 사이의 평화 시기 동안 나폴레옹은 프랑스 군대를 재조직해 여러 개의 다양한 부대를 21만의 병력을 갖춘 '위대한 군대Grande Armée'로 통합시켰다. 이 군대를 여러 군단으로 나누고, 군단마다 기병대, 보병대, 포병대, 참모를 따로 두었다. 각 군단은 원수들이 이끌었는데, 대개 전투에서 능력을 인정받은 젊은 장교들이 맡았다. 1만 5천 명에서 3만 명까지 다양한 규모의 이 군단은 나폴레옹 군대의 축소판이었다.

이 체계의 핵심은 군단의 빠른 이동 속도였다. 나폴레옹은 장군들에게 임무를 주고 그들이 알아서 임무를 완수해내도록 했다. 그 결과 상·하부로 명령을 전달하느라 소모되는 시간이 거의 없었고, 규모가 비교적 작아서 충당해야 하는 군수품도 적었던 덕분에 이들 부대는 훨씬 빠른 속도로 진군할 수 있었다. 나폴레옹은 부대 하나를 한 방향으로 이동시키는 대신, 자신의 여러 군단을 패턴 파악이 불가능한 형태로 집중시켰다. 그래서 적군이 나폴레옹의 의중을 파악할 수가 없었던 것이다.

바로 이것이 1805년 9월 나폴레옹이 풀어놓은 괴물의 모습이었다. 나폴레옹은 오스트리아의 공격으로부터 이탈리아를 지키기 위해 일부 군단은 이탈리아 북부에 배치하고, 일곱 개 군단은 대열을 분산시킨 채 동쪽으로 이동시켜 독일로 들어가게 했다.

그리고 많은 기병이 포함된 예비 부대 하나를 보내 슈바르츠발트를 통과하게 하여, 마크의 관심을 서부로 돌려놓았다. 그 결과 마크는 북부와 동부의 사태를 파악하기가 어려웠고, 그 틈을 이용해 프랑스군은 오스트리아군의 진영을 한결 수월하게 포위할 수 있었다. 사실 나폴레옹은 마크가 혼란스러워 보이는 상황에 얼마나 무력해질지 꿰뚫고 있었다. 한편 독일로 들어갔던 일곱 개의 군단은 슈투트가르트에서 방향을 돌려 남쪽의 도나우강으로 진군하여 마크의 탈출로들을 차단했다. 코요테 여러 마리가 토끼 한 마리를 잡는 수법이었다.

명심하라. 유동적이고 신속하며 단순히 한 방향으로만 움직이지 않는 조직만이 살아남을 수 있다. 리더라면 조직을 통제하고, 조직의 모든 활동에 관여하고 싶은 마음이 들 것이다. 하지만 그렇게 하다 보면 당신은 민첩하지 못한 재래식 군대의 틀에서 벗어나지 못하게 된다. 어느 정도의 혼란과 불확실성을 용인하는 것, 즉 조직에 약간의 재량권을 부여하는 것이 쉬운 일은 아니다. 하지만 부대를 분산시키고, 여러 팀으로 나누게 되면 완벽한 통제가 이루어지는 상황 속에서는 얻을 수 없는 기동성을 획득하게 된다. 당신의 전략적 목표에 맞는 명확한 임무를 당신의 다양한 군단에게 맡겨라. 소규모 조직이 더 빠르고 창의적이며 유연하다. 그리고 이러한 조직에 속한 장교와 병사들이 더 적극적이고 의욕에 차 있다.

# 스스로 작전을 수행하게 하라

전략의 본질은 적보다 더 많은 대안을 확보하는 것이다. 'A'만을 유일한 정답으로 생각하기보다는 상황에 따라 A, B, C 등의 계획을 실행할 수 있는 여건을 만드는 것이 진정한 전략이다.

손자는 이 아이디어를 다른 방식으로 표현한다. 병법의 목적은 이른바 '세勢'로, 이는 언덕 위에 위태위태하게 자리 잡은 바위나 팽팽하게 당겨진 활시위처럼 잠재적 힘을 가진 상태를 말한다. 바위나 활은 어느 방향으로든 갈 수 있다. 그것은 적의 행동에 따라 결정된다. 중요한 것은 미리 정해진 조치를 따르는 것이 아니라, 세를 갖추어 여러 가지 대안을 선택할 수 있는 상황을 만드는 것이다.

이때 자신이 이끄는 무리를 통합시키고자 한다면, 병사들이 서로에 대해 알아가고 신뢰를 쌓을 수 있는 훈련을 찾아보라. 이런 훈련을 통해 조직원들은 무언의 의사소통 기술과 다음 조치에 대한 직관력을 높일 수 있다.

마지막으로 당신이 이끄는 병사들의 장·단점 그리고 그들이 처한 사회적 상황에 따라 조직 구조를 정비해야 한다. 그러려면 당신의 군대가 어떤 사람들로 구성되었는지에 주의를 집중할 필요가 있다. 당신은 그들을 이해하고 시대의 풍조도 속속들이 파악해야 한다.

## 뒤집어보기

당신이 이끄는 군대의 조직은 구성원들에게 적합해야 하므로 분권화 규칙은 융통성 있게 적용되어야 한다. 개중에는 엄격한 권위 아래 더 나은 성과를 내는 사람들도 있다. 조직을 느슨하게 운영하는 경우라 하더라도 때로는 고삐를 죄어 장교들의 재량권을 제한해야 할 것이다. 현명한 장군이라면 그 어떤 것도 불변의 규칙으로 정해두지 않는다. 그들은 상황 변화와 필요성에 맞추어 자신의 군대를 재조직할 수 있는 능력이 있다.

STRATEGY

07

# 대의명분을 항상 심어주어라

## 동기 부여와 사기 진작

▲

병사들에게 동기를 부여하고 병사들의 사기를 올리는 비결은 자신보다는 집단을 더 생각하게 만드는 것이다. 병사들이 대의에 동참하게 하라. 그들은 혐오스러운 적에 맞서 싸우는 성전을 수행하고 있다. 자신의 생존을 군 전체의 성공과 결부시키게 만들어라. 진정한 결속력을 가진 집단은 병사들을 열정으로 감염시키기가 쉽다. 전방에서 부대를 이끌어라. 당신이 참호 속에서 대의에 헌신하는 모습을 병사들에게 보여주어라. 그러면 당신을 따르며 기쁘게 하고 싶다는 열망이 병사들의 마음에 차오를 것이다. 때때로 보상과 징계를 하되, 의미 있게 하라. 기억하라. 동기를 부여받은 군대는 물질적 자원이 아무리 부족해도 그 한계를 극복하고 기적을 일구어 낸다는 것을.

## 한니발의 사기 진작술

기원전 218년 5월 카르타고(현재의 튀니지)의 명장 한니발은 대담한 계획을 실행에 옮겼다. 그는 부대를 이끌고 스페인과 갈리아를 지나 알프스산맥을 넘어 이탈리아 북부로 들어갈 작정이었다. 그의 목적은 로마 군단을 격파하여, 궁극적으로 로마의 팽창주의 정책에 종지부를 찍는 것이었다.

알프스산맥은 실로 엄청난 장애물이었다. 군대가 이 험준한 산맥을 행군한 것은 당시까지 전례가 없던 일이었다. 그해 12월 한니발이 수많은 곤란과 역경을 헤치고 이탈리아 북부에 도착했을 때 로마 군대는 무방비 상태였다. 그러나 그동안 한니발 역시 큰 대가를 치른 상태였다. 출발할 때 10만 2천 명에 달했던 병력 중 살아남은 숫자는 2만 6천 명에 불과했으며, 녹초가 되고 굶주린 병사들의 사기는 완전히 꺾여 있었다. 이동 중인 로마군은 카르타고군의 막사에서 불과 몇 킬로미터 떨어진 포강을 이미 건넌 상태였다.

무시무시한 로마군과의 첫 전투를 하루 앞둔 한니발은 병사들의 기운을 어떻게든 북돋아야만 했다. 이때 그가 택한 방법은 병사들에게 검투사 경기를 보여주는 것이었다. 그는 병사들을 모두 모아놓고 죄수들을 데려왔다. 그리고 죄수들에게 검투 시합에서 살아남아서 이기면 자유로운 신분이 되어 카르타고 군대에 들어올 수 있다는 조건을 내걸었다. 죄수들은 이 조건에 동의했고, 한니발의 병사들은 몇 시간 동안 유혈이 낭자한 검투 경기를 즐기면서 자신들의 고초를 잊을 수 있었다.

경기 후 병사들에게 한 연설에서 한니발은 경기가 그토록 재미있었던 이유는 죄수들이 있는 힘을 다해 싸웠기 때문이라고 말했다. 패배는 곧 죽음을 의미했으므로 죄수들은 괴력을 발휘해 싸웠고, 그럴수록 시합의 열기는 고조되었다. 한니발이 노린 효과가 하나 더 있었다. 그들은 비참한 죄수 신분에서 벗어나 자유로운 군인이 되어 혐오스러운 로마군을 무찌른다는 위대한 대의를 위해 싸우고 싶다는 열망으로 그렇게 열심히 싸웠던 것이다. “여러분의 처지는 이들과 조금도 다르지 않다.”고 한니발은 말했다. “적은 우리보다 훨씬 강하다. 고향을 떠나 먼 길을 와서 온갖 위험이 도사리는 적지에 들어선 여러분에게는 어디도 갈 곳이 없다. 이 점에서는 여러분도 죄수나 마찬가지다. 문제는 계속 죄수의 상태로 남느냐 아니면 자유를 얻느냐, 그러니까 싸워서 이기느냐 아니면 죽느냐 하는 것이다. 오늘 이들이 싸운 것처럼만 한다면 우리는 승리를 거둘 것이다.”

한니발의 연설은 병사들의 마음을 사로잡았고, 다음 날 이들은 죽을힘을 다해 싸워 로마 군대를 무찔렀다. 이후에도 규모가 훨씬 더 큰 로마 군단을 상대로 연이어 승전고를 울렸다.

## 해석

한니발 같은 동기 부여의 대가는 역사상 찾아보기 드물다. 그는 어떤 말로도 지치고 굶주린 병사들에게 전투 의지를 불붙일 수 없다는 것을 간파했다. 말로는 병사의 내면에 결코 다가갈 수 없다. 리더라면 병사들의 마음을 사로잡아 그들의 피를 들끓게 하고, 마음속을 파고들어 분위기를 쇄신할 수 있어야 한다. 한니발은 간접적으로 병사들의 감정을 휘어잡았다. 겁먹은 병사들의 마음을 침착하게 가라앉히고, 그들이 당면한 문제 밖으로 눈을 돌리게 하고, 하나로 뭉치게 했다. 그러고 난 뒤에 병사들의 상황에 딱 들어맞는 연설로 감정을 흔들어놓았다.

한니발처럼 당신도 사람들의 감정에 간접적으로 다가갈 수 있어야 한다. 당면한 이슈와 전혀 상관없어 보이는 것으로 사람들을 웃기거나 울려라. 감정은 사람들을 하나로 묶어주고 유대를 강화한다. 그 후에는 피아노를 연주하듯 자유롭게 사람들이 갖가지 감정을 느끼게 할 수 있다. 미사여구를 동원한 고상한 연설은 반감만 불러일으킨다. 간접적으로 다가가 감정에 호소하면 진정으로 사람들의 마음속을 파고들 수 있을 것이다.

# 대의명분을 항상 심어주어라

인간은 본래 이기적인 존재다. 어떤 상황에서든 우리는 자신의 이득을 먼저 따져본다. 동시에 우리는 그러한 이기심을 감추어야 할 필요를 느끼고, 자신의 이익보다 남을 위하는 것처럼 보이려고 노력한다.

당신은 자신을 위해 일하는 사람들이 일에 열의를 다하고 있다고 생각할 수 있다. 그들의 말과 행동을 보면 그런 것만 같다. 하지만 사람들이 집단 내의 위치를 이용해 개인적 이익을 추구하려 한다는 정황이 서서히 드러나고, 어느 날 문득 당신은 자신이 이끄는 부대가 이기적이며 저마다 꿍꿍이가 있다는 사실을 깨닫게 된다.

이때 당신은 사기士氣를 떠올린다. 당신이 이끄는 병사들에게 동기를 부여하고 그들을 하나의 집단으로 뭉치게 할 방법을 궁리하는 것이다. 보상 가능성을 제시하는 등 칭찬 계책을 쓸 수도 있다. 하지만 이 방법을 쓰면 사람들에게 나쁜 버릇을 들여 오히려 이기심이 더욱 활개를 칠 것이라는 사실 때문에 주저할지도 모른다. 징계를 활용해 기강을 확립하는 방법도 있다. 그러나 이 역시 사람들의 원망을 사고 마음을 닫게 하는 결과로 이어질 뿐이다. 연설과 단체 활동을 통해 그들을 고무시키려 해보지만 뜻대로 되지 않는다.

이때 문제는 당신이 어떤 조치를 취하느냐가 아니라, 너무 늦게 상황을 깨닫는다는 것이다. 문제가 불거지고 나서 사기 진작을 생각해봐야 아무 소용이 없다. 이것이 바로 우리가 저지르기 쉬운 실수다.

사기는 전염성이 있다. 사람들은 단결이 잘되고 활기 있는 집단에 속하면 자연스레 그 정신을 따르게 된다. 그 안에서 반란을 일으키거나 이기적인 무리는 금방 고립되어버린다. 당신은 집단의 리더가 되는 순간부터 이러한 역학이 작동하도록 해야 한다. 그리고 이러한 역학은 최상부, 즉 당신에게서 비롯된다.

**뒤집어보기**

사기에 전염성이 있다면 그 반대도 마찬가지다. 두려움과 불만족 역시 병사들 사이에 순식간에 퍼질 수 있다. 이 문제를 해결하는 유일한 방법은 두려움과 불만족이 공포와 폭동으로 변하기 전에 일찌감치 그 싹을 자르는 것이다.

# PART 3
# 방어의 기술

방어적인 자세로 싸우는 것은 나약함의 표시가 아니다. 그것은 전략적 현명함의 극치요, 강력한 전쟁 수행 방법이다. 방어형 전쟁의 요건은 간단하다. 첫째, 당신은 완벽한 경제성을 가지고 싸우고, 필요한 전투에만 임하면서 당신의 자원을 최대한 활용해야 한다. 둘째, 저돌적인 적이 무모한 공격에 나서도록 유인하면서 언제, 어떻게 후퇴할지 간파해야 한다. 그리고 인내심을 가지고 적이 고갈되는 순간을 기다렸다가 사나운 반격을 시작하라.

이어지는 네 개의 장은 방어형 전쟁의 기본 기술, 즉 수단의 경제성, 반격, 위협과 저지, 그리고 저돌적인 공격하에 후퇴하여 몸을 숨기는 방법을 당신에게 가르쳐줄 것이다.

STRATEGY 08

# 참여할 전투를 신중하게 선택하라

## 경제성의 원칙

▲

우리는 모두 한계를 지닌다. 에너지와 기술을 총동원하더라도 갈 수 있는 한계가 있게 마련이다. 한계를 넘어서려 애쓰는 데서 위험이 시작된다. 눈부신 보상에 현혹되어 능력 밖의 일을 하려 들면 우리는 결국 지쳐서 공격에 취약해진다. 당신은 자신의 한계를 알고 전투를 신중하게 선택해야 한다. 때로는 직접적인 공격보다 시기를 기다리며 암암리에 적의 토대를 침식하는 것이 더 나을 수 있다. 전투를 피할 수 없다면 당신이 바라는 대로 적을 싸우게 만들어라. 그들의 약점을 노려라. 전쟁이 그들에게는 값비싸며 당신에게는 저렴하게 만들어라. 완벽한 경제성이 있는 전투를 수행하면 어떤 강력한 적보다도 더 오래 버틸 수 있다.

## 피로스의 상처뿐인 승리

기원전 281년 이탈리아의 동해안에서 로마와 타렌툼Tarentum 간의 전쟁이 발발했다. 타렌툼은 그리스 도시인 스파르타의 식민지였다. 타렌툼 시민들은 그리스어를 사용했고 스스로를 교양 있는 스파르타인으로 여겼으며 이탈리아의 다른 도시들을 미개하다고 생각했다. 한편 신흥 세력으로 떠오른 로마는 주변국들과 연이어 전쟁을 치르는 상태였다.

신중한 로마인들은 타렌툼을 상대하기를 꺼렸다. 타렌툼은 당시 이탈리아에서 가장 부유한 도시였고 로마에 대항하는 동맹 도시들에 자금을 지원하기에 충분한 부가 있었다. 게다가 멀리 남동부에 떨어져 있어 즉각적인 위협을 가하기도 어려웠다. 그러나 이제 싸움은 피할 수 없었다. 표류하던 몇 척의 로마 선박이 타렌툼 항구에 이르자 타렌툼인들은 선박을 침몰시키고 함대 사령관까지 죽이는 사건이 일어난 것이다. 로마가 협상을 통해 이 문제를 해결하고자 했을 때도 그들은 로마 사절단을 모욕하기 일쑤였다. 이처럼 나라의 명예가 위기에 처하자 로마는 전쟁을 준비했다.

타렌툼에게도 약점은 있었다. 부유했지만 실질적인 군대가 없었다. 시민들은 안락한 삶에 길들어져 있었다. 그리하여 그리스 군대를 끌어들여 타렌툼을 대신해 싸우게 하자는 방안이 나왔다. 스파르타인들은 다른 일에 여념이 없었기 때문에 알렉산드로스 대왕 이후 가장 위대한 그리스의 전사, 이피로스Ipiros의 피로스Pyrrhos 왕에게 도움을 청했다.

그리스 중서부에 있는 소왕국 이피로스는 인구도 자원도 별로 없는 빈곤한 나라였다. 하지만 피로스는 가족들이 조상이라고 주장하는 아킬레우스와 먼 친척뻘인 알렉산드로스의 이야기를 듣고 자란 터라 이름을 날린 조상들과 친척들의 선례를 좇아 이피로스를 확장해 제국을 세우겠다는 결의에 차 있었다. 청년 시절 그는 당시 이집트를 지배했던 알렉산드로스 장군 프톨레마이오스를 포함한 다른 위대한 장군들의 군대에서 복무한 경력이 있었다. 피로스는 전사와 지도자로서 능력을 발휘했다. 그는 전투에서 위험한 진격을 지휘하는 것으로 명성을 날리며 '독수리'라는 별명을 얻었다. 그 후 이피로스로 돌아가 소규모 군대를 조직해 잘 훈련시켰으며 마케도니아의 군대를 여러 전투에서 격파하는 전공을 세우기도 했다.

하지만 이러한 피로스의 명성에도 불구하고 이피로스와 같은 소국이 마케도니아나 스파르타, 아테네와 같은 강력한 이웃 도시들에 대한 지배력을 얻기는 힘들었다. 타렌툼의 제안은 솔깃했다. 첫째, 타렌툼은 피로스에게 동맹 국가들에서 징집한 대규모 군대와 돈을 약속했다. 둘째, 로마를 격파하면 이탈리아에서 패권을 쥐는 동시에 이탈리아를 발판으로 삼아 시칠리아와 북아프리카의 카르타고를 점령할 수 있을 것이었다. 알렉산드로스가 제국 건설을 위해 동쪽으로 움직였다면 피로스는 서쪽으로 움직여 지중해를 장악할 수 있었다. 그는 제안을 수락했다.

기원전 280년 봄 피로스는 이탈리아로 건너가기 위해 사상 초유의 대규모 그리스 군대를 이끌고 항해에 나섰다. 보병 2만 명, 기병 3천 명, 사수 2천 명, 코끼리 20마리로 구성된 군대였다. 그러나 타렌툼에 도착했을 때 그는 속았다는 것을 깨달았다. 타렌툼은 군대도 없었고 징집하려는 노력은커녕 피로스에게 그 일을 떠넘겼다. 하지만 시간을 끌 여유가 없었다. 그는 최대한 빨리 타렌툼인들로 구성된 군대를 조직해 훈련시키기 시작했다.

피로스의 명성은 로마인들도 익히 알고 있었다. 피로스가 타렌툼에 도착했다는 소식을 듣고 그들은 우려하면서도 어쨌든 그에게 시간을 주지 않기 위해 신속하게 군대를 파견했다. 피로스는 이미 있는 병력만 가지고 출격할 수밖에 없었다. 양쪽 군대는 헤라클레아라는 마을 근처에서 맞붙었다. 수적으로 열세였던 피로스의 군대는 패배가 눈앞에 보이자 마침내 비밀 병기를 공개했다. 그것은 다름 아닌 코끼리 부대였다. 육중한 무게를 자랑하며, 커다란 콧소리를 내는 코끼리들은 보는 것만으로도 사람들을 압도하며 두려움을 불러일으켰고, 코끼리 등에 올라탄 병사들이 화살을 쏘아댔다. 난생처음 코끼리를 맞아 싸우게 된 로마군은 공포에 떨며 급히 퇴각하지 않을 수 없었다.

'독수리'는 대승을 거뒀다. 실로 알렉산드로스 대왕이 환생한 듯, 그의 명성은 이탈리아반도를 가로지르며 퍼져나갔다. 이제 다른 도시들이 헤라클레아에서 잃은 병력을 충당하고도 남을 원군을 보내주었다. 그러나 피로스는 승리의 기쁨보다 걱정이 앞섰다. 전투에서 핵심 장군들을 포함해 많은 베테랑을 잃었을 뿐 아니라 무엇보다 로마 군단이 가진 힘과 기강에 적잖이 놀란 터였다. 그들은 그가 맞았던 여느 군대와는 달랐다. 결국 피로스는 이탈리아반도를 나눠 갖자는 제안으로 로마와 협상해보기로 마음먹었다. 그러는 한편 로마인들이 평화협정 맺기를 거부하면 다시 결전을 치를 것임을 분명히 하기 위해 군사를 로마로 향하게 했다.

한편 로마인들은 헤라클레아에서의 패배를 마음속 깊이 새기고 있었다. 그들은 쉽게 주눅이 들지는 않았지만, 패배를 가볍게 여기지도 않았다. 전투 직후 신병 소집령을 발포하자 청년들이 너나 할 것 없이 지원했다. 로마는 협정 제안을 보란 듯이 거절했다. 이탈리아를 쪼개 가질 마음은 추호도 없었다.

기원전 279년 봄 양쪽 군대는 로마에서 멀지 않은 도시 아스쿨룸에서 또 한 번 격돌했다. 양 병력의 숫자는 비슷했다. 첫날 전투는 격렬했고 로마군이 우세한 듯 보였다. 이튿날 피로스는 자신의 기동작전 스타일에 더 잘 맞는 지대로 로마 군단을 유인해 전투를 유리하게 이끌어나갔다. 이번에도 그는 자신이 즐겨 구사하는 전술에 따라 날이 저물 무렵 코끼리를 앞세워 직접 군대를 이끌고 로마 군단의 중앙으로 거세게 진군해 나갔다. 로마군은 뿔뿔이 흩어졌고 피로스는 또 한 번 승전고를 울렸다.

어느 군사력이 더 강한지는 이미 판가름 난 상태였지만 피로스는 여전히 침울함과 나쁜 예감을 떨칠 수 없었다. 그는 막대한 손실을 보았다. 그가 의지했던 장군들은 전사했고 그 역시 심한 부상을 입었다. 로마인들은 지칠 줄 모르고 몰아쳤고 패배에도 굴하지 않는 듯 보였다. 그는 아스쿨룸 전투에서 승리한 뒤 이렇게 말했다. "우리가 로마군을 한 번만 더 이런 식으로 무찔렀다간 우리 역시 완전히 파멸할 것이다."

그러나 피로스는 이미 파멸한 상태였다. 아스쿨룸에서의 병력 손실이 너무나 컸던 탓에 신속한 병력 교체가 불가능했다. 남아 있는 군사들은 로마군과 싸우기에 턱없이 부족했다. 그의 이탈리아 출정은 이렇게 끝이 났다.

## 해석

피로스 왕의 이야기와 아스쿨룸 전투 후에 내뱉었다는 그의 유명한 개탄에서 '피로스의 승리Pyrrhic victory'라는 말이 나오게 되었는데, 그 대가가 너무 커 패배와 다를 바 없는 승리를 의미한다. 비록 승리했지만, 기력이 너무 소진되어 그 승리를 이용하지도 못할 정도로 큰 타격을 받은 경우다. 실제로 아스쿨룸에서 승리한 후 피로스는 연이어 재난을 맞으며 비틀거렸고 그의 군대는 날로 늘어나는 적의 무리를 격파하기엔 역부족이었다. 결국 피로스의 전사로 이탈리아 원정은 끝을 맺었고, 이와 함께 그리스의 유력자가 되겠다는 희망도 물거품이 되었다.

'피로스의 승리'는 우리가 생각하는 것보다 훨씬 더 흔히 일어난다. 모험이 시작되기 전에는 모험에 대한 기대로 흥분하게 마련이고 마음을 끄는 목표 앞에서 우리는 부지불식간에 보고 싶은 것만 보게 된다. 미래의 이득은 크게 보이고 고난은 작게 보인다. 앞으로 더 나아갈수록 물러서서 상황을 평가하기란 쉽지 않다. 이런 상황에서 우리가 치러야 하는 비용은 통제 불능의 소용돌이처럼 급속도로 증가한다. 상황이 잘 풀리지 않으면 우리는 지치게 마련이고 그러면 실수를 저지르기 쉽다. 또 그로 인해 예기치 못한 문제들이 생기고, 새로운 비용을 낳는다. 이런 과정에서는 승리를 얻는다고 해도 아무 의미가 없다.

명심하라. 승리를 원하면 원할수록 당신은 승리를 얻기 위해 더 많은 대가를 치러야 한다. 눈에 보이는 비용 외에도 무형의 비용을 고려해야 한다. 당신은 전쟁을 일으킴으로써 상대방의 선의를 잃게 될 수도, 또 승리할 경우에는 패배자의 분노를 살 수도 있다. 더 나은 시기가 분명 있을 것이다. 가지고 있는 자원에 더 부합하는 무언가를 시도할 때가 분명 있을 것이다. 기억하라. 역사는 비용을 무시한 이들의 시체로 어지럽혀졌다는 것을. 불필요한 전투로 기력을 소모하지 말고 다음번 전투에 임하기 위해 살아남아야 한다.

# 참여할 전투를 신중하게 선택하라

모든 생명체는 한계가 있으며, 이 경계를 넘어서면 죽고 마는 것이 현실이다. 우리의 에너지는 기력이 다하면 사라져버리고 우리가 이용할 수 있는 음식과 자원에도 한계가 있다. 우리의 기술과 능력 역시 무한정으로 발전하지는 않는다.

고양이는 본능적으로 움직임과 몸짓의 경제성을 체득하여 절대 헛된 노력을 들이는 법이 없다. 빈곤 속에 살아가는 사람 역시 자신의 한계를 정확히 안다. 가진 것을 최대한 활용해야만 하기에 이들은 무한히 창의적이다.

전쟁은 결국 목적과 수단 사이에서 균형을 잡는 것이라 할 수 있다. 어떤 장군이 특정한 목적을 달성하기 위해 최상의 계획이 있다고 해도 그 목적을 성취하기 위한 수단이 없다면 그 계획은 아무짝에도 쓸모가 없다. 그래서 역사적으로 뛰어난 장군들은 먼저 수중에 가지고 있는 수단이 무엇인지 파악한 뒤에 그 도구들에서 전략을 고안해내는 법을 배웠다.

다음번 전투에서는 이런 실험을 해보라. 확고부동한 목표들이나 간절히 바라는 꿈에 대해서는 생각하지 않기. 탁상공론식으로 계획하지 않기. 대신 당신이 가지고 있는 것, 즉 당신이 사용할 도구들과 물자들에 대해 곰곰이 생각하라. 꿈이나 계획이 아닌 현실에 기반을 세워라. 당신만의 기술적 재능, 당신이 가지고 있는 모든 정치적 우위, 군대의 사기, 수중에 가지고 있는 수단을 얼마나 창의적으로 이용할 수 있는지를 말이다. 그러면 당신의 전략은 더 현실성을 갖추게 될 뿐 아니라 창의성과 효과성까지 갖추게 될 것이다.

완벽한 경제성을 인색함과 혼동하지 마라. 완벽한 경제성은 단순히 자원을 비축해두는 것을 의미하지 않는다. 그것은 경제성이 아니라 인색함이다. 전쟁에서는 치명적인 결과를 부를 수 있다. 완벽한 경제성은 최적의 수단을 찾아내고 적에게 확실한 일격을 가하는 동시에 당신의 힘은 보존하는 것을 의미한다. 지나치게 인색하게 굴면 전쟁을 질질 끌게 되고 그 결과 비용만 늘어나 녹아웃 펀치는 영영 날려보지도 못하고 지치기만 할 것이다.

당신의 계산이 빗나갈 때도 있을 것이다. 쉬워 보였던 것이 알고 보니 어려운 경우 말이다. 모든 것을 정확하게 예측하기는 어렵다. 전투를 신중하게 선택해야 할 뿐 아니라 손해를 받아들이고 그만둬야 할 때가 언제인지도 알아야 한다.

## ● 뒤집어보기

비경제적으로 싸우는 것은 전혀 가치 없는 일이지만 적이 자원을 최대한 낭비하게 만드는 것은 언제나 현명한 전략이다. 이것은 적이 당신을 쫓느라 에너지를 소모하게 만드는, 치고 빠지는 전술을 통해 가능하다. 적이 한 번의 큰 공격으로 당신을 파멸시킬 수 있다고 믿게 유인하라. 그런 후에는 전쟁을 질질 끌면서 적이 귀중한 시간과 자원을 허비하게 만들어야 한다. 효과가 없는 펀치에 에너지를 소모한 적은 곧 실수를 저지르고 스스로를 엄청난 반격에 노출시킬 것이다.

STRATEGY

09

# 상대를 조급하게 만들어라

## 반격의 기술

▲

먼저 움직여 공격하는 것은 당신을 불리하게 만들 수도 있다. 당신의 전략이 노출되고 당신이 선택할 수 있는 대안에 제약이 생기기 때문이다. 그보다는 한발 물러났을 때의 힘을 발견하라. 상대편이 먼저 움직이도록 하면 당신은 모든 각도에서 반격할 수 있는 융통성이 생긴다. 상대편이 공격적으로 나올 때 무모한 공격을 하도록 유도하면 허점을 잡을 수 있다. 적이 인내심을 발휘하지 못하고 맹렬하게 당신에게 달려들 때 그 힘을 이용하여 적이 균형을 잃고 넘어지게 만드는 법을 배워라. 곤경에 빠진 순간에도 절망하거나 물러나지 마라. 모든 상황은 역전될 수 있다. 한발 뒤로 물러나 적절한 시기를 기다려 예기치 못한 반격을 하는 법을 배우면, 당신의 약점은 강점이 된다.

▲

◆ 적이 기대하는 약점을 보여줘라

1805년 9월 나폴레옹 보나파르트는 최대 위기를 맞게 된다. 오스트리아와 러시아가 나폴레옹에 대항해 동맹을 맺은 것이다. 남부에서는 오스트리아군이 이탈리아 북부를 점령한 프랑스 군대를 공격하고 있었고, 동부에서는 오스트리아의 카를 마크 장군이 대부대를 이끌고 바이에른 지방으로 들어가고 있었다. 또 러시아의 미하일 쿠투조프 장군이 이끄는 대규모 부대가 마크의 오스트리아군과 합류하기 위해 이동 중이었다. 이 동맹 부대는 합류하는 대로 프랑스로 진격할 계획이었다. 또 일군의 러시아와 오스트리아 부대가 위급 시에 대비해 빈 동부에 대기하고 있는 상태였다. 나폴레옹의 부대는 그들의 절반에 불과했다.

나폴레옹의 계획은 규모는 작지만 기동성 있는 자신의 부대를 활용해 동맹군이 합류하기 전에 각 부대를 차례로 격파하는 것이었다. 나폴레옹은 수세에 몰리지 않을 정도로 이탈리아에 병력을 충분히 배치해둔 상태에서 부대를 이끌고 쿠투조프 장군보다 먼저 바이에른으로 들어갔다. 마크 장군은 이 작전에 말려들어 울름에서 총 한 발 제대로 쏴보지 못하고 굴욕적인 항복을 했다. 이 승리가 최대한 결실을 보려면 나폴레옹은 러시아나 오스트리아 부대의 지원을 받기 전에 쿠투조프의 군대를 따라잡아야 했다. 이를 위해 그는 자신의 부대 대부분을 빈으로 행군시켜 퇴각하는 러시아 군대를 곤경에 빠뜨리고자 했다. 하지만 이 계획은 그만 어그러지고 말았다. 날씨는 궂었고, 프랑스 병사들은 지쳐 있었으며, 원수들은 실수를 저질렀다. 무엇보다도 노련한 쿠투조프 장군이 퇴각 시 현명한 계책을 썼다. 겨우 프랑스군을 피한 쿠투조프 장군은 오스트리아-러시아 부대가 머무르던, 빈 북동부의 올뮈츠라는 마을로 들어갔다.

이제 형세가 역전되었다. 갑자기 나폴레옹은 커다란 위험에 처했다. 그의 부대가 지닌 강점은 '기동성'이었다. 상대적으로 규모가 작은 그의 부대는 서로 근거리에서 움직이며 재빨리 지원해줄 때 최고의 성과를 낼 수 있었다. 그런데 울름에서 승리하고 빈을 점령하면서, 나폴레옹 부대는 뮌헨에서 빈까지 분산되어버린 상태였다. 또한 병사들은 굶주리고 지쳐 있었으며, 군수품도 부족했다. 오스트리아군은 이탈리아 북부에 있는 프랑스군과의 싸움을 포기하고 퇴각하고 있었지만 북동쪽으로 진군해 나폴레옹의 남부전선에 위협을 가하고 있었다. 북쪽에서 프로이센은 나폴레옹이 곤경에 처했다는 사실을 알아채고는 동맹군 가담을 망설이고 있었다. 그렇게 되면 나폴레옹의 통신선과 보급선은 완전히 차단될 수 있었으며, 만일 북쪽과 남쪽 양측에서 동시에 공격해오면

옴짝달싹 못 할 수도 있었다.

나폴레옹은 고심에 빠졌다. 쿠투조프의 군대를 더 추격한다면 전선이 더 길어지게 된다. 게다가 이제 9만 명에 달하는 러시아-오스트리아 동맹군은 올뮈츠에서 최상의 요지를 점하고 있었다. 그렇다고 가만히 있는 것도 위험하기는 마찬가지였다. 사방에서 군대가 밀려와 서서히 압박을 가할 것이기 때문이었다. 퇴각만이 유일한 해결책으로 보였다. 하지만 당시는 11월 중순으로 기후 조건이 나빠지고 있던 데다가 적군이 퇴각을 막으려고 할 것이 분명했다. 병사들의 사기도 크게 떨어질 것이다. 뿐만 아니라 퇴각은 프로이센군을 전쟁에 끌어들이는 결과를 가져올 것이고, 적국인 영국도 그가 수세에 몰린 틈을 이용해 프랑스를 침공할 가능성이 있었다. 나폴레옹은 지도를 뚫어지게 바라보며 며칠 동안 깊은 생각에 잠겼다.

한편 올뮈츠에서는 오스트리아와 러시아의 지도자들이 호기심과 흥분을 감추지 못하며 나폴레옹의 움직임을 주시했다. 이들은 곧 울름에서의 패배를 설욕하리라 기대했다.

11월 25일 정찰병으로부터 나폴레옹이 군대 대부분을 빈과 올뮈츠 중간에 있는 아우스터리츠로 이동시켰다는 소식이 전해졌다. 나폴레옹의 부대는 프라첸 고원을 점령하려는 것처럼 보였다. 하지만 나폴레옹의 군대는 겨우 5만에 불과했다. 거의 두 배 가까이 병력 차이가 나는데 어떻게 동맹군에 맞서려는 것일까? 동맹군이 유리한 상황이었지만 프란츠 1세는 11월 27일 휴전협정을 제안했다. 상황이 아무리 유리하더라도 나폴레옹과 전투를 한다는 것 자체가 위험한 일이었기 때문이다. 한편으론 시간을 벌어 프랑스군을 완전히 봉쇄하려는 속셈도 있었다. 하지만 동맹군의 장군 중 누구도 나폴레옹이 이 함정에 걸려들 거라고는 생각하지 않았다.

그런데 놀랍게도 나폴레옹은 휴전에 적극적으로 나서는 것처럼 보였다. 러시아 차르 알렉산드르 1세 휘하의 장군들은 나폴레옹이 완전히 겁에 질려 지푸라기라도 잡으려는 게 아닌가 하고 생각했다. 그러한 생각은 곧 사실로 증명되는 듯했다. 11월 29일 나폴레옹은 프라첸 고원을 점령하자마자 주둔을 포기하더니 서쪽에 자리를 잡고 기병대의 위치를 계속 재배치했다. 나폴레옹은 갈팡질팡하는 듯했다. 다음 날 나폴레옹은 러시아 황제와 직접 만날 것을 요구했다. 러시아 황제는 특사를 대신 보냈고, 특사는 돌아와서 나폴레옹이 두려움과 근심을 감추지 못했다고 전했다. 나폴레옹은 궁지에 몰려 완전히 이성을 잃은 듯한 모습이었다. 특사가 제시한 협상 조건에 나폴레옹은 결국 동의하지는 않았지만, 주눅 든 모습으로 조용히 그의 말에 귀를 기울였다. 이러한 소식은 나폴레옹과의 첫 교전에 안달이 나 있던 젊은 황제의 귀를 즐겁게 해주었다. 그는 기다리는 데 진력이 나 있던 터였다.

프라첸 고원을 포기한 나폴레옹은 스스로 자멸의 길에 들어선 것처럼 보였다. 나폴레옹의 남부전선은 취약했고, 빈으로 통하는 남서 퇴각로는 노출된 상태였다. 동맹군이 남부의 핵심 거점인 프라첸 고원을 점령하여 남부전선을 무너뜨리는 동시에 퇴각로를 막은 다음 북쪽으로 이동해 프랑스 군대를 포위하면 나폴레옹은 파멸이었다. 기다릴 이유가 무엇인가? 이건 절호의 기회였다. 러시아 황제와 젊은 장군들은 주저하는 오스트리아 황제를 설득했다.

12월 2일 아침 일찍 공격이 시작되었다. 소규모 사단 두 개가 프랑스군의 북쪽 측면을 공격하는 동안 동맹군 대부분은 프라첸 고원으로 진격하여 그곳을 점령한 다음 남쪽으로 대거 이동하기 시작했다. 프랑스의 취약한 남부전선을 공략하기 위해서였다. 이 과정에서 프랑스군의 저항이 있었지만 곧 전선을 무너뜨리고 북쪽에 있는 나폴레옹을 포위할 핵심 거점을 점령했다. 하지만 오전 아홉 시 고원에 있던 마지막 동맹군 부대(총 약 6만 명 정도)가 남쪽으로 향했을 때 뜻밖의 소식이 들려왔다. 프라첸 고원 너머 보이지 않던 대규모 프랑스 군대가 갑자기 동쪽으로 방향을 잡고 프라첸 마을과 동맹군 전선의 중심부로 곧바로 진격해 들어가고 있다는 것이었다.

쿠투조프 장군은 위험을 직감했다. 동맹군이 프랑스군의 남부전선에 너무 많은 병력을 보내는 바람에 아군의 중심부가 뚫린 것이었다. 그는 맨 나중에 고원을 빠져나간 부대를 다시 돌려보내려고 했지만, 이미 때는 늦었다. 오전 열한 시 프랑스군은 고원을 재탈환하는 데 성공했다. 설상가상으로 남서부에서 프랑스군이 도착해 남부 병력이 증강되는 바람에 프랑스군을 포위하려던 동맹군의 작전은 수포가 되었다. 형세는 완전히 역전되었다. 이제 프랑스군은 프라첸 마을을 통해 동맹군 전선의 중심부로 밀고 들어왔고 재빨리 남부로 통하는 퇴각로까지 차단해버렸다.

동맹군은 북부, 중앙, 남부로 분열되어 서로 완전히 고립되었다. 최남단에 위치한 러시아군은 더 남쪽으로 퇴각하려고 시도하다가 수천 명의 병사가 꽁꽁 언 호수와 습지에 빠져 목숨을 잃었다. 그날 오후 다섯 시 휴전협정이 선언되었다. 오스트리아-러시아 동맹군은 엄청난 인명 손실을 보았다. 이 패배는 파장을 몰고 왔다. 동맹은 붕괴되었고 전투도 종결되었다. 한편 패배 직전에 승리를 거둔 이 아우스터리츠 전투는 나폴레옹의 생애에서 가장 빛나는 승리로 기록되었다.

## ● 해석

나폴레옹이 전략가로서 보인 면모는 어느 누구보다도 뛰어났다. 특히 탁월했던 부분은 바로 유연한 사고였다. 그는 공격과 방어를 상호 배타적으로 바라보지 않았다. 반격이라는 공격 전술을 위장할 수 있는 최상의 방법은 방어 태세를 갖추는 것이었으며, 취약한 부분을 방어하기 위한 최상의 계책은 바로 공격 전술을 취하는 것이었다. 그는 공격과 방어를 섞어 완벽한 함정을 팠다.

먼저 빈을 점령한 나폴레옹은 아우스터리츠로 진격해 공격 태세를 취했다. 이러한 조치는 병력이 압도적으로 우세한 오스트리아-러시아 동맹군을 놀라게 했다. 그 후 나폴레옹은 한발 물러나 방어 태세를 취한 다음 공격과 방어 사이를 왔다 갔다 하며 혼란에 빠진 듯한 모습을 보여주었다. 러시아 황제의 특사와 만났을 때 막막해하는 인상을 심어준 것도 치밀하게 계산된 전략이었다. 이 모든 것이 허점을 보여 상대로부터 공격을 유도해내기 위한 잘 짜인 한 편의 드라마였다.

이 작전이 먹혀들자 나폴레옹은 방어에서 공세로 전환해 반격을 가했다. 공격하던 부대가 갑자기 방어해야 하는 상황이 되면 사기가 완전히 무너지게 마련이다. 실제로 겁에 질린 동맹군은 나폴레옹이 애초부터 그들의 묘지로 점찍어두었던 꽁꽁 언 호수로 퇴각했다.

나폴레옹이 그랬듯이 제3의 안을 택하라. 때로 허점을 보이고 방어 태세를 취하면 상대방은 당신을 위협으로 인식하지 않고 경계를 늦출 것이다. 그러다 적절한 기회가 왔다 싶을 때 공세로 전환하라. 체계적으로 공격을 가하되 당신의 약점을 계략으로 삼아 진짜 의중을 숨겨라. 위험에 처해 주위 사람들이 비관적인 면만 보고 퇴각을 권유할 때가 기회를 포착할 순간이다. 약한 것처럼 보이면 공격적인 적이 전속력으로 당신에게 달려들 것이다. 그러면 이들이 방심한 틈을 타 전혀 예상치 못한 순간에 공세로 전환하라. 이렇게 유동적인 방식으로 공격과 방어를 혼합하면 당신은 유동적이지 못한 적보다 한발 앞서 나아갈 수 있다. 최고의 일격은 상대방이 전혀 생각하지 못하는 순간 가하는 것이다.

# 상대를 조급하게 만들어라

군대의 역사가 시작된 수천 년 전, 다양한 문화 속의 여러 전략가는 한 가지 특이한 현상을 발견했다. 전투에서 방어하는 이가 승리를 거두는 경우가 많다는 것이었다. 그 이유는 무엇일까? 일단 먼저 공격을 개시하게 되면 모든 방책을 동원해야 하므로 더 이상 상대방의 허를 찌를 계책이 없게 된다. 하지만 방어하는 쪽은 공격자의 전략을 간파하고 방어 조치를 할 수 있다. 뿐만 아니라 방어자가 이 초기 공격을 무위로 돌리게 되면, 공격자의 입지가 약해진다. 군대의 질서가 와해된 데다 병사들도 녹초가 되기 때문이다. 전투에서는 지킬 때보다 빼앗을 때 더 많은 에너지가 필요하다. 방어자가 이러한 약점을 이용해 반격을 가할 수 있다면 공격자를 퇴각시키기는 그리 어렵지 않다.

다른 사람들과의 갈등은 피할 수 없다. 그런데 오늘날 사회에서는 공격이 용인되지 않는다는 점이 딜레마다. 공격을 가하면 당신의 평판이 타격을 입고, 당신은 정치적으로 고립되며, 적들이 생겨나고 저항을 받게 될 것이다. 이 딜레마를 해결하는 길이 바로 반격이다. 적이 먼저 움직이게 놔두고, 당신은 희생자인 척한다. 노골적으로 드러나지 않으면 당신은 상대방의 마음을 조종할 수 있다. 그들이 무모하게 공격하도록 유인하라. 그 결과가 처참해도 그들은 자신을 탓하게 될 뿐이고, 주위 사람들도 모두 그들을 탓하게 된다. 당신은 외형상으로는 물론 실질적으로도 전쟁에서 승리를 거두게 된다. 이처럼 융통성과 힘을 동시에 제공하는 전략은 극히 드물다.

● **뒤집어보기**

반격 전략이 모든 상황에 적용되는 것은 아니다. 당신 쪽에서 먼저 공격을 시작하는 편이 더 나을 때도 있다. 적이 아주 영리해 인내심을 잃고 당신을 공격하는 일이 없다면, 또 기다릴 경우 너무 많은 것을 잃게 된다면 선공격해야 한다. 이때 의지할 수 있는 전략을 늘 하나 이상은 구상해두어라. 당신을 반격하려고 기다리는 것이 적의 스타일이라면 먼저 공격해 허를 찌를 수 있는 완벽한 조건이 갖추어진 셈이다. 여러 가지 방법을 적절히 조합하라. 상황을 잘 살펴 당신이 앞으로 무엇을 할지 상대방이 예상하지 못하게 만들어라.

STRATEGY

10

# 위협적인 존재임을 과시하라

## 전쟁 억지와 경고

▲

공격자를 물리치는 최고의 방법은 애초에 공격할 생각조차 갖지 못하게 만드는 것이다. 이를 위해서는 당신이 실제보다 강하다는 인상을 심어줘야 한다. 다소 '또라이' 기질이 있다는 평판을 구축하라. 그러면 상대는 당신을 건드려서 좋을 게 없다고 생각할 것이다. 패배할 경우 곱게 물러서지 않는다는 평판을 구축하라. 그런 다음 거친 행동으로 강력한 인상을 심어줌으로써 그러한 소문이 거짓이 아니라고 믿게 하라. 때로는 불확실성이 명백한 위협보다 나을 수도 있다. 상대는 당신을 건드리는 데 어떤 대가가 따를지 확신하지 못하는 상황에서는 결코 함부로 나서지 못한다. 인간의 타고난 두려움과 걱정을 십분 활용하여 그들이 다시 한번 생각하게 유도하라.

▲

◆

## F16기의 탄생 비화

1950년대 존 보이드John Boyd는 한국전쟁에서 전투기 조종사로 공훈을 세웠다. 1950년대 중반, 그는 네바다주 넬리스 공군기지에서 가장 존경받는 비행 교관이었다. 특히 공중전 훈련에서는 그를 따라올 자가 없었다. 그는 상대편 머리 꼭대기에 올라앉아 사기를 꺾고 겁을 주어 대응 능력을 파괴하는 스타일을 개발한 인물이었다. 그러나 1966년 경전투기 설계를 지원하기 위해 미국 국방성인 펜타곤에 근무할 당시에 그의 뛰어난 능력은 냉혈한 모함, 정치적 술책, 간접 공격이 판치는 국방성 생활에 전혀 도움이 되지 않았다.

보이드 소령은 국방성 관료들이 최고의 신형 전투기를 개발하는 일보다 도급업체를 만족시키는 일에 더 관심이 있다는 사실을 알아챘다. 그들은 장비의 적합성에 개의치 않고 새로운 기술 장비를 구입하곤 했다. 보이드는 모든 상황을 전략적 전투로 바라보는 데 익숙해 있었으므로, 이 정글과 같은 국방성 생활에 그의 전쟁 기술과 스타일을 도입하기로 했다. 상대를 위협하고, 낙담시키며, 두뇌로 앞지를 작정이었다.

보이드는 자신이 설계 중인 간소한 제트 전투기가 세계에서 가장 성능이 뛰어나다고 믿었다. 그러나 도급업체는 그의 설계를 싫어했다. 그 설계는 비용이 저렴하고, 도급업체가 팔려는 기술에 초점을 두지 않았기 때문이다. 한편 국방성 동료들에게는 나름대로 아끼는 프로젝트들이 있었다. 그들은 서로 자신들이 추진하는 프로젝트의 예산을 따내기 위해 치열하게 경쟁했다.

보이드는 방어 전략을 개발했다. 겉으로는 바보 같은 모습을 했다. 낡은 옷을 입고, 냄새 나는 시가를 피우며, 사나운 눈매를 했다. 그는 너무 이르게 승진한, 감정적인 전투기 조종사 행세를 했다. 그러면서 막후에서는 모든 세부 사항을 철저하게 파악하며 상대방보다 더 많이 알기 위해 만전을 기했다. 통계, 연구, 공학 이론을 동원해서 자신의 프로젝트를 지지하고, 상대편 프로젝트에 흠집을 낼 수 있을 정도였다. 도급업체들은 회의에 최고의 공학자를 동원해서 화려한 프레젠테이션을 하곤 했다. 보이드는 감명받은 듯 잠자코 듣고 있다가, 예고도 없이 갑자기 공세를 취하곤 했다. 그들의 낙관적 주장에서 거품을 걷어냈고, 주장의 앞뒤가 맞지 않는 점을 짚었으며, 과대 선전과 속임수를 낱낱이 까발렸다. 그렇게 보이드는 그들의 프로젝트를 서서히 갈기갈기 찢었다.

상스럽다고 과소평가했던 보이드에게 허를 찔린 도급업체 사람들은 복수를 다짐하며 회의실을 빠져나가곤 했다. 그러나 그들이 할 수 있는 일이 무엇이겠는가? 보이드는 이미 그들이 제시한 숫자를 뭉개버렸고 그들의 제안을 망쳐놓았는데! 과대선전을 했던 탓에 그들은 신용까지 잃었다. 패배를 인정할 수밖에 없었던 그들은 이제 보이드를 피하는 방법을 찾아냈다. 그를 방해하는 대신, 그가 스스로 망하기를 바라는 것이다.

1974년 보이드의 팀은 그동안 작업해온 제트기 설계를 완료하여 승인을 앞두고 있었다. 보이드는 국방성의 다른 부서에 전략적으로 제휴망을 구축해놓았는데, 이 제휴망의 정보에 의하면 그의 프로젝트를 혐오하는 3성 장군 그룹이 프로젝트를 무산시키려 하고 있었다. 그들의 계획은 이러했다. 보이드가 지휘 계통에 따라 여러 관리에게 보고하면 이들은 모두 그의 프로젝트를 통과시킨다. 그러고는 장성들과의 마지막 회의에서 이를 폐기해버린다. 보이드는 프로젝트에 대해 보고할 기회를 공정하게 부여받았고, 절차상의 문제는 하등 없어 보일 것이다.

제휴망 구축에 더해서, 보이드는 강력한 후원자를 적어도 한 명쯤은 확보해둘 필요를 느꼈다. 그다지 어렵지 않은 일이었다. 국방성과 같은 정치적 환경에서는, 이 체계에 너무나 신물이 난 나머지 기꺼이 보이드를 지원해주려는 장군이나 힘 있는 관료가 있게 마련이었다. 보이드의 가장 강력한 협력자가 되어준 사람은 제임스 슐레진저James Schlesinger 국방 장관이었다. 그는 장관을 방문해 이 프로젝트에 대한 승인을 직접 받아냈다. 드디어 장성과의 회의가 열렸다. 보이드는 속으로 회심의 미소를 지으며 앉아 있는 장성들을 향해 말했다. "신사 여러분, 저는 국방장관의 위임을 받아이 회의가 의사 결정을 위한 자리가 아니라는 사실을 알려드립니다. 이 보고는 단지 참고용입니다." 그는 프로젝트가 이미 승인되었음을 못 박음으로써 어떤 잡음도 허락하지 않았다. 그리고 가급적 장황하게 설명회를 진행하여 그들의 상처를 더 쓰라리게 했다. 그들에게 굴욕감을 주어 다시는 그를 방해하지 못하게 하려는 의도였다.

전투기 조종사였던 보이드는 상대보다 몇 발짝 앞서서 생각하도록 스스로를 훈련했고, 항상 위협적인 기동 전략으로 상대를 기습했다. 국방성 관료들과의 전투에서도 이 전략은 먹혀들었다. 한 장군이 그의 경전투기 프로젝트를 망치려는 의도로 명령을 내리면, 그는 웃으며 고개를 끄덕이고는 말했다. "기꺼이 명령에 따르겠습니다. 다만 서면으로 명령을 내려주십시오." 장관들은 구두로 명령하기를 좋아했는데, 서면으로 지시하면 공개될 경우 난처한 상황에 빠질 수 있었기 때문이다. 허를 찔린 장군은 명령을 철회하거나 서면으로 지시하기를 거부했다.

몇 년간 그를 상대해본 장군들과 그의 무리들은 전염병 피하듯 그를 피했다. 이들이 거리를 두자 보이드는 F15와 F16 설계를 추진하여 거의 불가능한 것으로 알려진 국방성의 승인 절차를 마칠 수 있었고, 가장 유명하고 효율적인 제트 전투기 2종을 개발함으로써 미 공군에 불후의 업적을 남겼다.

보이드가 본 국방성 관리들은 조직과 융화되고 인정받기를 원했다. 이들은 자신의 명성에 신경을 곤두세우는 정치적인 사람들이었다. 보이드의 전략은 단순했다. 까다롭고 심지어 불결한 사람이라는 악명을 쌓기로 했다. 이는 보이드와 맞서면 공개 석상에서 추한 싸움을 벌여 자기 이름만 더럽히고, 시간을 낭비하며, 정치적으로 상처를 입는다는 의미다. 보이드는 고슴도치로 변신했다. 몸집이 작아도 막대한 피해를 주는 동물에게는 다른 동물이 덤벼들지 않는다. 호랑이도 그냥 내버려둔다. 남들이 내버려두었기 때문에 보이드는 살아남았고 F15와 F16을 키워낼 수 있었다.

보이드는 명성이 핵심이라는 사실을 알았다. 조화로움과 정치적인 모습, 친절함과 유순함은 물론 좋다. 그런데 위기와 난관을 맞이했을 때는 이런 태도가 당신에게 불리하게 작용할 수 있다. 사람들이 당신을 농락하고, 낙담시키며, 방해할 수 있기 때문이다. 지금껏 한 번도 반격해본 적이 없다면, 아무리 위협적인 몸짓을 해도 사람들은 믿지 않을 것이다. 어떤 경우 당신은 친절한 모습을 벗어버리고 까다롭고 더러운 사람이 될 수 있다는 것을 사람들에게 알려야 한다. 난폭한 행동을 분명하게 몇 번 보여주는 것으로 충분하다. 일단 사람들이 당신을 싸움꾼으로 생각하면, 당신을 대할 때 다소의 두려움을 느낄 것이다. 사랑받는 것보다는 두려움의 대상이 되는 편이 더 쓸모가 있다.

# 위협적인 존재임을 과시하라

인생을 살다 보면 당신보다 더 공격적이고, 교활하고, 잔인한 사람들을 만나게 마련이다. 싸움이 주특기이고 악랄한 이들과 정면으로 부딪치는 것은 현명하지 않다. 당신은 십중팔구 패할 것이다. 그러나 그들에게 원하는 것을 주어 공격을 피하거나 그들을 달래려 해서도 안 된다. 당신이 약한 모습을 보일수록 더 큰 위협과 공격을 부르기 때문이다.

그럴 때는 군사 지도자와 전략가들이 거칠고 탐욕스러운 상대를 다루는 수단으로 수 세기에 걸쳐 개발해온 경고성 위협을 고려해보자. 이 억지 기술art of deterrence은 전쟁과 인간 본성에 관한 세 가지 기본적 사실에 기초한다. 첫째, 인간은 상대의 취약한 모습을 보면 더 공격하는 경향이 있다. 둘째, 그들은 상대가 약하다는 사실을 확실히 알지 못한다. 단지 상대의 행적을 통해 나타나는 신호를 보고 판단할 뿐이다. 셋째, 그들은 빠르게 그리고 대가 없이 손쉬운 승리를 얻고자 한다. 그래서 저항하지 않는 힘없는 자들을 먹이로 삼는다.

억지 전략이란 이러한 역학 관계를 반대로 이용하는 방법으로서, 당신과의 싸움이 생각처럼 쉽지 않으리라는 메시지를 보내는 것이다. 즉 당신은 실제로 취약한 상태지만 그들은 확실히 알지 못한다. 약점을 숨겨서 그들의 관심을 다른 쪽으로 돌려라. 행동으로 보여주는 편이 단순한 협박이나 사나운 말보다 훨씬 더 효과적이다. 예를 들어, 상징적인 방식으로 조금이라도 반격을 가한다면, 당신이 말로만 떠드는 사람이 아니라는 사실을 보여주는 셈이다. 소심하고 만만한 먹잇감이라면 주위에 얼마든지 있으므로, 공격자는 십중팔구 당신에게서 물러나 다른 사람에게 달려들 것이다.

다음은 억지 전략과 경고성 위협에 관한 기본적 방법이다. 이 방법들은 방어형 전쟁, 즉 당신이 취약하거나 공격을 받고 있는 순간에 효과가 뛰어나다.

**대담한 행동으로 기선을 제압하라.** 상대가 예기치 못한 대담한 행동을 취하는 것이다. 겁 없이 자신감 넘치는 행동을 함으로써 당신이 약할 거라는 적의 인식을 뒤집는 것이다.

**위협을 맞받아쳐라.** 적이 당신을 몰아붙이려 한다면, 소규모라도 기습적 공격을 가해 겁을 줌으로써 상황을 반전시킬 수 있다. 적이 소중히 여기는 것을 위협하라. 그들의 기대와는 달리 당신이 얼마든지 무모해질 수 있다는 점을 분명히 보여줘라. 하지만 싸움을 지나치게 크게 벌일 필요는 없다.

**예측 불가능하고 비이성적인 모습을 보여라.** 마치 아무것도 잃을 것이 없다는 듯이 말이다. 상대가 평판이 좋고 잃을 것이 많은 사람일 때 특히 효과적이다. 그러면 적은 당신과의 싸움을 꺼리게 될 것이다. 감정적으로 행동하라는 의미가 아니다. 다만 당신이 다소 비이성적이기 때문에 무슨 짓이든 벌일 수 있음을 넌지시 비치면 된다.

**인간의 타고난 편집증을 이용하라.** 상대편에게 공개적으로 위협하는 대신, 간접적인 행동을 취하라. 중개자를 이용해서, 당신이 어떤 사건을 벌일지도 모른다는 불안한 이야기를 전달하는 방법이 여기에 해당한다. 혹은 그들이 당신의 말을 '우연히' 엿듣게 해서 적을 불안에 떨게 하라. 위협이 베일에 싸여 불확실성이 클수록 그들의 상상도 커지며, 당신을 공격하는 일이 더 위험하다고 생각할 것이다.

## ● 뒤집어보기

억지 전략의 목표는 애초에 상대의 공격을 막는 것이며, 이는 대개 위협적인 존재감을 창출하거나 위협적인 행동을 보여줌으로써 가능하다. 그러나 상황에 따라서는 그와 반대로 행동함으로써 똑같은 목표를 좀 더 쉽게 달성할 수 있다. 즉 조용하면서도 겸손하게 행동하는 것이다. 해를 끼치지 않는 존재나 이미 패배한 존재로 보이면 사람들은 당신을 건드리지 않을 것이다. 상대방에게 해롭지 않은 존재로 비치면 시간을 벌 수 있다.

일반적으로 자신을 위협적인 존재로 보이려고 시도할 때는 신중해야 한다. 당신이 쥔 파워에 도취하지 않도록 주의하라. 장기적으로 보면 사람들을 위협하는 행동은 적을 만들어내며, 실제로 승리함으로써 억세고 강인하다는 당신에 대한 평판을 증명하지 못하면 적은 다시 당신을 만만하게 볼 것이다.

STRATEGY

11

# 싸우지 말아야 할 때를 파악하라

## 작전상 후퇴의 방법

▲

강력한 적 앞에서 물러서는 것은 나약함이 아닌 강인함의 표시다. 공격자에게 대응하고자 하는 충동을 뿌리치고 귀중한 시간을 벌어라. 회복하고 생각해볼 시간, 전망을 따져볼 시간 말이다. 적이 돌진하게 하라. 시간은 공간보다 더 중요하다. 교전을 거부함으로써 적을 분노하게 하고 적의 거만함에 불을 지펴라. 적은 곧 무리한 전략을 세워 실수를 연발할 것이다. 시간이 지나면 적이 무모했고 당신이 현명했음이 드러나리라. 때로는 아무것도 하지 않음으로써 가장 많은 것을 성취할 수도 있음을 명심하라.

▲

◆

## 후퇴도 전략이다

1930년대 중반 마오쩌둥은 중국 공산당의 떠오르는 샛별이었다. 공산당과 국민당 간의 내전이 발발했을 당시 공산당이 열세였지만, 마오쩌둥은 게릴라 전술을 통해 연달아 국민당을 무찔렀다. 그는 곧 신생 중국 공산당 주석으로 활동하게 되었다.

그 후 공산당원들 간의 권력 투쟁이 일어났다. '28인 볼셰비키'로 알려진 구소련에서 교육받은 지식인층은 마오쩌둥의 전투 방식이 소심하고 나약하다며 경멸했다. 이들은 전면전을 주장했는데, 공산당원들이 러시아에서 했던 것처럼 주요 도시와 지역을 통제하기 위해 직접 국민당원들과 맞붙자는 것이다. 28인 볼셰비키는 서서히 마오쩌둥을 고립시켰으며, 1934년에는 중국 후난성의 한 농가에 그를 가택 연금하기에 이르렀다.

마오쩌둥 지지자들은 그의 명예가 완전히 실추되었다고 생각했다. 하지만 그들을 더 힘들게 했던 것은 마오쩌둥 자신이 이에 대해 공공연히 수긍한다는 점이었다. 그는 보복을 위해 지지자들을 모으지 않았고, 출판 작업도 멈추었으며, 자취를 감추기에 이르렀다. 마오쩌둥은 말 그대로 겁쟁이로 보였다.

같은 해에 장제스 장군이 이끄는 국민당원들은 공산당을 전멸시키기 위해 새로운 군사 계획을 수립했다. 국민당의 계획은 홍군紅軍이 있는 요새를 에워싸고, 마지막 한 명의 병사까지 죽이는 것이었다. 28인 볼셰비키는 용감하게 싸웠으나 역부족이었다. 국민당원의 수가 압도적으로 많았고 장비가 뛰어났으며, 이들은 독일 군사 고문단의 도움마저 받고 있었다. 국민당은 도시를 하나둘씩 점령하며 서서히 공산당원들을 조여왔다.

수천 명의 홍군이 탈영하고, 남은 10만여 명의 군인이 가까스로 국민당의 포위에서 벗어나 북서쪽으로 향했다. 마오쩌둥은 그제야 28인 볼셰비키의 전략을 비판하기 시작했다. 28인 볼셰비키 당원들이 일직선으로 후퇴하고 있어서, 국민당원들의 추격을 용이하게 해주었다는 것이다. 또한 수많은 문서와 서류 보관함을 소지하고 움직여서 이동 속도가 느리다는 점도 지적했다. 그는 볼셰비키 당원들을 따라 하는 것이 아닌, 중국의 가장 큰 인구 집단인 농민 계층을 근간으로 한 전적으로 중국적인 혁명이 필요하다고 강조했다. 그러려면 시간이 필요했고, 공격으로부터 자유로워야 했다. 그들은 적이 도달할 수 없는 중국의 땅 끝 지역을 목적지로 삼고 남서부로 행군해가야 했다.

이제 홍군 지휘관들은 마오쩌둥의 명령에 귀 기울이기 시작했다. 짐을 줄였고, 밤에만 이동했으며, 여기저기에서 거짓 공격을 하여 국민당원들을 따돌리기도 했다. 가는 곳마다 집회를 열어 투쟁의 명분을 알려 농민들을 합류시켰다. 어느새 마오쩌둥은 사실상 군대의 지휘관이 되어 있었다. 그의 지휘하에서 홍군은 국민당의 추격을 가까스로 피했으며, 1935년 10월 마침내 산시성에 도달하여 안전한 거처를 마련할 수 있었다.

수많은 위기를 넘긴 끝에 군대는 대장정에 종지부를 찍었다. 군대의 규모는 크게 줄어 6천 명의 병사만 살아남았지만, 새로운 당이 결성되었다. 농민 혁명에 대한 신념이 있고, 게릴라 전투를 옹호하는 충직한 추종자들로 구성된 강경파 세력이었다. 이 신당은 서서히 세력을 회복하면서 당원들의 신념을 전파해 나갔다. 1949년 공산당원들은 마침내 국민당을 철저히 패배시켜 중국 본토에서 쫓아내기에 이르렀다.

## ● 해석

마오쩌둥은 농가에서 태어나고 자랐다. 농가의 삶은 고된 일의 연속이었다. 변덕스러운 기후는 농부들에게 인내심을 배우도록 요구했다. 수천 년 전 도교는 이러한 고된 삶에서 탄생했다. 도교의 무위無爲 사상은 행동하지 않음으로써 행동하는 것이요, 상황을 통제하지 않음으로써 통제하려는 것이고, 규율을 포기함으로써 통치하라는 것이다. 상황에 대응하고 반격하며 투쟁할 경우 실제로는 퇴보할 뿐이고 어려움을 더할 뿐이라는 생각이 무위 사상의 주를 이룬다. 가끔은 아무것도 하지 않고 호기를 엿보는 것이 최상이라는 것이다. 기다리는 동안 심신을 정비하고 정체성을 강화해야 한다.

농가에서 성장한 마오쩌둥은 이러한 사상을 내면화하여 지속적으로 정치와 전쟁에 접목했다. 위험한 순간에 그는 후퇴를 서슴지 않았다. 물론 어떤 이들은 이러한 행동을 나약함의 신호로 받아들였지만, 개의치 않았다. 시간은 적의 전략에 허점을 보여줄 것이다. 그는 후난으로 후퇴한 것을 굴욕이 아닌 전략으로 간주했다. 시간을 벌어 전열을 가다듬고 전체 상황을 조망하는 것이다. 같은 맥락에서 그는 대장정을 통해 당의 정체성과 철학을 재정비하는 계기로 삼았다. 겨울이 지나자 그는 다시 고개를 들었다. 그의 적들은 이미 나약함에 굴복하고 있었지만, 그는 후퇴의 시기를 넘기고 훨씬 강해져 있었다.

◆ **생존의 기술**

## 싸우지 말아야 할 때를 파악하라

우리는 자신이 실제로 어떤 사람인지 잘 알지 못한다. 우리의 생각은 책, 스승을 비롯한 온갖 종류의 비가시적인 요소로부터 영향을 받는다. 우리는 각기 다른 상황을 이해하려고 노력하지 않고, 습관적이고 기계적으로 상황에 대처한다. 대인 관계에서도 다른 이들의 페이스와 기분에 쉽게 말려든다.

전략가로서 당신의 역할은 간단하다. 당신 자신과 자신의 입장, 적에 대해 정확히 이해하는 것이다. 이를 통해 상황에 대한 통찰력을 얻고, 상황을 있는 그대로 볼 수 있다. 이는 후퇴할 시기와 방법을 알고 있을 때만 가능하다. 만약 당신이 항상 전진과 공격만 일삼으며 사람들을 감정적으로 대한다면, 전망을 따져볼 시간이 없다. 당신의 전략은 과거의 상황이나 다른 이의 경험을 토대로 세우는 취약하고 기계적인 것일 수밖에 없다. 후퇴란 자신을 발견하고 주변의 영향으로부터 거리를 두기 위해 가끔씩 이행해야 하는 덕목이다. 후퇴하기에 가장 좋은 시기는 역경과 위험에 맞닥뜨렸을 때다.

자신보다 더 강력한 적과 싸울 경우, 자신의 소유물과 직위는 물론이고 그 이상의 것을 잃게 된다. 상상도 못 할 방식으로 공격자의 감정과 폭력에 타격을 입게 될 것이다. 따라서 이럴 때는 일보 후퇴해서 내면 성찰을 위해 시간을 버는 것이 좋다. 후퇴의 결정은 나약함이 아닌 강인함을 보여준다. 후퇴는 전략적인 지혜의 정점에 있다.

### ● 뒤집어보기

후퇴 그 자체가 목적이 되어서는 안 된다. 어떤 시점에는 방향을 전환하여 싸워야 한다. 그렇지 못하다면 후퇴를 항복이라고 칭하는 것이 더 정확할 것이다. 결국 승리는 적의 것이다. 장기적으로는 전투가 불가피하다. 후퇴는 잠정적인 것에 불과하다.

# PART 4
# 공격의 기술

전쟁과 삶에서 가장 큰 위험은 예기치 못한 사건에서 빚어진다. 사람들이 당신의 예상대로 반응하지 않고, 뜻밖의 사건이 발생해 당신의 계획을 엉망으로 만들고 혼란이 빚어질 때가 있다. 재래식 공격형 전쟁의 이면에 내재한 개념은 단순하다. 즉 상대를 먼저 공격하고 상대의 취약점을 겨냥하며 먼저 기선을 제압함으로써 당신에 유리한 상황을 만드는 것이다. 이와 같은 방식은 역사상 가장 성공적인 지휘관이 실행한 전술 형태로서, 그들의 성공 이면에는 전략적 현명함과 대담함이 조화를 이룬다.

제4부에서는 전투에서 최상의 형태를 소개할 것이다. 이 내용은 '대(大)전략'이라고 알려진, 더 큰 틀 안에 당신의 요구와 목표를 맞추도록 도와줄 것이다. 당신은 적을 보는 올바른 방법과 그들의 치부를 들춰내는 법을 배울 것이다. 또한 치밀한 계획이 어떻게 공격을 위해 융통성 있는 선택권을 부여해주며, 전쟁에서 큰 힘을 발휘하는 구체적인 작전(측면 공격 책략, 포위 등)과 공격 방식(중심 공략하기, 적을 극도의 취약지로 몰아넣기 등)이 삶에서 어떻게 응용될 수 있는지 알게 될 것이다. 마지막으로 출정을 마무리하는 방법을 소개할 예정이다. 당신의 목표에 부합하는 강력한 결말이 없다면, 그전까지의 모든 행동은 물거품이 될 것이다. 공격형 전쟁의 다양한 요소를 숙지한다면 인생에서 행하는 모든 공격에 훨씬 더 큰 힘이 실릴 것이다.

STRATEGY

12

# 전투는 패배해도 전쟁에서는 이겨라

## 대(大)전략의 눈

▲

당신 주변의 모든 이들은 종종 당신을 볼모로 자신들의 이해를 위해 권력을 향해 질주하는 전략가들이라고 해도 과언이 아니다. 매일 되풀이되는 그들과의 전투로 인해 당신은 진정 중요한 것을 제대로 보지 못한다. 진정 중요한 것이란 종국의 승리, 대의적 목표 달성, 권력 유지다. 대전략이란 당면 전투 이후 상황까지 내다보며 앞서서 계산하는 것을 말한다. 당신은 궁극적 목적에 초점을 맞추고 단계별로 계획을 짜야 한다. 대전략에서는 당신의 행동이 미치는 정치적인 여파와 장기적 결과를 고려해야 한다. 감정적으로 사람들에게 반응하는 대신 통제권을 쥐고 당신의 행동을 좀 더 다차원적이며 미묘하고 효과적으로 만들어내야 한다. 상대는 전투의 전개 상황이나 방향 전환에 얽매여 사소한 승리나 향유하게 하라. 대전략은 당신에게 궁극적인 보상을 안겨줄 것이다. 결국 당신은 마지막에 웃는 자가 될 것이다.

▲

◆

## 전면전

1967년 베트남전 때, 미국 측 지도자들은 드디어 전쟁의 끝이 보인다고 생각했다. 이들은 남베트남으로 침투하여 베트콩을 소탕하기 위한 작전에 착수했다. 베트콩 게릴라들은 섬멸하기 쉽지 않았으며, 미국은 몇 건의 전투에서 큰 인명 피해를 입기도 했다. 미국이 지원하는 남베트남 정부는 상대적으로 안정되어 있었으며, 이로 인해 미국에 대한 베트남인들의 지지율이 높아졌다. 한편 미군의 폭격으로 북베트남의 공군력이 크게 타격을 입기도 했다. 비록 미국에서는 대대적인 반전 시위가 벌어졌지만, 여론 조사에 따르면 대부분 미국인은 전쟁을 지지했고, 끝이 보인다고 생각했다.

그러나 미국의 화력과 뛰어난 기술력도 게릴라전을 구사하는 베트콩과 북베트남 군대 앞에서는 별 효과가 없었다. 미국은 어떻게 해서든 그들을 대대적인 교전으로 끌어들이려 했다. 1967년 말 마침내 북베트남을 함정에 빠뜨릴 기회가 왔다. 북베트남군의 총책임자였던 보 구엔 지아프 장군이 미 해병대 기지가 있는 케산을 목표로 대대적인 공세를 계획하고 있다는 정보를 입수한 것이다.

케산은 주요 전략적 기지였다. 베트남의 남북을 가로지르는 비무장지대에서 멀지 않았으며, 남부 베트콩들을 위한 보급로인 호치민과도 가까웠다. 미군 총사령관인 윌리엄 웨스트모어랜드 William Westmoreland는 케산을 활용하여 북쪽과 서쪽에서 이루어지는 적군의 활동을 감시했다. 그는 케산 주변에 비행장을 건설하여 헬리콥터를 십분 활용하고 상공을 통제하고자 했다. 또한 상당한 규모의 군대를 남부에서 케산으로 소집하여 대기시키는 등 만반의 준비를 했다. 머지않아 케산에 대대적인 공격이 가해지고, 미국은 승리할 것이었다.

1968년이 시작되고 첫 몇 주 동안 케산은 초미의 관심사였다. 백악관과 미국 언론 모두 신경을 곤두세우며 긴장을 감추지 못했다. 마침내 1968년 1월 21일 새벽 북베트남 군대는 맹습을 감행했다. 양측 모두 자신의 진지를 지키기 위해 참호를 파면서 전투는 포위 공격으로 돌변했다.

그런데 교전이 벌어지자마자 베트남의 음력설인 테트Tet가 시작되었다. 이 기간에 사람들은 먹고 마시며 흥청댔고, 전시에도 휴전을 선언하곤 했다. 그해도 예외는 아니었다. 양측은 테트 기간 동안 싸움을 멈추기로 합의했다. 그러나 테트 첫날인 1월 31일 이른 아침, 동시다발적으로 포성이 울렸다. 가장 중요한 미군 기지뿐 아니라 거의 모든 주요 마을과 도시가 베트콩의 공격을 받았다. 사이공의 일부 지역이 베트콩의 침략을 받았고, 미국의 베트남 주둔을 상징하는 미 대사관 벽이 폭파되었다. 미 해병대는 혈

전 끝에 대사관을 다시 손에 넣었다. 이러한 장면들은 미국 텔레비전에 대대적으로 방영되었다.

도시의 라디오 방송국, 대통령의 궁, 탄손누트 공군 기지에 있는 웨스트모어랜드 사령관의 사택 등이 모두 베트콩의 공격 대상이 되었다. 도시는 곧 시가전과 혼란 속으로 빠져들었다. 사이공 주변의 도시도 포위당하기에 이르렀다. 특히 고대 베트남의 수도이자 불교도들이 숭배하는 도시인 위에를 점령한 사건은 북베트남군의 가장 큰 전과였다.

한편 케산에 대한 공격은 끊이지 않았다. 웨스트모어랜드 사령관은 주요 목표물을 가늠하기 힘들었다. 남쪽으로 향한 전투가 단지 케산으로부터 남베트남 군사들을 떨어뜨리기 위한 수단인지, 아니면 그 반대인지 알 수 없었다. 그로부터 몇 주 지나지 않아 미군은 남베트남의 모든 지역과 사이공을 재탈환하고 항공 기지를 확보했다. 위에와 케산에서의 포위 공격은 더 오랜 시간이 걸렸지만 대규모 대포와 공중 폭격은 마침내 위에 전역을 무너뜨리면서 폭도들을 꺾어놓았다. 후에 '구정 공세Tet Offensive'로 불린 이 전투가 끝났을 때 웨스트모어랜드 사령관은 북베트남의 전략이 실패했으며 미국이 승리를 거두었다고 생각했다. 베트콩은 엄청난 사상자를 냈고, 실제로 북베트남의 경제 기반은 완전히 무너진 상태였다. 결국 적이 스스로 모습을 드러내 큰 상처를 입은 것이라고 할 수 있다.

그러나 여론은 뜻밖의 방향으로 흘러갔다. 이 전투는 수백만 명의 미국인들을 텔레비전 앞에 모여들게 했다. 이번 전투를 통해 미국 대중들은 주요 도시에 나타나 파괴를 일삼는 적의 모습을 처음으로 볼 수 있었다. 전쟁이 거의 끝나가고 있고, 이길 수 있다고 들었는데 정작 텔레비전에 비친 모습은 그 반대였다. 갑자기 전쟁의 명분도 불확실해졌다. 미국이 과연 승전고를 울릴 수 있겠는가? 끝이 보이지 않는 싸움 같았다.

반전 시위는 전국으로 확산되었다. 그해 3월 뉴햄프셔 민주당 전당대회에서 린든 존슨 대통령이 반전 분위기를 십분 활용한 유진 매카시 상원 의원에게 패하는 충격적인 일이 일어났다. 얼마 후 존슨 대통령은 재선 출마를 포기하고, 미군을 베트남에서 서서히 철수하겠다고 밝혔다.

구정 공세는 베트남전에서 전환점이었지만, 웨스트모어랜드 사령관이 예견했던 방향으로 흘러가지는 못했다.

## ● 해석

북베트남은 지속적으로 시야를 넓혀 '세계정세'라는 정황 안에서 전쟁을 분석했다. 이러한 분석 작업을 통해 그들은 구정 공세라는 엄청난 전략을 고안해냈다. 구정 공세는 전투적 목적뿐 아니라 미디어 효과를 염두에 둔 것이었다. 미국 언론의 기지였던 사이공을 공격한 것은 큰 볼거리를 제공했다. 당시 CBS 앵커 월터 크론카이트는 현장을 방문 중이었다. 위에와 케산도 미국 기자들의 주요 촬영지였다. 북베트남 군대는 대사관, 궁전, 항공 기지와 같은 상징적인 장소를 강타하여 언론의 관심을 끌었다. 텔레비전에 이 모든 장면이 그대로 나가자 미국의 폭격 공습과 평화주의 프로그램은 궁지에 빠진 반면 베트콩은 전역에 도사리고 있다는 극적인 인상을 심어주었다. 사실상 구정 공세의 목적은 군사적 목표물을 파괴하는 게 아니라, 텔레비전 앞에 모여든 미국 대중을 강타하는 것이었다. 특히 선거가 치러지는 해에 정부에 대한 국민의 신뢰가 떨어지면서 전쟁의 운명은 이미 결정된 것이나 다름없었다. 북베트남군은 전장에서 단 한 번의 혈투도 치를 필요가 없었고, 실제로도 치르지 않았다. 그들은 시야를 전장으로 국한하지 않고 정치와 문화로까지 넓혀 승전했던 것이다.

◆ 생존의 기술

## 전투는 패배해도 전쟁에서는 이겨라

우리 모두 어느 정도 전략가의 면모를 갖고 있다. 천성적으로 자신의 삶을 통제하고자 하며, 의식적 또는 무의식적으로 원하는 것을 얻기 위해 권력을 탐한다. 이때 소수를 제외한 대부분은 실수를 저지르게 마련이다. 성공을 거머쥐면 성공에 도취해 무리해서 뻗어나가고, 실패하면 쉽게 압도당하고 만다. 대전략가가 남들과 다른 점은 자신과 타인을 더 깊이 들여다보고, 과거로부터 이해하고 배우며, 미래에 대한 확실한 감각을 갖고 있고, 심지어 미래를 예측하는 능력을 지니고 있다는 점이다.

대전략가가 되기 위해 수년간 공부하거나 성격을 완전히 바꿀 필요는 없다. 현재 자신이 가진 것, 즉 사고방식과 이성적 능력, 앞을 내다보는 능력을 더 효과적으로 사용하면 된다.

대전략은 전투상의 여러 문제에 대한 해결책으로서 진화해온 군사적인 개념이다. 손자에서 투키디데스에 이르는 고대의 전략가들과 역사가들은 전투에 임하는 더 이성적인 방법을 고안해냈다. 첫 번째 단계는 현재 눈앞에서 벌어지는 전투를 초월하여 사고하는 것이었다. 전쟁에서 이겼다고 가정했을 때, 그 승리가 과연 더 나은 결과를 가져다줄 것인가? 이 질문에 답하려면 앞일을 생각하고, 앞으로의 세 번째, 네 번째 전투에 대해서도 생각할 줄 알아야 한다. 그것이 바로 현실적인 목표를 세우고, 목표를 실현하기 위한 단계들을 미리 계획하는 전략가의 자세다. 개별 전투는 그다음 전투를 점친다는 의미에서만 중요할 뿐이며, 군대는 장기적 목표를 위해 특정 전투에서는 일부러 질 수도 있다. 진정한 승리는 전체적인 군사 작전의 승리이고, 모든 것은 바로 그러한 목표에 종속되어야 한다.

체스를 생각해보라. 그랜드 마스터는 상대가 방금 취한 행동에 대한 대응만을 생각하지 않고, 전체 체스판을 먼 미래까지 머릿속으로 그리며 총체적 전략을 세우고, 추후에 더 강한 말을 움직이기 위해 졸卒을 이동한다. 전체적인 군사 작전의 관점에서 사고한다면 전략에 새로운 깊이를 더할 수 있다.

대전략은 다음의 두 가지 위험을 내포한다. 첫째, 대전략이 첫 작전에 가져오는 성공은 전장에서의 손쉬운 승리가 장군에게 미치는 영향과 같다. 승리감에 취해 현실 감각과 향후 어떤 움직임을 취해야 하는지에 대한 균형 감각을 잃게 된다.

둘째, 대전략에 필요한 초연함이 생기면 행동하기가 힘들어지는 경지까지 갈 수 있다. 세상을 너무나 잘 알고 선택권도 많으면, 햄릿처럼 우유부단해지게 마련이다. 얼마나 멀리 전진하건, 인간의 일부 근성은 동물적이고, 바로 이러한 동물적 근성이 전략에 불을 지피고, 생명력을 부여하여, 열정을 갖고 싸울 수 있게 해준다. 싸우려는 욕구가 없다면 전쟁은 혼란에 빠지고 우리는 위험에 대처할 수 없게 된다.

신중한 오디세우스 같은 타입은 인간의 두 가지 근성을 모두 편하게 받아들인다. 최선을 다해 사전 계획을 세우고 더 멀리, 더 깊이 보지만 전진해야 할 시점이 오면 가차 없이 움직인다. 감정을 절제하는 법을 아는 것은 감정을 완전히 억누르는 것이 아니라 최상으로 활용하는 것을 말한다.

STRATEGY
# 13

# 적장의 심리를 파악하라

## 정보전과 심리전

▲

전략의 타깃은 당신이 마주한 군대보다는 그 군대를 움직이는 사람의 마인드로 잡아야 한다. 그 마인드의 작용 방식만 이해하면 상대를 현혹하거나 통제하는 열쇠는 당신이 쥘 수 있다. 사람의 마인드를 읽는 법을 익히고, 그들이 자신의 깊숙한 생각이나 의도와 관련해 무의식적으로 표출하는 신호를 잡아내라. 친절한 태도는 당신이 상대방에 가까이 접근하여 정보를 수집할 기회를 줄 것이다. 당신 자신의 감정과 정신세계를 상대방에게 투영하여 판단하는 우를 범하지 마라. 상대방의 사고를 따라가라. 상대방의 심리적 약점을 찾아내어 정신 교란 전략을 구사할 수 있다.

▲

◆

## 적의 투영

1838년 6월 식민지 인도의 영국 총독 오클랜드 경은 최고 참모들을 불러 모아 아프가니스탄 침공 계획을 논의했다. 오클랜드 경과 영국 관료들은 아프가니스탄 지역에 대한 러시아의 영향력이 커지는 데 주목하고 있었다. 오클랜드 경은 러시아의 야욕을 무마시키고 아프가니스탄의 통치자 도스트 모하마드Dost Mohammad와 동맹을 협상하는 방안보다 더욱 확실한 묘안을 내놓았다. 그것은 바로 아프가니스탄을 침공하여 수자Soojah 국왕을 복위시키는 것이었다. 25년 전에 축출된 수자 국왕이 영국의 힘을 빌려 왕좌에 복위한다면, 그는 영국에 빚을 지게 되는 셈이었다.

오클랜드 경의 수석 보좌관인 윌리엄 맥노튼William Macnaghten이 그의 주장에 동조했다. 맥노튼은 영국의 아프가니스탄 침공에 적극적으로 찬성했다. 영국군은 자신들이 아프가니스탄을 러시아의 폭정에서 해방시켜주고, 영국의 발전된 문물을 전해줄 존재임을 부각하려 했다. 수자 국왕이 안정된 정권을 수립하면, 영국군은 철수하되 뒤에서 수자 국왕을 조종할 터였다. 마침내 오클랜드 경은 맥노튼을 여왕의 사절단장으로 임명하여 아프가니스탄의 수도 카불로 파견했다.

1839년 8월 영국군은 순조롭게 카불에 입성했다. 도스트 모하마드는 산속으로 달아났고, 수자 전 국왕은 다시 돌아왔다. 그러나 아프가니스탄 국민은 달가워하지 않았다. 기억에서조차 가물해진 전前 국왕이 어느 날 갑자기 이방인을 대동하고 나타나 왕좌에 앉더니 그에게 연신 굽실거리는 게 아닌가. 저 낯선 이방인들은 대체 무슨 속셈으로 여기 온 것인가? 또 무슨 음모를 꾸미는 것인가?

사태는 날로 악화되었다. 북쪽 산악 지대에서는 쫓겨난 모하마드가 군대를 조직하고 있다는 정보가 입수되었고, 남쪽 지역에서도 영국 군대가 식량을 약탈하기 위해 원주민 토지를 일방적으로 점유하여 족장들의 분노를 사고 있었다. 새로운 국왕에 대한 대중의 지지율은 극도로 저조했다. 맥노튼은 내키지 않았지만 국왕과 영국의 세력을 보호하기 위해 사태가 안정될 때까지 영국 군대가 아프가니스탄에 주둔할 것을 명령했다.

영국군이 장기 주둔하게 되자, 맥노튼은 장병들의 가족들을 아프가니스탄으로 부르는 것을 허락했다. 가족들을 불러들여 군사들을 격려하는 한편 아프가니스탄에 자연스럽게 서구 문명을 전파하려는 의도였다. 그러나 주둔군의 가족이 도착하자 아프가니스탄인들은 경악했다. 영국이 이 나라를 영구 점령하려는 건가? 영국의 이익을 대변하는 사람들이 길거리에서 큰 소리로 떠들며 와인을 마시고, 경마장과 극장을 드나들었다. 이런 일탈 행위는 도저히 수용할 수 없는 문화였다. 이제 사람들은 집 안에 틀어박힌 채 영국에 대한 증오심을 키워갔다.

상황이 이러한데도 맥노튼은 영국군만 철수하면 모든 것이 좋아질 것이라며 대수롭지 않게 넘겼다. 그는 일단 아프가니스탄인들이 영국이 가져다준 문명의 이기에 적응하면, 그들도 영국에 감사하리라 여겼다. 다만 영국 본토가 주둔군에 투입하는 막대한 군사 비용을 탐탁지 않아 한다는 사실만을 고민했다. 우선은 군비를 줄이기로 했다.

아프가니스탄의 주요 교역 루트가 통과하는 대부분의 산길은 길자이라는 부족의 소유였다. 길자이 부족은 오래전부터 아프가니스탄의 여러 부족으로부터 통행료를 받아왔다. 맥노튼은 이 통행료를 절반으로 낮추었다. 그러자 길자이 부족은 반발하여 산길을 봉쇄하고, 다른 동맹 부족들을 선동하여 반란을 일으켰다. 맥노튼은 의외의 일격을 당했지만, 이번에도 대수롭지 않게 여겼다.

그러던 1841년 10월 상황이 급격하게 악화되었다. 폭도들이 한 영국 장교의 집에 난입하여 장교를 살해했으며, 카불에서는 지역 부족장들이 연합하여 영국인들을 축출하고자 하였다. 수자 국왕은 공황 상태에 빠졌다. 그는 맥노튼에게 그의 정적을 죽여달라고 부탁했다. 맥노튼은 민주 국가에서는 정적을 죽여 정권을 유지하지 않는다며 거절했다. 수자 국왕은 아프가니스탄 국민이 힘과 권력에는 복종하지만, 소위 문명화된 가치에는 불복종한다는 사실을 잘 알고 있었다. 대중은 정적을 처리하지 못하는 통치자를 우습게 생각하고, 맹주로서의 권위가 떨어지면 적들에게 포위당할 것이라는 사실을 정확히 간파했던 것이다. 그러나 맥노튼은 그의 주장을 귀담아듣지 않았다.

폭동이 나라 전체로 번져 진압하기 힘든 사태에 이르렀다. 그런데도 맥노튼은 아프가니스탄 사람들과 그 지도자들을 어수룩하다고 보고, 쉽게 그들을 제압할 수 있다고 믿었다. 그는 아프가니스탄을 떠날 테니 음식물을 제공해달라고 요구하는 한편, 비밀리에 몇몇 부족장들과 협상을 벌였다. 폭동을 진압하고 영국이 머물 수 있게 협력해준다면, 와지르(wizir, 이슬람 국가의 고관-옮긴이)의 직위와 돈을 주겠다고 약속한 것이다.

동쪽 지역의 길자이 부족 추장 아크바르 칸이 맥노튼의 제안을 수락하였다. 1841년 12월 23일 맥노튼은 협상을 위해 몰래 그에게 달려갔다. 아크바르는 인사를 나누자마자 맥노튼에게 비밀협상의 내용을 그대로 이행할 것인지 재차 확인했다. 맥노튼이 그렇다고 대답하자, 아크바르는 즉시 심복들에게 신호를 보내어 맥노튼을 결박했다. 그는 동족을 배반할 의사가 전혀 없었다. 곧 몇 년 동안 쌓였던 아프가니스탄 사람들의 분노가 일거에 폭발하면서 맥노튼의 몸은 말 그대로 갈기갈기 찢겼다. 그의 갈비뼈와 머리는 카불의 길거리에서 끌려다니고, 나머지 시신은 장터의 갈고리에 걸려 고깃덩이처럼 전시되었다.

이후 상황은 급속도로 빨리 전개되었다. 남아 있던 영국 주둔군은 약 4,500명, 그들의 가족은 1만 2천 명 정도였다. 이들은 혹독한 겨울 추위에도 불구하고 아프가니스탄을 즉시 떠나는 데 합의했다. 아프가니스탄 사람들은 영국군에게 음식물과 물품을 공급하기로 한 약속을 지키지 않았다. 영국 군인과 민간인 들은 혹독한 추위와 눈보라 속에서 죽어갔다.

1842년 1월 13일 잘랄라바드 요새를 향해 말 한 마리가 힘겹게 다가오고 있었다. 말 위에는 반쯤 죽어가는 윌리엄 브라이든이 타고 있었다. 그는 아프가니스탄을 침공하고 생환한 유일한 영국 병사로 역사에 기록되었다.

## 해석

맥노튼은 실패를 막을 수 있었다. 아프가니스탄에 살고 있었던 인도인들과 영국인들은 맥노튼에게 아프가니스탄인들이 극도로 자존심이 강하고, 독립심 강한 민족이라는 점을 알려주었을 것이다. 외국 군대가 수도 카불을 행진하는 것은 그들에게 씻을 수 없는 모욕이었을 것이다. 무엇보다도 그들은 평화와 번영보다 거칠고 험난한 도전을 삶으로 여기는 민족이었다.

맥노튼은 이를 받아들이지 않았다. 그는 영국 문화가 모든 문화의 표준이며, 아프가니스탄에도 영국 문화를 전파해야 한다고 생각했다. 자기만의 생각에 사로잡힌 그는 모든 신호를 왜곡하여 해석했다. 카불을 점령한 주둔군을 계속 유지시킨 것, 길자이 부족의 통행료를 반으로 낮춘 것, 반항 세력의 저항에 느슨하게 대응한 것. 이 모든 경우에 그는 정반대로 대응했어야 했다. 그의 목이 잘려나간 최후의 날에도 그는 일생일대의 계산 착오를 범하고 말았다. 그가 그토록 굴욕을 안겨준 바로 그 민족의 신의를 돈과 이기적인 동기로 살 수 있다고 생각한 것은 커다란 착각이었다.

우리는 매일 이러한 폐쇄적인 사고에 빠진다. 욕망을 추구하는 데 있어 타인은 그저 수단에 지나지 않는다고 생각한다. 타인이 원하는 바를 이해하지 못하기 때문에 타인이 우리의 예상과 상반된 행동을 하면 무척 놀란다. 우리는 무의식적으로 타인을 공격하며 배타적으로 행동한다. 그러다 손해를 입으면, 타인을 이해하지 못한 우리 자신보다는 상대방을 비난한다.

자신과 타인 사이에 자아도취가 개입되면, 타인의 의향을 제대로 파악할 수 없고, 전략은 실패하게 마련이다.

◆ **생존의 기술**

## 적장의 심리를 파악하라

주변 환경을 정확히 관찰해야 힘을 얻을 수 있다. 상대방의 악의를 예측하고, 그들의 전략을 꿰뚫고, 방어 조치를 취해야 한다. 누구든 통제할 수 없는 감정까지 숨길 수는 없다. 그러한 정보를 알아내면 상대를 덫으로 몰아 파멸시킬 수 있다.

정보수집 기술과 스파이 활용술의 등장은 이러한 배경에서 탄생하였다. 그러나 정탐꾼은 신뢰할 수 없다. 그들이 전해준 정보는 그들의 선입견과 편견으로 한번 걸러진 것이다. 당신이 인간 행위 및 심리학에 정통하지 않으면 그들이 전해준 정보는 아무런 의미가 없다. 정보에 대한 객관적이고도 정확한 해석 능력이 없다면 당신이 원하는 것만 보게 될 것이다.

이러한 정보전의 고수들인 한니발, 카이사르, 처칠, 린든 존슨 같은 이들은 모두 탁월한 인간 본성의 연구자들이었으며 인간의 마음을 읽는 데도 발군의 실력을 보였다. 그들은 사람을 관찰하면서 끊임없이 그들의 기술을 연마했다. 이러한 기반이 있어야 스파이들의 정보를 제대로 해석할 수 있다.

사람들은 의식적으로는 자신들이 품고 있는 바를 숨기려고 노력하지만, 무의식적으로는 자신을 드러내고자 한다. 느끼는 바를 매번 감추다 보면 지치게 마련이고, 그럴 때 자신을 보여줄 수 있는 탈출구를 찾게 된다. 이러한 갈구를 통제하려고 노력하면서도, 다른 한편으로는 무의식적으로 우리 자신의 내부에서 일어나는 감정을 여러 가지 표식으로 흘린다. 말할 때 더듬거리는 모습, 목소리 톤, 옷 스타일, 신경질적 경련, 돌발적인 비상식적 행동, 말과 반대되는 눈빛, 취중의 말 등으로 말이다.

명심하라. 매일같이 사람들은 그들의 의도와 마음 깊은 곳의 욕구를 나타내는 신호를 보낸다. 그런데도 그것들을 잡아내지 못하고 있다면, 그것은 자신의 세계에 고립되어 주의를 기울이지 않고 있기 때문이다. 자아를 극복하고, 다른 사람을 있는 그대로 볼 수 있는 단계에 이르러야 한다.

그럼 어떻게 타인의 의도를 알아내야 할까? 일반적으로 위기 상황에서 상대방이 취하는 모습을 보고 상대방을 더욱 잘 관찰할 수 있다. 이때야말로 자신의 약점을 드러내거나 약점을 감추기 위해 지나치게 애를 쓰므로 가면 아래 숨겨진 모습을 볼 좋은 기회다. 또한 악의 없이 반응을 끌어낼 수 있는 적극적인 행동을 통해 상대방을 관찰할 수도 있다. 즉 약간 오만하거나 약을 살짝 올리는 말을 던져보고 상대방의 반응을 관찰하는 방법이다. 사람들을 감정적으로 행동하게 만들면 내면 깊은 본성을 건드리게 된다. 그들이 자신의 본성을 조금 나타낼 수도 있고 얼굴에 가면을 쓸지도 모르지만, 당신은 그들의 이면을 관찰할 수 있다.

그러나 직접적인 관찰을 통해서 얻을 수 있는 정보의 양은 한정되어 있다. 이때 스파이 조직은 당신의 시야를 넓혀줄 수 있다. 스파이 조직은 비공식적인 사조직이 가장 좋다. 즉 당신의 눈과 귀가 될 수 있는 사람을 시간을 두고 모아야 한다. 당신의 라이벌 측과 연관 있는 사람을 사귀어라. 친구처럼 사귄 관계는 돈으로 산 스파이보다 유용한 정보를 훨씬 많이 제공한다.

항상 상대방 내부 조직의 스파이(상대 조직의 내부에 불만이 많은 사람이나, 조직에 꿍꿍이가 있는 사람)를 포섭하라. 그들을 당신의 목적하에 끌어오기만 하면, 외부 인사를 그 조직에 심어서 가져올 수 있는 정보보다 훨씬 많은 정보를 가져다줄 것이다. 상대방이 해고한 사람을 고용하라. 그들은 상대방이 어떻게 행동할지 알려줄 것이다.

마지막으로 당신이 상대하고 있는 적은 당신의 예측에 따라 단순히 반응하는 무생물이 아니다. 상대방은 항상 변하며 당신의 전략에 적응하려 한다. 상대방도 자신이 겪은 실수와 당신의 성공을 통해 한 수 배울 것이다. 그러므로 항상 정보를 업데이트하고 상대방이 두 번 속으리라 생각하지 마라.

## ● 뒤집어보기

적을 알기 위해 노력하는 과정에서도 당신은 최대한 자신을 모호하고 파악하기 힘든 인물로 보여야 한다. 사람들은 겉모습을 통해 심중을 드러내기 때문에 즉각 속임수에 걸려든다. 언제든지 예측불허의 행동을 하라. 당신 내면을 드러내는 듯한 소중한 정보를 던지되, 실제로는 당신 자신과 무관한 날조된 정보를 던져라. 자신을 모호하고 파악 불가능한 인물로 만들면, 사람들은 당신에게 대항해 방어할 수 없을 것이고 당신에 대해 수집한 정보도 무용지물이 될 것이다.

STRATEGY
14

# 상대보다 빠르게 판단하고 움직여라

## 기습 전략

▲

많은 사람이 우유부단하고 지나치게 조심스러운 세상에서는 속도를 이용하여 힘을 얻을 수 있다. 상대가 생각하고 준비하기 전에 기습 공격을 가하면, 상대는 감정적으로 되고 균형을 잃으며, 실수를 저지르기 쉽다. 불시의 지능적 기습 공격을 감행하면 상대는 공황 상태에 빠지고 혼란스러워진다. 이러한 전략은 체계적으로 조용히 감행할수록 효과가 크다. 즉 상대가 모르게 공격하면 상대는 중심을 잃는다. 공격을 감행할 때는 사정없이 상대를 격파하라. 빠르고 결단력 있는 작전을 수행하면 상대는 당신을 존경하고 두려워하며 결국 저항할 수 없는 존재로 인식한다.

▲

◆

## 칭기즈칸의 속도전

1218년 호라즘 왕국의 샤Shah 무하마드 2세는 칭기즈칸이 파견한 세 명의 사절단을 만났다. 몽골의 사절단은 진귀한 선물과 더불어 중요한 협약의 제안을 준비해왔다. 그 제안은 중국과 유럽을 잇는 매혹적인 실크로드의 통행을 재개하자는 것이었다. 당시 호라즘 왕국은 지금의 이란과 아프가니스탄 대부분에 해당하는 광대한 영토를 소유하고 있었다. 호라즘의 수도 사마르칸트는 부유한 도시이자 그의 힘의 상징으로, 실크로드 교역을 통해서 막대한 부를 축적하고 있었다. 몽골이 교역 조건에 무하마드 2세가 몽골 황제보다 우위에 있다는 점을 확실히 했기 때문에 무하마드 2세는 기꺼이 조약에 서명했다.

몇 달 후 몽골 상인들이 몽골제국으로 가져갈 비싼 물품을 사기 위해 호라즘의 북동쪽에 위치한 오트라라는 도시에 당도했다. 그런데 오트라의 총독은 몽골 상인들을 스파이로 의심하여, 그들을 모두 살해하고, 그들이 가져온 교역 물품을 압수하였다. 이 소식을 들은 칭기즈칸은 불같이 분노하며 대사를 파견해 무하마드

2세에게 사과를 요구했다. 몽골의 사과 요구에 무하마드 2세는 오히려 호라즘과 몽골이 같은 지위에 있다는 전제에 격분하여 대사의 목을 베어 칭기즈칸에게 보냈다. 이 행위는 당연히 전쟁을 의미했다.

무하마드 2세는 몽골과의 전쟁을 전혀 걱정하지 않았다. 그의 군대는 잘 훈련된 투르크 기마병이 주축이었고, 몽골 군사력의 두 배에 달하는 40만 병력을 보유하고 있었다. 나아가 몽골군을 무찔러 몽골제국의 영토마저 흡수하리라 생각했다. 그는 몽골군이 호라즘의 최동단 트란스옥시아나를 공격하리라 예상했다. 트란스옥시아나는 동쪽으로 800킬로미터에 이르는 시르다리아강이 막고 있고, 북쪽으로는 키질쿰 사막, 서쪽에는 아무다리아강이 흘러 천연의 요새가 될 뿐 아니라, 사마르칸트와 부하라라는 가장 중요한 도시가 그곳에 있었다. 무하마드 2세는 몽골군이 침입하려면 반드시 건너야 하는 시르다리아 강변을 따라 진지를 구축했다. 북쪽의 키질쿰 사막은 군사들이 가로지를 수 없을 정도로 혹독했고, 남쪽으로 돌아오는 행군 길은 너무 멀기 때문에 동쪽의 시르다리아강을 건너리라 예측한 것이다. 그는 트란스옥시아나 지역에 군대를 집중 배치했다. 병력 규모 또한 몽골군에 비해 우월했다. 몽골군이 쳐들어오면 패퇴시킬 만반의 준비를 했다.

1219년 여름 호라즘의 정찰대는 몽골군이 페르가나 계곡을 지나 시르다리아강의 남쪽으로 접근 중이라고 보고했다. 무하마드 2세는 그의 아들 잘랄 앗 딘Jalal ad-Din에게 많은 군사를 주어 시르다리아강으로 보냈다. 잘랄 앗 딘은 치열한 전투를 벌인 끝에 몽골군을 패퇴시키고서는, 몽골군은 두려운 존재가 아니었다고 아버지에게 보고했다. 또한 몽골군은 원정길로 인해 초췌했고, 말들은 메말라 있더라는 말과 함께 그들이 더는 전쟁을 원하지 않는 듯하다는 내용도 첨부했다.

그런데 몇 달 후 몽골군이 선전포고도 없이 북쪽에서 나타나 오트라를 공격하더니 몽골 상인들을 살해한 총독을 사로잡았다. 그들은 체포한 총독의 눈과 귀에 끓는 은을 부어 죽였다. 예상치 못한 전개에 당황한 무하마드 2세는 군대를 파견해 북쪽 전선을 보강했다. 그러면서도 야만적인 몽골 병사들이 신속히 이동할 수는 있을지언정 숫자 면에서 압도적으로 우세한 자신의 군대 앞에서는 당해내지 못하리라 생각했다.

그러나 무하마드 2세의 생각과 달리, 몽골 군대는 오트라에서 시르다리아강을 따라서 남쪽으로 진격하는 전략을 채택했다. 몽골군은 군사를 둘로 나누어, 일군은 주치(Jochi, 칭기즈칸의 네 아들 중 맏아들로 몽골제국 건설에 기여했다 - 옮긴이) 장군의 지휘 아래 강변을 따라서 주요 요새들을 공격했고, 나머지는 제베(Jebe, 몽골의 유명한 장수)의 지휘 아래 남쪽으로 사라졌다. 주치의 군대는 언덕과 강 주변의 둔치를 따라 움직였다. 무하마드 2세는 사마르칸트에 주둔군을 일부 남겨두고, 강가를 따라 군사를 파견하여 배치했다. 주치의 군대는 호라즘의 병사 수보다 적어 기껏해야 2만 명을 넘지 않았다. 몽골군은 신속하게 군대를 이동시키며, 선전포고 없이 연달아 일련의 요새를 공격하며 불사르고 황폐화시켰다.

전방에서 들려오는 암울한 소식에 무하마드 2세는 이 전쟁을 재고하지 않을 수 없었다. 몽골 기병들은 말 몇 마리를 여분으로 끌고 다니면서 그 말이 지치면 다른 말로 바꾸어 타고 달렸다. 몽골 말은 가볍고 빨랐다. 또한 몽골 군사들은 보급 마차를 활용하여 편하게 움직였다. 그들은 적보다 두 배나 빨리 움직였다. 활 솜씨 역시 남달랐다. 진격하거나 후퇴하면서도 그들은 능숙하게 활을 쏘아 호라즘 군사에게 치명적인 손상을 입혔다. 멀리 떨어져서도 깃발이나 봉화 등으로 의사소통을 했다. 그들의 기습 공격은 정교하고 조직적이었으며 예측 불허였다.

무하마드 2세의 군대는 몽골군의 끊임없는 공격에 시달리며 점점 지쳐갔다. 그 와중에 사라졌던 제베의 군대가 갑작스레 나타났다. 오트라에서 남하하는 것처럼 보이다가 없어진 군대가 엄청난 속도로 북서 방향의 트란스옥시아나를 향해 진격하고 있다는 소식이 날아든 것이다. 무하마드 2세는 5만의 군사를 그 지역으로 급파하며, 정규전에서는 자신들이 강한 면모를 보일 것이라 상황을 낙관했다.

그러나 이번에도 상황이 달랐다. 몽골 군사들이 이상한 무기를 선보인 것이었다. 그들은 화살에 끓는 타르를 묻혀 쏘아댔다. 타르에서 나오는 연기를 활용하여 중무장한 몽골 기마병들은 그들의 공격 루트를 숨긴 채 진격했다. 보급 마차들은 몽골 진영에서 끊임없이 보급품을 실어날랐다. 몽골 병사들은 하늘을 화살로 뒤덮으며 기세등등했다. 반면에 호라즘 군사들이 쏘는 화살은 몽골군의 두꺼운 비단옷을 뚫고 들어가지 못했다. 그들은 말을 타고 달리면서 옷에 맞은 화살을 뽑아냈다. 이렇게 몽골 군사들은 무하마드 2세의 군사들을 철저하게 유린했다.

이제 무하마드 2세는 서쪽으로 퇴각해서 다시 진영을 정비하는 길밖에 없었다. 그러나 그것마저 여의치 않았다. 칭기즈칸이 직접 이끄는 몽골 군사들이 사마르칸트의 서쪽 도시 부하라에 나타난 것이다. 무하마드 2세는 경악했다. 그들은 도대체 어디서 나타났단 말인가? 몽골군은 곧 부하라를 점령했고, 며칠 후에는 호라즘의 자랑인 사마르칸트마저 폐허로 만들었다. 군사들은 도망가기 바빴고 장군들은 낙담했다. 무하마드 2세는 목숨이나마 부지하기 위해 약간의 수하 군사들을 데리고 도망쳤다. 몽골군은 사정없이 그를 뒤쫓았다. 몇 달 후 가장 부유한 나라의 황제였던 무하마드 2세는 카스피해의 작은 섬에서 누더기를 입고 굶주림 속에서 생을 마감했다.

## ● 해석

몽골제국의 황제가 된 칭기즈칸은 지구상에서 가장 빠른 군대를 소유했다. 그러나 기동성은 그의 군사 작전상 부분적 요소에 불과했다. 몽골인들은 마상馬上 전투술에는 뛰어났지만 체계가 전혀 잡혀 있지 않아 싸움에서 전리품을 얻지도 못하고, 대규모 전투를 수행할 능력도 없었다. 칭기즈칸의 천재성은 여기서 나타난다. 그는 질서 없이 빠르기만 한 몽골 군사들을 체계적으로 훈련시켰고 규율과 전략을 수행할 수 있는 조직적인 군대로 만들어냈다. 그는 '슬로 슬로 퀵 퀵'이라는 고대 중국 전략을 채택하여 그의 군대를 변화시켰다.

첫 단계인 '슬로(천천히)'는 출정 전에 철저히 준비하는 것이다. 호라즘을 치려면 키질쿰 사막의 오아시스를 알고 있는 길 안내자가 필요했다. 칭기즈칸은 길을 안내할 수 있는 사람을 포로로 잡아, 나중에 그의 도움으로 키질쿰 사막을 가로질렀다. 두 번째 단계인 '슬로(천천히)'는 상대가 준비를 느슨히 하고, 자기만족에 취해서 준비를 게을리하게 만드는 단계다. 몽골군은 페르가나 계곡 전투에서 일부러 져주어 호라즘 왕국이 자만에 빠지게 하였다. 한편 '퀵(빠르게)'은 제베의 공격이 반향을 불러일으킨 것처럼 기습 공격을 통해 적군의 관심을 한 방향으로 쏠리게 하는 것이다. 그리고 마지막 '퀵(빠르게)'은 상대가 예기치 못한 방향에서 더욱 신속하게 공격을 감행하는 것이다. 칭기즈칸이 키질쿰 사막을 건너 부하라에 바로 나타난 것은 군사학에서도 역사적인 사건으로 간주된다. 심리전에 탁월한 칭기즈칸은 예기치 못할 때 정체불명의 적이 나타나면 병사들이 위협을 느낀다는 사실을 십분 활용했다. 상대의 허를 찌르는 그의 전술은 실제 군 전력보다 두 배 이상의 효과를 나타냈다.

현재는 상대보다 먼저 시작하는 것 자체가 목표가 될 수 있는 시대다. 그러나 그저 급하게 행동하거나 반응하여 종국에 가서는 실수하거나 시간을 낭비하는 경우가 허다하다. 그러한 실수를 저지르지 않고 파괴력이 내재된 스피드 전술을 구사하려면 체계적이고 전략적인 준비 태세를 갖추어야 한다.

행동하기 전에 먼저 준비 태세를 갖추고 상대의 약점을 찾아라. 그 후 상대가 당신을 과소평가하고, 무장을 늦추는 방법을 알아내라. 만일 당신이 불시에 기습한다면, 상대는 놀라 얼어붙을 것이다. 당신이 한 번 더 공격할 때, 이때는 측면 공격이자 출발점을 알 수 없는 공격이어야 한다. 공격 효과를 가장 극대화하는 것은 예기치 못한 공격이다.

◆ 생존의 기술

## 상대보다 빠르게 판단하고 움직여라

우리는 지금 그 어느 때보다도 방어적이고 신중하며 정적인 위치에서 행동하는 이들을 상대해야 하는 경우가 많아졌다. 오늘날의 사회는 너무도 산란하고, 근심거리와 성가신 일들로 가득 차 있으며, 발을 맞추어 나가기에는 속도가 너무나 빠르기 때문이다. 이런 세상 속에서 대부분 사람은 본능적으로 사회를 바꾸려는 노력보다 자신의 내부로 후퇴해서, 각박한 세상으로부터 자신만의 보호 장벽을 쌓는다. 사람들은 서두르는 것을 싫어하며, 실수를 저지를까 걱정한다. 또 무의식적으로 더디게 반응하려 한다. 결정을 뒤로 미루거나, 아무것도 하지 않거나, 방어적으로 주의하는 성향을 보면 잘 알 수 있다.

만일 우리가 기습전을 일상생활에 적용한다면, 이 시대에 구사할 수 있는 가장 좋은 전략이 될 것이다. 상대가 방어적이고 안정적일 때, 상대가 미처 준비하기도 전에 갑작스럽고 결단력 있는 행동으로 대응하면 상대를 당혹스럽게 할 수 있다. 상대는 평소처럼 회피하거나 심사숙고하여 행동하기보다는 오히려 감정적으로 되거나 신중하지 못한 행동을 할 것이다.

기습 전략은 결정을 내리는 데 주저하거나 실수를 두려워하는 사람들에게 효과적이다. 당신의 상대가 내부에서 존경받는 리더가 아니거나 내부 조직에 문제가 있는 경우에도 기습전은 리더십과 내부조직에 강한 영향을 미칠 수 있다.

헨리 키신저Henry Kissinger가 증명하였듯, 기습전은 외교 정책에서도 효과적이다. 미국의 전 국방 장관이었던 키신저는 정치 협상을 시작할 때 상대와 악의 없는 농담을 주고받으며 시간을 보냈다. 그 후 협상 막바지에 요구 사항들을 늘어놓아 상대를 놀라게 했다. 그러면 상대는 당황하여 협상에 굴복하거나 실수를 저질렀다. 이것이 키신저판 '슬로-슬로-퀵-퀵' 전술이었다.

기습전의 세 가지 성공 요인은 다음과 같다. 첫째는 기동대(작으면 작을수록 좋다)를 편성하고, 조직 단위 간에 확고한 협력 체계를 구축하며, 명령 계통의 상하부 간 지시 전달을 신속히 하는 것이다. 기술 장비에 의존하지 마라. 베트남전 때 미국은 상부 조직의 의사소통 문제로 작전 수행에 방해를 받았다. 너무 많은 정보가 오히려 늑장 대응하게 만든 것이다. 북베트남군은 기계장치가 아닌, 스파이와 정보 제공자 조직을 체계적으로 운영하여 의사 결정을 신속하게 내림으로써 지상전에서 민첩한 작전 수행을 할 수 있었다.

속도는 상대에게 강력한 공격 수단이 될 뿐 아니라, 당신 편에 있는 사람에게도 긴장감과 동시에 긍정적인 영향을 준다.

## ● 뒤집어보기

신중함은 중요한 덕목이다. 특히 준비 단계에서는 더욱 그렇다. 느리면서 신중한 태도, 심지어 바보처럼 어수룩해 보이는 태도는 상대의 태도를 변화시켜 경계심을 누그러뜨린다. 일단 상대가 경계심을 풀면, 예기치 못한 일격을 가하여 상대를 제압할 수 있다. 이때 당신은 반드시 이성적으로 완급을 조절해야 한다. 절대로 충동적인 행동은 삼가라. 신속함만이 진정한 방어책은 아니다. 신속함은 신속함을 무력화시킬 뿐이다. 무하마드 2세가 몽골군에게 당한 예에서 보듯이, 기동성 있게 움직이는 적에 맞서 융통성 없이 대응하는 것은 적에게 이로울 뿐이다.

STRATEGY

15

# 역학 관계를 통제하라

## 상황 장악의 방법

▲

사람들은 당신을 통제하기 위해 지속적으로 애쓴다. 당신이 그들에게 이익이 되도록 행동하게 만들고 그들이 원하는 방향으로 역학 관계를 유도하면서 말이다. 우세를 점하는 유일한 방법은 통제력을 더 지능적이고 교활하게 만드는 것이다. 상대의 모든 수를 지배하려고 애쓰지 말고 관계 자체의 성격을 정의하기 위해 노력하라. 속도 조절과 이해관계를 당신에게 유리한 쪽으로 변경하면서 당신이 정하는 영역으로 갈등을 이동하라. 상대의 마인드를 통제하고 감정을 자극하며 실수를 저지르도록 유도하는 책략을 써라. 그들과 긴장의 끈을 늦추는 데 필요하다면 그들이 통제력을 쥐고 있다고 느끼게 만들어라. 당신이 전투의 전체적인 방향과 구조를 통제한다면 그들이 무슨 짓을 하든, 그것은 당신에게 유리하게 작용할 것이다.

▲

## ◆ 예고 없이 돌격하는 롬멜의 탱크

1940년 말 중동에 주둔하던 영국군은 이집트에서 입지를 굳히고 이탈리아군(독일의 동맹군)이 2차 세계대전 초기에 점령했던 리비아의 요지를 되찾을 수 있었다. 뱅가지라는 중요한 항구도시를 획득한 영국군은 이탈리아군을 리비아에서 영원히 몰아내기 위해 서쪽으로 더욱 뻗어나가 트리폴리까지 곧장 진군할 각오가 돼 있었다. 그런데 진군 도중 예상치 못한 중지 명령이 떨어졌다. 당시 중동 지역의 영국군 총사령관은 아치볼드 웨이벌Archibald Wavell 장군이었다. 그는 이탈리아군이 사막전에 약하다는 것을 노려, 리비아에서 방어선을 구축하고 병력을 증강해 다음 해 4월쯤 이탈리아군을 공격할 계획이었다.

에르빈 롬멜 장군의 지휘 아래 여단을 강화한 독일군이 1941년 2월 트리폴리에 도착했다는 소식이 전해졌지만, 영국군은 계획을 바꾸지 않았다. 롬멜은 1년 전 프랑스 전격전에서 크게 활약하여 명성을 떨친 바 있었으나 이곳에서 그는 이탈리아의 지휘권 아래 있었으며, 보급품도 무능력한 이탈리아군에게 의지하는 상황이었다. 그의 군대는 영국군을 위협하기에는 규모가 너무 작았다. 게다가 트리폴리를 방어하는 것 이상의 어떤 군사적 행동도 하지 말라는 게 히틀러의 명령이었다.

그런데 1941년 3월 말 롬멜의 탱크가 예고 없이 동쪽으로 돌격했다. 롬멜은 그의 소규모 병력을 여러 사단으로 나누어 영국군의 방어선을 향해 돌격시킴으로써 적이 그의 의중을 알기 힘들게 했다. 이 기계화 사단은 엄청난 속력으로 움직였다. 그들은 불빛을 낮추고 밤에 진군하여 적군의 측면과 후방으로 신출귀몰하며 여러 차례 적군을 불시에 습격했다. 영국군은 방어선 여기저기에 구멍이 뚫리자 동쪽으로 후퇴할 수밖에 없었다. 카이로에서 이 사태를 지켜본 웨이벌은 큰 충격과 함께 굴욕감을 느꼈다. 몇 주 후 독일군은 이집트 국경까지 진군했다.

이 공격에서 롬멜은 대담한 전투 방식을 선보여 아군과 적군의 감탄을 자아냈다. 그는 사막이 바다라도 되는 듯이 이를 이용했다. 보급품 문제와 험한 지세에도 불구하고 탱크를 끊임없이 가동했다. 긴장 속에서 영국군은 점점 정신적으로 지쳐갔다. 그러나 얼핏 보기에 제멋대로인 듯한 롬멜의 행동은 언제나 하나의 목적을 향했다. 그는 특정 도시를 점령하고자 하면 반대 방향에서 침투해 예상치 못한 쪽에서 포위하고 공격했다. 그는 자신이 어디로 향하고 있는지 적이 헤아릴 수 없게 만들었을 뿐 아니라 실제보다 병력이 훨씬 커 보이게 할 의도로 먼지바람을 일으킬 트럭 부대를 투입했다.

전략가로서 롬멜의 천재성은 영국군과는 반대되는 방법으로 탱크를 활용한 데서도 빛을 발했다. 그는 적군의 전선에 구멍을 뚫기 위해 탱크를 전방으로 돌진시키는 대신 가장 약한 탱크들을 보내 첫 번째 접촉에서 탱크들을 후퇴시키곤 했다. 영국의 탱크는 한결같이 덫에 걸려들어 탱크를 추격했다. 그 과정에서 너무나 많은 먼지를 일으켜, 자신이 독일의 대對전차 포격선으로 곧장 돌진하고 있음을 알아차리지 못했다.

영국군은 롬멜이 다음에는 어디서 나타날지 예측할 수 없었기 때문에 위험할 정도로 방대한 지역에 걸쳐 병력을 포진시켰다. 이제 영국군은 수적으로 롬멜의 사단보다 훨씬 우세했음에도 롬멜의 독일 사단이 다가오고 있다는 말이 나오기만 해도 진지를 포기하기 일쑤였다. 결국 롬멜을 막아낸 것은 엉뚱하게도 러시아에 대한 히틀러의 집착이었다. 그것은 롬멜이 이집트 정복을 위해 필요로 했던 보급품과 증원 부대를 앗아갔다.

## ● 해석

롬멜에게 선제공격은 역학을 완전히 바꿔놓을 수 있는 길이었다. 그의 전략이 효과를 거두기 위해서는 적군을 최대한 혼란에 빠뜨릴 필요가 있었다. 거듭되는 혼란 속에서 독일군은 실제보다 더 막강해 보일 것이다. 그런 대혼란의 동인으로 작용할 수 있는 속도, 기동력, 그리고 기습 공격 자체가 전투의 목적이 되었다. 일단

적이 수세에 몰리자 적을 교란시키는 책략은 더욱 효과를 발휘했다. 생각할 틈 없이 후퇴 중인 적은 당신이 압박을 계속하면 끊임없이 실수를 저지를 것이다. 결국 롬멜이 성공한 열쇠는 한 번의 대담한 책략으로 주도권을 잡아 이 순간적인 우세함을 최대한 활용하는 것이었다.

세상의 모든 것은 당신을 수세로 몰아넣기 위해 음모를 꾸민다. 직장에서 당신의 상사는 자기만의 영광을 원하며 당신이 주도권을 잡지 못하도록 훼방 놓을 것이다. 사람들은 끊임없이 당신을 공격에 대응해야 하는 위치로 몰아넣는다. 그들은 끊임없이 당신의 한계가 무엇이며 성취하고자 희망해서는 안 되는 것이 무엇인지 일깨워주고자 한다. 그들은 당신이 이런저런 문제들에 대해 죄책감을 느끼도록 부추긴다. 당신의 수동적인 자세는 결국 현실로 나타나는 예언이 될 수도 있다.

우선 당신은 이런 감정에서 벗어날 필요가 있다. 다른 이들이 싸울 준비를 하기 전에 대담하게 행동하고 주도권을 잡음으로써 삶이 당신에게 무엇을 던져주는지 기다리지 않고 자신의 환경을 만들어내는 것이다. 선제공격은 당신이 바라는 조건으로 상황을 바꿔놓는다. 사람들은 당신을 실제보다 더 크고 더 강력한 존재로 보며 당신에게 반응할 것이다. 이는 당신에게 달려 있다. 끊임없이 방어할 것인가, 아니면 상대방이 방어 의식을 느끼도록 만들 것인가?

# 역학 관계를 통제하라

통제력은 어떤 관계에서든 중요한 문제다. 무력감을 혐오하고 힘을 갈구하는 것은 인간의 본성이다. 두 사람, 또는 두 집단이 상호작용할 때 둘 사이에는 언제나 그 관계를 정의하고 누가 이런저런 문제에 대해 통제권이 있는지 결정하기 위한 책략이 끊임없이 펼쳐지게 마련이다. 전략가로서 당신의 임무는 두 가지다. 첫째, 삶의 모든 면에서 통제권을 향한 싸움을 인식하고, 통제권에는 관심이 없다고 주장하는 이들에게 절대 넘어가지 않는 것이다. 둘째, 당신은 체스판의 장기를 다루듯 목적 의식과 방향 감각을 가지고 상대방을 움직여야 한다.

통제력은 적극적일 수도, 수동적일 수도 있다. 적이 물러서서 주도권을 잃게 만드는 즉각적인 돌진일 수도 있으며, 적이 방심하도록 미끼를 던지기 위해 죽은 척하는 것일 수도 있다. 통제의 달인은 이 두 가지 방법을 모두 사용해 치명적인 타격을 가한다. 치고 빠졌다가 미끼로 살살 꾀어 섬멸하는 것이다.

이 기술은 일상생활의 전투에 무한히 적용할 수 있다. 많은 사람이 무의식적인 통제력 게임을 벌이거나 상대의 모든 수를 지배하려 애쓴다. 너무 많은 것을 조정하고 결정하려 들면 기진맥진해 실수를 저지르고, 사람들을 밀어내 결국에는 상황에 대한 통제권을 상실하게 된다. 당신이 이 기술을 이해하고 통달한다면 상대방을 지배하기가 훨씬 쉽다. 사람들의 심리 상태와 그들이 움직여야 하는 속도, 관련된 이해관계를 결정함으로써 상대방이 취하는 당신의 책략에 대한 모든 반응이 당신이 형성해놓은 전체적인 역학 관계에 맞아떨어질 것이다. 다음은 이 기술의 네 가지 기본 원칙이다.

**지속적으로 적을 압박하라.** 적이 행동을 취하기 전에, 우연이나 예기치 않은 적의 행동이 당신의 계획을 망쳐놓기 전에, 주도권을 획득하기 위한 공격적인 행동을 취하라. 그런 뒤 이 순간적인 우세를 최대한 활용하며 계속 가차 없는 압박을 가하라.

**전장을 이동하라.** 적은 당연히 자신이 선호하는 전장에서 싸우기를 원한다. 자신의 힘을 최대한 유리하게 사용할 수 있는 곳에서 말이다. 이를 양보하면 결국은 상대방이 원하는 조건대로 싸우게 될 것이다. 당신의 목표는 당신이 선택한 전장에서 충돌이 벌어지도록 교묘히 조종하는 것이다. 만약 돈을 놓고 싸우고 있다면 이를 도덕적인 문제로 변화시켜라. 만약 적이 어떤 특정한 사안을 놓고 싸우기를 원한다면 그 전투를 재구성해 더 거대하고 적이 다루기 어려운 문제를 포함하도록 만들어라.

**실수할 수밖에 없게 만들어라.** 적은 과거에 효과가 있었던, 그들에게 우세하게 작용하는 전략의 실행에 의존할 것이다. 당신에게는 두 가지 임무가 있다. 적이 자신의 강점이나 전략을 활용할 수 없는 방식으로 싸우는 것, 그들이 전투 과정에서 실수를 저지를 정도로 좌절하게 만드는 것이다. 그들의 감정적 약점을 공략해 최대한 그들을 예민하게 만들어라.

**수동적으로 통제하라.** 제압의 궁극적인 경지는 통제력이 상대편에게 있다고 생각하게 만드는 것이다. 자신이 우위를 차지하고 있다고 믿으면 그들은 당신에게 저항하거나 방어적인 자세를 취하지 않을 것이다. 상대방의 에너지에 맞춰 움직이고 기반을 내주는 동시에 눈에 띄지 않게 당신이 원하는 방향으로 그들을 유인함으로써 이런 인상을 심어줄 수 있다.

## 뒤집어보기

이 전략에는 뒤집어보기가 없다. 관계에 영향력을 발휘하기를 거부하는 척하는 노력도 실은 통제의 한 형태다. 상대에게 힘을 양보함으로써 나중에 당신의 목적을 위해 사용할 수 있는 일종의 수동적 권한을 얻은 셈이다. 또한 통제권을 상대편에 양도함으로써 누가 통제권을 쥘 것인지 결정하는 사람은 당신이 된다. 스스로 역학의 지배에 관심이 없다고 말하는 이들은 가장 교활한 통제권 게임을 즐기는 것이다.

STRATEGY

16

# 아프고 약한 부위를 집중 공격하라

---

## 핵심 공략법

▲

모든 사람마다 의존의 대상으로 삼는 힘의 원천이 있게 마련이다. 라이벌을 관찰하여 그러한 원천의 표면 밑에 감춰진 무게중심, 즉 전체 구조를 지탱하는 중심을 찾아내라. 그 중심은 그들의 부가 될 수도 있고, 그들의 인기나 요충지 혹은 승리의 전략이 될 수도 있다. 그곳에 공격을 가하면 상상 외의 고통을 안겨줄 수 있다. 상대가 가장 소중히 여기며 보호하고자 애쓰는 것이 무엇인지 찾아내라. 그곳이 바로 당신이 공격할 지점이다.

▲

## ◆ 카르타고와 한니발의 몰락

기원전 210년 푸블리우스 소小스키피오라는 한 젊은 로마 장군이 스페인 북동부 지역에 파견됐다. 그의 임무는 강력한 카르타고군에 맞서 에브로강을 지키는 비교적 단순한 것이었다. 카르타고군은 강을 건너 반도의 지배권을 차지하겠다고 위협하는 상황이었다. 사령관으로서 첫 임무를 맡은 스키피오가 강을 바라보며 전략을 구상하는 심경은 남달랐다.

8년 전 카르타고의 뛰어난 사령관인 한니발이 북쪽을 향해 이 강을 넘어온 적이 있었다. 그는 갈리아까지 진격했고 불시에 로마를 공격하기 위해 알프스산맥을 넘어 이탈리아로 진입했다. 당시 열여덟 살이었던 스키피오는 장군인 아버지와 함께 한니발에 대항한 첫 전투에 참전했다. 이때 북아프리카 전장의 기술을 그의 눈으로 직접 목격할 수 있었다. 한니발은 소규모 부대를 뛰어난 지략으로 움직이고 우수한 기병대를 최대한 활용했으며 지칠 줄 모르는 독창성으로 로마군을 끊임없이 놀라게 하며 여러 차례 수치스러운 패배를 안겨주었다. 그리고 기원전 216년 칸나이 전투에서 로마 군대를 사실상 섬멸했다. 스키피오는 한니발과 기지로 대적하는 것은 헛된 일임을 알았다. 그 당시에는 정말 로마의 운이 다한 것처럼 보였다.

에브로강 너머의 정황을 입수한 보고서를 살펴보면서 스키피오는 한 가지 계획을 떠올렸다. 스키피오의 아버지는 6년간 스페인에서 카르타고군과 싸웠으나 결국 전사했는데, 아버지의 죽음을 앙갚음하고 한니발과 카르타고를 섬멸할 수 있는 대담한 기동작전이 될 것이었다. 남쪽으로 해안을 따라가면 뉴카르타고라는 도시(현재의 카르타헤나)가 있었다. 그곳에서 카르타고군은 막대한 부와 군대 보급품, 그리고 반란이 일어날 경우 인질로 삼을 여러 스페인 부족 출신의 포로들을 잡아두고 있었다. 당시 로마군의 두 배에 달하는 카르타고군의 병력은 스페인 부족에 대한 지배권을 넓히고자 곳곳에 흩어져 있었고 뉴카르타고로부터 여러 날 행군해 왔다. 게다가 카르타고 사령관들은 권력과 돈을 두고 서로 다투고 있었다. 한편 뉴카르타고에는 1천 명의 병사들이 주둔하고 있었다.

스키피오는 에브로강에서 대기하라는 명령을 어기고 배를 타고 남쪽으로 진군했으며 뉴카르타고에서 대담한 기습 공격을 펼쳤다. 성벽으로 둘러싸인 이 도시는 난공불락처럼 보였다. 스키피오 군대는 도시의 북쪽에 있는 개펄에서 조수가 빠질 때를 노렸다가 성벽을 기어 올라가 도시를 함락했다. 단 한 번의 움직임으로 스키피오는 극적인 반전을 꾀했다. 이제 로마군은 스페인의 중심지를 장악했다. 그들은 카르타고군이 차지하고 있던 돈과 보급품을 손에 넣었다. 포로들은 정복당한 부족들이 반란을 일으킬 경우 효과적으로 이용할 수 있을 터였다. 그 후 몇 해 동안 스키피오는 이런 상황을 철저히 활용하여 스페인을 서서히 로마의 통제권으로 끌어들였다.

기원전 205년 스키피오는 영웅이 되어 로마로 돌아왔다. 그러나 한니발은 여전히 이탈리아에 위협적인 존재였다. 스키피오는 이제 카르타고로 행군함으로써 아프리카에서 전쟁을 벌이고자 했다. 그것만이 한니발을 이탈리아에서 쫓아버리고 카르타고의 위협을 영원히 잠재우는 유일한 방법이었다. 그러나 로마의 전략을 맡은 사령관 파비우스를 비롯해 많은 사람이 그토록 먼 곳에서 전쟁을 벌일 이유가 무엇인지 이해하지 못했다. 다행히 스키피오에 대해 두터운 신망이 있던 원로원은 군대를 내줬다. 소규모의 열악한 군대였다.

스키피오는 논쟁을 벌이며 시간을 낭비하는 대신 카르타고에 이웃한 매실레즈의 왕인 마시니사Masinissa와 동맹을 맺고 잘 훈련된 대규모의 기병대를 공급받기로 약속했다. 기원전 204년 봄 스키피오는 아프리카를 향해 항해에 나섰고 카르타고에서 멀지 않은 유티카 근처에 정박했다. 이에 당황한 카르타고군은 집결했고 스키피오의 기병 중대를 도시 외곽의 반도에 붙들어놓았다. 가망이 없어 보였다. 어떻게 해서든 그의 길을 가로막고 있는 적군을 돌파해 진군할 수만 있다면 적 중심부로 진입할 수 있을 테지만 불가능해 보였다. 그렇다고 시간을 지체하다간 보급품이 바닥나 항복할 수밖에 없을 것이다. 스키피오는 협상을 벌였다. 카르타고군을 염탐하기 위해서였다.

스키피오의 사절은 적이 두 개의 캠프를 가지고 있는데 하나는 카르타고군의 캠프이고, 다른 하나는 그들의 주요 동맹군인 누미디아군의 캠프라고 보고했다. 그들의 막사는 모두 갈대로 만들어져 있으며, 그중 누미디아군 캠프가 다소 어수선하다고 했다. 그 후 몇 주간 스키피오는 협상을 망설이는 것처럼 보였다. 처음에는 협상을 결렬하더니 다시 재개해 카르타고군을 혼란스럽게 했다. 어느 날 밤 그는 드디어 행동을 개시했다. 그의 병사가 누미디아군의 캠프로 몰래 들어가 불을 지른 것이다. 불길이 순식간에 번져나가자 놀란 아프리카 병사들은 사방팔방으로 흩어졌다. 소란스러운 소리에 잠이 깬 카르타고군은 동맹군을 구조하기 위해 자신의 캠프로 통하는 문을 열었다. 이때 혼란을 틈탄 로마군이 몰래 숨어 들어가 카르타고의 캠프에도 불을 질렀다. 이어진 전투에서 카르타고는 부대의 반을 잃었고 나머지는 가까스로 누미디아와 카르타고로 후퇴했다.

스키피오 군대는 신속하게 카르타고 내륙으로 진입해 들어가 도시들을 차례대로 함락했다. 그의 활약은 이탈리아를 누빈 한니발의 활약에 못지않았다. 스키피오는 드디어 카르타고의 성벽을 눈앞에 두고서는 튀니스의 항구에 분견대를 정박시켰다. 카르타고가 위험에 처하자 한니발은 로마를 포기하고 조국으로 돌아올 수밖에 없었다.

한니발은 군대를 카르타고의 남쪽에 정박시키고 스키피오와 결전을 치르고자 했다. 이 로마의 장군은 서쪽의 바그라다스 계곡으로 후퇴했다. 이곳은 카르타고에서 가장 비옥한 농지로 카르타고의 경제적 기반이었다. 그는 그곳을 마구 휘젓고 다니며 눈에 보이는 대로 파괴했다. 한니발은 피난처와 증원 보급 물자의 기반을 마련해놓은 카르타고 근처에서 싸우고 싶었다. 그러나 카르타고의 가장 풍요로운 영토를 빼앗기기 전에 스키피오를 따라잡아야만 했다. 스키피오는 한니발을 자마라는 도시로 유인하기 위해 전투를 거부하며 계속 후퇴했다. 그곳에서 그는 튼튼한 입지를 확보하고 물이 없는 지역에 한니발이 캠프를 치도록 만들었다. 드디어 결전의 날, 스키피오를 추격하느라 진이 빠진 한니발의 기병대는 마시니사군의 공격을 받았다. 한니발은 항복할 수밖에 없었다. 카르타고는 신속하게 평화를 청했고 스키피오와 원로원이 제시한 가혹한 조건 아래 로마의 속국으로 전락했다. 그렇게 카르타고는 영원히 멸망했다.

## ● 해석

로마인들은 한니발의 천재적인 전략에 혀를 내둘렀다. 그들은 그를 너무나 두려워한 나머지 그에게 대항할 수 있는 유일한 전략은 싸움을 지체하고 피하는 것이라고 생각했다. 그러나 스키피오는 다르게 생각했다. 그는 적군이나 그 지도자가 아니라 그들이 지지하고 서 있는 기둥을 보았다. 그들이 상처받기 쉬운 부분을 본 것이다. 그는 카르타고의 군사력이 군대 자체에 있는 것이 아니라 그 토대, 즉 자금과 보급품, 공적인 친선 관계, 동맹 등 그 군대가 존재할 수 있도록 지원해주는 것에 있음을 간파했다. 그는 그런 기둥들을 찾아내서 조금씩 허물어뜨렸다.

삶에서나 전쟁에서나 주먹을 주고받는 것은 다시없는 어리석음과 낭비다. 힘은 균형과 지지 기반에 달려 있다. 그러므로 적을 붙들어주고 있는 것이 무엇인지 파악하고, 그것이 그를 쓰러뜨릴 수도 있음을 기억하라. 인간도 군대와 비슷해서 서너 개의 원천에서 위력을 얻는다. 돈, 인기, 교묘한 책략, 그가 발전시켜온 특정한 우위 등이 그 원천이 될 수 있다. 당신이 그것들을 쓰러뜨리기만 한다면 적은 패배한 것이나 마찬가지다.

◆ 생존의 기술

## 아프고 약한 부위를 집중 공격하라

전쟁에 임할 때는 신체적 조건, 장비, 물자 등 전쟁의 물리적인 면에 초점을 맞춘다. 현명한 전략가조차도 우선 적의 군대, 화력, 기동성, 비축품 등을 살펴보는 경향이 있다. 전쟁은 직관적이고 감정적인 작업이며 물리적 위험이 따르는 경기장이다. 전쟁에 임하며 색다른 질문을 해보려면 큰 노력이 필요하다. 적군을 움직이는 것은 무엇인가? 적군에게 기동력과 지구력을 부여해주는 것은 무엇인가? 누가 그들의 행동을 지휘하고 있는가? 적군이 지닌 강점의 숨겨진 원천은 무엇인가?

대부분 사람은 전쟁을 인간 삶의 다른 영역과 관련이 없는 분리된 활동으로 여긴다. 그러나 사실 전쟁은 힘의 한 형태다. 카를 폰 클라우제비츠는 전쟁을 "다른 수단에 의한 정치의 연속"이라고 일컬었다. 그리고 모든 형태의 힘은 근본적으로 공통된 구조로 되어 있다.

겉으로 보아서는 힘의 원천을 알아챌 수 없다. 군대는 규모와 무기, 원칙의 표명, 공격적인 기동작전 등을 가지고 있는데, 이런 대외적인 과시는 때로 과장되며 심지어 완전히 허풍일 수도 있다. 힘은 절대 그 약점을 보여주는 법이 없기 때문이다. 그리고 그 과시의 표면 아래, 그 힘이 의지하는 지원책이 있다. 즉 '무게중심'이 있다. 무게중심이라는 말은 클라우제비츠가 사용한 것으로, 그는 이것을 "모든 것이 의지하고 모든 힘과 움직임의 중심이 되는 곳"이라고 설명했다.

이 무게중심을 공격해 그것을 무력화하거나 파괴하는 것은 최상의 전략이다. 그것이 없어지면 구조 전체가 붕괴할 수 있기 때문이다. 중심을 공격하는 것은 적의 균형을 무너뜨리고 서서히 공포를 불러일으키며 치명적인 심리적 효과를 불러올 것이다. 기존의 장군들이 적군의 심리적 측면을 살펴 그들의 약점에 집중하고 그것을 이용하려 했다면 뛰어난 전략가들은 그것을 넘어 그 뒤에 숨겨진 것, 지원 체계를 본다.

무게중심을 찾을 때는 적의 위협적인 외면에 속지 않고, 외양과 그것을 작동시키는 내부를 혼동하지 않는 것이 가장 중요하다. 한니발이 스페인에 의지하고 있음을, 스페인이 카르타고에 의지하고 있음을, 카르타고는 자국의 물질적인 풍요로움에 의지하고 있음을, 그리고 그 물질적인 풍요 자체도 특정 원천을 가지고 있음을 꿰뚫어 본 스키피오를 기억하라. 마침내 스키피오가 카르타고의 풍요로움에 타격을 가하자 그 전체가 무너져 내리지 않았는가.

적의 무게중심을 찾으려면 구조와 그것이 작동하는 문화를 이해해야 하는 집단도 있다. 보 구엔 지아프 장군은 베트남전에서 미국을 패배시키기 위한 전략을 짜면서 미국 민주주의의 진정한 무게중심은 미국 시민들의 정치적인 지원이라고 판단했다. 지아프 장군은 1968년 구정 공세를 통해 전쟁에 대한 미국 여론의 지지를 서서히 무너뜨렸다. 그는 미국에 대해 이해했기 때문에 올바른 목표물을 설정할 수 있었다.

적의 무게중심은 성격이나 발상과 같이 추상적일 수도 있다. 그의 명성, 속임수, 예측 불가능성 등 그가 의지하는 재능 등이 이에 해당한다. 그러나 만약 당신이 이런 강점들을 매력 없는 것이나 사용 불가능한 것으로 만든다면 이것은 그들의 결정적인 취약점이 될 수도 있다. 무하마드 알리는 그의 최대의 적인 조 프레이저를 이기기 위한 전략을 짤 때 프레이저의 정신을 목표로 삼았다. 정신이야말로 모든 인간의 궁극적인 무게중심이 아닌가. 모든 싸움에 앞서 알리는 그를 '엉클 톰(Uncle Tom, 백인이 되고 싶어 하는 흑인이라는 뜻으로, 흑인을 비하하는 말 - 옮긴이)' 또는 백인 언론의 앞잡이라고 불러 그의 화를 돋우며 약을 올리곤 했다. 프레이저는 알리에게 집착했고 분노의 폭발 없이는 그를 떠올릴 수조차 없었다. 프레이저의 정신을 제압하는 것이 그의 신체를 제압하는 열쇠였다.

사람들과의 상호 관계에서 당신은 그들의 강점, 힘의 원천, 그들에게 가장 중요한 자원을 제공하는 것이 무엇인지 알아내 그것에 집중할 수 있도록 자신을 단련시켜야 한다. 이를 숙지한다면 교묘하게, 또는 공공연히 그들의 강점을 훼손하는 많은 전략적 선택권과 공격을 위한 다각적 방향을 손에 넣게 될 것이다. 자신의 강점을 활용하지 못하는 것보다 더 큰 박탈감을 불러일으키는 것은 없다.

## ● 뒤집어보기

살아 있는 모든 생물체는 무게중심을 가지고 있다. 아무리 분권화된 집단이라 할지라도 커뮤니케이션이 필수적이며 공격에 약한 네트워크에 의존하게 마련이다. 이 원칙에는 뒤집어보기가 없다.

STRATEGY
17

# 철저하게 각개 격파하라

## 분할 공격술

▲

적을 살필 때는 그들의 겉모습에 겁먹지 마라. 그 대신 적의 전체를 구성하는 부분에 주목하라. 그러한 부분을 분리하여 불화와 분열의 씨앗을 뿌리면, 가공할 정도로 무서운 적도 무너뜨릴 수 있다. 공격을 계획할 때는 내부 갈등을 일으키도록 그들의 정신을 공략하라. 사람들을 하나의 집단으로 이어주거나 한 집단을 다른 집단에 연결해주는 부위를 찾아내라. 분열은 약점이며 그 연결 부위는 어떤 구조에 있어서든 가장 약한 부분이다. 거대한 문제나 적을 만났을 때는 공략 가능한 작은 부분으로 나누어 공격하는 것이 상책이다.

▲

## ◆ 연결 부위 공략하기

보스턴의 젊은 청년 새뮤얼 애덤스Samuel Adams는 원대한 꿈이 있었다. 그는 미국 식민지들이 언젠가 영국에서 완전한 독립을 쟁취해 새로운 정부를 수립해야 한다고 믿었다. 그가 따르는 철학자 존 로크에 따르면 국민의 의지를 반영하지 않은 정부는 존재할 권리를 잃은 것이나 마찬가지다. 애덤스는 아버지로부터 양조장을 물려받았지만 사업에는 관심이 없었다. 그는 대부분 로크의 사상과 독립의 필요성에 대한 글을 쓰며 시간을 보냈다. 그러나 사람들은 그가 세상 물정을 모른다고 생각했다. 당시 영국과 미국의 관계는 매우 두터웠다. 식민지 주민들은 불만은 많았지만 그렇다고 독립을 외치지는 않았다.

이런 상황에서 영국이 1765년 인지 과세Stamp Act 법안을 통과시킨 것은 애덤스의 소명 의식을 다시 한번 자극했다. 인지 과세는 모든 법률 및 상업 서류, 신문, 대학 졸업장에까지 세금을 부과하는 것이었다. 몇몇 불만에 찬 목소리들이 도시의 선술집에서 높아갔다. 물론 대부분 이 문제를 대수롭지 않게 보았다. 그러나 애덤스는 필생의 기회가 왔다고 생각했다. 그는 식민지 곳곳의 신문에 인지 과세를 거세게 비난하는 사설을 실었다. 영국이 식민지 국가들과 협의도 없이 새로운 종류의 세금을 부과하고 있으며 이것은 전제군주제로 가는 첫 번째 단계라는 인상적인 구절을 썼다.

대담하고 호소력 있는 그의 사설을 통해 많은 이들이 인지 과세에 대해 관심을 보이기 시작했다. 애덤스는 이제 행동을 통해 그 불을 더욱더 지펴야 한다는 것을 깨달았다. 그는 오래전부터 알고 지내온 노동자들을 규합하여 '자유의 아들들sons of liberty'이라는 조직을 결성했다. 그들은 보스턴 거리를 활보하며 외쳤다. "자유와 재산을 보장하라! 인지 과세를 철폐하라!" 그들은 인지 과세 통과에 앞장선 정치인들의 초상을 불태웠다. 또한 인지 과세에 반대하는 애덤스의 주장이 실려 있는 소책자를 배포했다. 배급자의 사무실을 파괴하는 등 극단적인 행동까지 서슴지 않았다. 그들의 행동이 과격해질수록 애덤스의 지명도도 덩달아 높아졌다. 그는 그런 지명도를 이용해 인지 과세에 반대하는 주장을 더욱 강력하게 펼칠 수 있었다.

애덤스는 굽힐 줄 모르고 일을 추진했다. 인지 과세가 법제화되던 날 그는 주 전체에 걸쳐 노동 파업을 선동했다. 상점들은 문을 닫았고 법정은 텅 비었다. 매사추세츠주에서 한 회사도 조업하지 않았으므로 인지는 한 장도 팔리지 않았다. 이 보이콧은 엄청난 성공을 거뒀다.

애덤스의 사설과 시위운동, 보이콧은 영국을 들썩이게 했다.

식민지 국민을 동정하고 인지 과세에 대한 반대 의사를 공공연히 밝히는 의원들도 있었다. 영국 왕 조지 3세는 마침내 승복하여 1766년 4월 인지 과세를 폐지했다. 미국인들은 최초로 자신들의 힘을 보여줬다는 사실에 흥분했다. 그러나 패배한 영국인들은 이듬해 타운센드 제도Townshend System로 알려진 일련의 간접세를 슬그머니 통과시키려 했다.

애덤스는 전쟁에 나섰다. 자유의 아들들과 영국군 사이의 전쟁에 가까운 대치는 군인들을 흥분시켰다. 마침내 영국군 중 한 무리가 너무 긴장한 나머지 군중을 향해 총을 발사해 여러 명의 보스턴 시민이 죽었다. 애덤스는 즉각 이를 보스턴 학살 사건이라 부르며 이 선동적인 단어를 식민지 전체에 퍼뜨렸다.

보스턴은 분노로 들끓었다. 애덤스는 또 다른 보이콧을 조직했다. 매사추세츠의 시민 누구도, 심지어 매춘부조차도 영국 병사들에게는 아무것도 팔지 않았다. 아무도 그들에게 숙소를 내주지 않았다. 그들은 길거리와 선술집에서 외면당했다. 그들과 눈조차 마주치지 않았다. 이 모든 것이 영국 병사들의 사기를 꺾었다. 그들 중 대다수는 소외와 적대시되는 상황을 못 견디고 탈영하거나 고향에 돌아갈 방법을 찾았다.

이제 어디에서나 식민지 주민들은 보스턴에서 일어나는 일을 화제로 삼았다. 영국의 무력 대응과 위장한 세금, 거들먹거리는 태도 등에 대해서 말이다. 1773년 영국 의회는 차 조례Tea Act를 통과시켰다. 미국 내 차의 판매 독점권을 동인도회사에 준 영국 법령으로, 식민지 국가의 차 수입업자들을 망하게 할 것이고 숨겨진 세금도 포함하고 있었으며 여론의 합의 없이 이루어진 과세의 한 형태였다. 애덤스는 거기서 최후의 일격을 가할 기회를 엿보았다. 애덤스는 그 어느 때보다 격렬한 언어로 인지 과세와 보스턴 학살로 생겨난 오랜 상처를 헤집어놓는 사설을 써댔다.

그해 말 동인도회사의 배가 보스턴 항구에 들어오자 애덤스는 그들의 차에 대한 전국적인 보이콧 조직을 도왔다. 어떤 부두 노동자도 수화물을 내려주지 않았고 창고업자들도 차 저장을 거부했다. 12월 중순의 어느 날 밤 애덤스가 마을 회의를 소집한 후 자유의 아들들 한 무리가 모호키 인디언으로 감쪽같이 변장하고 전쟁의 함성을 내지르며 차를 실은 선박에 올라가 그들의 화물을 파괴했으며 차 상자를 바다에 빠뜨렸다.

후에 '보스턴 차 사건'으로 알려진 이 도발적인 행위는 미국 역사의 전환점이 되었다. 영국군은 보스턴 항구를 신속히 폐쇄하고 매사추세츠주에 군법을 부과했다. 이제 모든 의혹은 현실이 되었다. 애덤스에 의해 코너에 몰린 영국인들은 애덤스가 예언한 그대로 포학한 면을 드러냈다. 매사추세츠주의 삼엄한 군대 주둔은 예상대로 지지를 얻지 못했고 몇 달 안에 폭력 사태가 발발하는 것은 시간문제였다. 1775년 4월 영국 군인들은 매사추세츠주 렉싱턴에서 민병들을 향해 총을 발사했다. '세계로 울려 퍼진 이 총성'은 전쟁의 불씨가 되었다. 애덤스가 무無에서 만들어내고자 그토록 애썼던 바로 그 불씨였다.

처음에 애덤스는 논리 정연한 주장을 통해 식민지 주민들에게 영향을 끼칠 수 있을 거라고 믿었다. 하지만 그런 시도들이 실패로 돌아가자 비로소 현실을 직시했다. 식민지 주민들은 영국에 대해 깊은 감정적 애착이 있었다. 이를 깨닫고 애덤스는 독립과 존 로크의 사상을 설파하는 대신 식민지 주민들과 영국 간의 감정적 끈을 끊어버리기 위한 작업에 착수했다. 애덤스의 보이콧이라는 혁신적인 운동은 영국인들을 격분시키고 그들을 경솔한 행동으로 유인하기 위해 빈틈없이 계획되었다.

이성에 호소한 주장은 한쪽 귀로 들어가서 다른 쪽 귀로 나온다. 이렇게 해서는 아무도 변화시키지 못한다. 전쟁에서 사람들의 관심을 끌고 그들에게 영향을 미치려면 우선 그들을 묶어두는 과거와 변화에 저항하게 하는 것으로부터 그들을 분리시켜야 한다. 이런 결속은 통상 이성적이기보다는 감정적이다. 사람들의 감정에 호소함으로써 당신의 목표물이 새로운 관점으로 과거를 보도록, 즉 과거에 자신이 얽매였던 것을 포학하거나 지루하거나 추하거나 비도덕적인 것으로 보도록 만들 수 있다. 사람들을 당신 쪽으로 끌어들이려면 그들을 과거에서 분리하라. 목표 대상을 평가할 때는 그들을 과거와 연결하는 것, 즉 새로운 것에 대한 그들의 저항의 근거가 되는 것을 찾아내라.

연결 부위는 어떤 구조에서나 가장 취약한 부분이다. 이 부분을 부러뜨리면 사람들을 내부적으로 분열시켜 제안이나 변화에 약하게 만들 수 있다. 그들을 정복하기 위해 그들의 정신을 분열시켜라.

◆

생존의 기술

## 철저하게 각개 격파하라

수천 년 전 우리의 원시적인 조상들은 생태계 초기의 적대적인 환경에서 살아남아야 했다. 극도의 위험 속에서 자신을 지키는 유일한 길은 집단을 이루는 것이었다. 집단이나 부족은 포식자들에 대항할 방어막을 제공했고 사냥의 효율성을 높여주었다. 집단의 규모가 크면 클수록 그 구성원들이 노동의 분업이라는 위대한 인간의 발명품을 더욱 정교한 수준으로 발달시킬 수 있는 여력이 생겼으며, 집단 내의 다양한 개인들이 긴급한 생존의 요구로부터 자유로워질수록 더 수준 높은 작업에 더 많은 시간과 더 많은 에너지를 할애할 수 있었다. 이런 다양한 역할들은 상호 보완적이었고 서로의 능력을 강화해주었으며 그 결과 인간의 힘이 궁극적으로 증가했다.

인간 본성은 변하지 않았다. 우리 가운데 가장 문명화된 이들에게도 혼자되는 것, 지원받지 못하고 위험에 노출되는 것에 대한 원시적인 공포가 깊이 도사리고 있다. 오늘날 사람들은 점점 더 흩어지고 있으며 사회 결속력도 느슨해지고 있지만, 이는 오히려 집단에 소속되고 강력한 동맹 네트워크를 갖는 것, 즉 사방에서 지원받고 보호받고자 하는 욕구를 불러일으킨다. 분할 정복 전략이 오늘날만큼 더 효과적인 적은 없었다. 사람들을 집단에서 단절시켜 그들이 고립되고 혼자이며 보호받지 못하고 있다고 느끼게 만든다면 당신은 그들의 힘을 엄청나게 약화시킬 수 있다.

적을 향해 노골적인 공격에 나서기 전에 항상 그들의 대열을 최대한 분열시켜야 한다. 리더와 추종자 사이는 불화를 일으키기 쉽다. 지도자는 그 구성원들의 지지를 잃을 때 형편없이 기능한다. 그러므로 그들이 독재적이거나 겉도는 것처럼 보이게 만들어라. 아니면 그들의 기반을 빼앗아라. 일단 당신의 적이 어떤 식으로든 분열되기 시작한다면 그 균열은 탄력을 받게 마련이다. 분열은 보통 더 심한 분열로 이어진다.

기원전 338년 로마는 당시 가장 막강한 적이었던 라틴 동맹을 격파했다. 라틴 동맹은 로마의 확장을 막기 위해 결성된 이탈리아 도시들의 동맹이었다. 곧 로마는 승리 이후에 그 지방을 어떻게 통치해야 하는지에 대한 새로운 문제를 마주했다.

로마가 생각해낸 해결책은 '분할과 통치divide et impera'였다. 어떤 도시에도 로마에 대적할 만큼 충분한 세력을 남겨주지 않았으며 로마는 중심적 위치를 유지했다. 이 시스템의 열쇠는 한 독립적인 도시가 로마에 충성을 입증해 보이거나 로마를 위해 잘 싸워준다면 제국에 통합될 기회를 얻었다는 사실이다. 개개의 도시들은 다른 곳에서 동맹을 찾는 것보다 로마의 환심을 얻어 제국에 편입되는 쪽이 더 유리하다고 여겼다. 로마는 여전히 막강한 힘과 부를 가지고 있었다. 그렇게 해서 한때는 라틴 동맹의 자랑스러운 구성원이었던 도시들은 로마의 환심을 사기 위해 서로 경쟁했다.

분할 통치는 어느 집단에서든 강력한 전략이 될 수 있다. 어떤 조직에서나 사람들은 이해관계를 바탕으로 더 작은 집단을 형성한다. 이는 수적인 강세를 얻으려는 원초적인 욕구다. 이런 하위 집단들은 세력 기반을 형성하므로 이를 주시하지 않을 경우 전체 조직을 위협할 것이다. 당이나 파벌의 결성은 지도자에게 위협이 된다. 파벌들은 곧 더 큰 집단의 이익보다는 개인의 사욕을 채우기 위해 힘쓸 것이기 때문이다. 분할하여 통치하는 것이 상책이다. 이를 위해서는 우선 자신이 힘의 중심에 서야 한다. 당신에게 인정받기 위해 경쟁할 필요가 있음을 다른 이들에게 일깨워주어야 한다. 그러려면 그룹 내에 세력 기반을 형성하려고 노력하는 것보다는 리더를 기쁘게 함으로써 얻을 수 있는 것이 더 많아야 한다.

항상 당면한 문제를 분할하라. 우선 중심적 위치에 자리를 잡고 열을 따라 전진하며 문제들을 하나씩 차례로 제거해나가는 것이다. 가장 작은 문제에서 시작하라. 쉬운 문제를 먼저 해결할 경우 육체적, 심리적으로 탄력을 받으며 이는 나머지 모두를 제압하는 데 도움이 될 것이다.

가장 중요한 것은 적에 대항해 신속하게 움직이는 것이다. 당신에게 닥쳐올 곤경을 기다리는 것은 그 곤경을 더욱 크게 만들어 치명적인 결과를 부를 것이다.

분열의 씨를 뿌리기 위해 집단을 공격할 때는 당신의 타격이 너무 강력하지는 않은지 주의하라. 그것은 중대한 위험의 시기에 사람들이 단결하도록 만드는 역효과를 가져올 수도 있다.

마지막으로 분열의 힘에 대항하는 뛰어난 방어는 식견과 전략적인 사고다. 적의 의도를 파악하고 지능적으로 반응한다면 어떤 군대나 어떤 집단도 분열될 수 없다. 새뮤얼 애덤스가 알아차렸듯 전략이야말로 당신이 유일하게 믿고 의지할 수 있는 검이자 방패다.

STRATEGY

18

# 우회하여 공격하라

## 측면 공격 전략

▲

직접 정면 공격을 가하면 상대는 저항력을 강화하며, 이는 당신의 임무를 더 힘들게 만든다. 이보다 나은 방법은 적의 관심을 전선으로 돌려놓고 허를 찔러 측면을 공격하는 것이다. 적의 부드럽고 연약하며 보호받지 못하는 부위를 공략함으로써 충격을 불러일으켜 공격에 이용할 수 있는 약점의 순간을 만들어낼 수 있다. 상대를 궁지로 몰아 약점을 노출하도록 만든 다음 측면에서 공격하라. 난적을 움직이게 할 유일한 방법은 간접적으로 접근하는 것이다.

▲

## ◆ 나폴레옹의 특기, 배후 기동작전

1793년 프랑스 왕 루이 16세와 그의 왕비 마리-앙투아네트는 프랑스 혁명 후에 수립된 새로운 정부에 의해 참수형을 당했다. 마리-앙투아네트는 오스트리아의 여왕인 마리아 테레지아의 딸이었으며 그녀의 죽음으로 오스트리아는 프랑스의 적이 되었다. 1796년 초 오스트리아는 당시 자국의 속국이었던 이탈리아 북부를 통해 프랑스 침공 준비에 나섰다.

같은 해 4월 프랑스의 이탈리아 원정군 사령관으로 스물여섯 살의 나폴레옹 보나파르트가 임명되었다. 그가 맡은 임무는 단순했다. 오스트리아 군대가 프랑스에 진입하지 못하도록 저지하는 것이었다. 나폴레옹의 지휘 아래 프랑스는 혁명 이후 처음으로 방어 진지를 유지했을 뿐만 아니라 오스트리아군을 꾸준히 동쪽으로 밀어내며 성공적인 공세를 취했다. 오스트리아는 혁명군에게 패한 충격뿐 아니라 첫 출정에 나선 무명의 장군에게 패한 수치감에 치를 떨었다. 오스트리아는 6개월간 나폴레옹을 격파하기 위해 군대를 보냈으나 번번이 만토바의 요새로 후퇴해야 했다.

나폴레옹은 오스트리아군을 감시할 대대를 남겨두고 북쪽의 요충 도시 베로나에 그의 기반을 세웠다. 오스트리아는 이 전쟁에서 이기려면 어떻게든 나폴레옹을 베로나에서 몰아내고 만토바에 갇혀 있는 굶주린 아군 병사들을 풀어줘야 했다.

1796년 10월 요제프 알빈치Joseph Alvintzi 남작에게 프랑스 군대를 베로나에서 몰아내라는 임무가 떨어졌다. 경험이 풍부한 사령관이자 뛰어난 전략가인 알빈치는 나폴레옹의 이탈리아 출정을 주의 깊게 연구하면서 감탄할 수밖에 없었다. 나폴레옹을 물리치려면 오스트리아는 더 유연해질 필요가 있었다. 그리하여 알빈치는 5만 명의 오스트리아 군대를 두 종대로 나눠 하나는 자신이 지휘하고 다른 하나는 러시아의 파울 다비도비치Paul Davidovich 장군에게 맡겼다. 이 종대는 각각 남쪽으로 행군해 베로나에서 만날 예정이었다. 알빈치는 동시에 기만술을 구사할 계획이었다. 다비도비치의 군대는 1만 8천 명의 대규모 병력이었는데, 단지 오스트리아의 통신선을 보호하기 위한 소부대인 것처럼 보이려고 했던 것이다. 나폴레옹이 다비도비치를 과소평가한다면 저항도 덜할 것이고 베로나로 가는 그의 길은 한결 수월해질 것이다. 알빈치의 계획은 나폴레옹을 두 군대 사이의 좁은 덫에 가두는 것이었다.

오스트리아 군대는 11월 초 이탈리아 북부에 진입했다. 다행히 나폴레옹은 속임수에 넘어간 듯했다. 나폴레옹은 다비도비치 군대에 맞서기 위해 상대적으로 작은 규모의 군대를 파견했고, 곧 다비도비치는 신속하게 프랑스군에게 최초의 패배를 안겨주었다. 한편 알빈치는 쉬지 않고 전진하여 베로나에서 멀지 않은 지점까지 이르렀다. 그는 지도를 들여다보며 자신이 세운 계획에 흡족해했다. 나폴레옹이 더 많은 병력을 파견해 다비도비치를 저지하려고 한다면 알빈치 자신이 담당한 베로나 방면이 허술해질 것이다. 또 만일 나폴레옹이 알빈치를 저지하려고 한다면 다비도비치가 담당하는 베로나 통로가 허술해질 것이다. 나폴레옹이 이어서 만토바의 병력을 소환하면 결국 그곳에 봉쇄되어 있는 2만의 오스트리아 병력이 풀려나고, 그들은 남쪽에서부터 나폴레옹을 공격하게 될 것이다. 알빈치는 쉬지 않고 6개월간 싸워온 나폴레옹의 군사들이 지치고 굶주려 있음을 알았다. 이제 나폴레옹도 그가 쳐놓은 덫에서 빠져나올 수 없었다.

며칠 후 알빈치는 베로나 근처 칼디에로라는 도시로 전진했다. 그곳에서 그는 프랑스군을 맞아 또 한 번의 패배를 안겨주었다. 나폴레옹은 연달아 두 차례나 패배했다. 상황은 그에게 불리하게 돌아갔다.

그런데 베로나에 대한 최후의 급습을 준비하고 있을 때 알빈치는 혼란스러운 소식을 접했다. 예상과 달리 나폴레옹은 베로나에 있는 군대를 분할하여 그중 일부를 알빈치나 다비도비치 공격에 투입하지 않고 남동쪽으로 보냈다는 것이다. 다음 날 이 부대는 아르콜라라는 도시의 외곽에서 모습을 드러냈다. 만약 프랑스군이 아르콜라를 향해 강을 건너 북쪽으로 몇 킬로미터만 더 전진한다면 그들은 알빈치의 보급로와 후퇴로를 차단하게 될 것이고 빌라노바에 있는 그의 보급창을 포획할 수 있을 것이다. 대규모 프랑스 군대가 뒤를 쫓는 것은 극도로 불안한 일이었다. 알빈치는 그 순간만큼은 베로나에 대해서 잊어버리고 급히 동쪽으로 행군할 수밖에 없었다.

그는 아슬아슬하게 후퇴했고 프랑스군이 강을 건너 빌라노바를 공격하기 전에 그들을 저지할 수 있었다. 여러 날 동안 두 군대는 아르콜라에 있는 다리를 두고 불꽃 튀는 접전을 벌였다. 나폴레옹은 여러 차례 진격을 이끌었으며 가까스로 죽음을 모면하기도 했다. 만토바를 방어하고 있던 일부 부대가 아르콜라에 있는 프랑스군을 지원하기 위해 북쪽으로 급파됐지만 알빈치의 군대가 몸을 숨겨 전투는 교착상태에 들어갔다.

가차 없는 프랑스군의 공격으로 전선이 상당히 얇아진 상태였다. 전투 삼 일째 알빈치의 병사들은 다리를 사이에 둔 또 다른 전투를 준비하다 남쪽 측면에서 들려오는 나팔소리를 들었다. 어떤 프랑스 부대가 무슨 수를 썼는지 다리의 하류에서 강을 건너 아르콜라에 있는 오스트리아군 측면을 향해 전진해오고 있었다. 트럼펫 소리는 순식간에 고함과 총성으로 바뀌었다. 지친 오스트리아군은 프랑스군의 기습 출현을 막아낼 도리가 없었다. 그들은 프랑스 병력의 규모를 가늠해볼 겨를도 없이 겁을 집어먹고 전장을 이탈했다. 프랑스군은 강을 건너 끝없이 들어왔다. 알빈치는 힘닿는 데까지 병사들을 모아 간신히 그들을 동쪽의 안전지대로 이끌었다. 그러나 그들은 베로나 전투에서 패배했고 만토바의 운명도 결정됐다.

나폴레옹은 기사회생으로 승리했다. 아르콜라 전투는 그가 난공불락의 전설을 세우는 데 일조했다.

## 해석

나폴레옹이 '배후 기동작전manoeuvre sur les derrières'이라고 불렀던 이 작전의 성공은 두 가지 사실을 바탕으로 했다. 첫째, 장군들은 공격을 위해서든 방어를 위해서든 자신의 군대를 강력한 정면 진지에 두는 것을 좋아한다. 나폴레옹은 전방을 향하려는 장군들의 성향을 이용해 적과 정면으로 교전하려는 것처럼 위장했다. 적은 전투의 먼지 속에서 군대의 절반만이 배치되어 있음을 알아차리기 어려웠고, 나폴레옹은 그사이 나머지 군대를 측면이나 배후로 비밀리에 움직였다. 둘째, 측면이 공격에 노출되었음을 감지한 적은 일순 당황하여 공격에 취약하게 마련이며 당면한 위협에 대응하기 위해 돌아서야만 한다. 방향을 전환하는 바로 이 순간 엄청난 약점이 노출되고 혼란이 빚어진다. 베로나에서 알빈치가 그랬듯 우위에 있는 군대조차도 방향을 전환할 때는 십중팔구 단결력과 균형을 잃는다.

적의 측면, 즉 취약한 면을 공략하라. 이것은 규모에 상관없이 충돌이나 대립에서 언제나 적용 가능한 원칙이다.

인간은 종종 두드러진 정면과는 대조를 이루는 측면을 보임으로써 취약한 부위를 알려준다. 겉으로 드러난 정면은 사람들을 제멋대로 휘두르는 공격적인 성격이거나 아니면 뚜렷한 방어기제, 즉 삶의 안정감을 유지하기 위해 침입자들을 멀리하는 행동일 수도 있다. 그것은 또 그들의 가장 소중한 믿음과 사상일 수도 있고, 남에게 호감을 주는 사람이 되기 위해 사용하는 방법일 수도 있다. 당신이 상대방과 상대방이 움직이는 방향에 대해 더 많은 것을 노출하게 만든다면 상대방의 보호되지 않은 측면이 더욱 뚜렷이 보일 것이다. 잠재된 욕망, 깊은 불안감, 위태로운 동맹, 통제 불가능한 충동 등등. 일단 당신이 상대의 측면을 공략하면 목표물은 당신과 대결하기 위해 고개를 돌릴 것이고 평형을 잃을 것이다. 모든 적은 측면 공격에 약하다. 치밀하게 계획된, 허를 찌르는 책략은 도무지 막을 방도가 없다.

◆ **생존의 기술**

## 우회하여 공격하라

오늘날 우리가 겪는 대립은 우리의 조상들이 겪었던 것보다 훨씬 더 거대해 간담을 서늘하게 할 정도다. 너무 많은 사람이 끊임없이 힘을 향해 이동하기 때문에 우리의 사회적 세계는 꾸미지 않은 있는 그대로의 공격으로 점철된다. 이런 상황에서 간접적으로 움직이는 데는 시간과 인내심이 필요하다. 사람들을 움직이고 그들에게 영향을 주기 위한 매일매일의 전쟁에서 미묘하게 접근하기란 너무 힘들고 시간이 드는 일이라서 사람들은 원하는 것을 얻기 위해 직접적인 경로를 취할 때가 많다. 그들의 책략 몇 가지만 살펴보면 그들을 쉽게 파악할 수 있다.

명심해야 할 것은, 직접적인 책략에 반응하며 접전의 논쟁과 전투로 끌려 들어가서는 안 된다는 점이다. 이런 악질적인 경기장에서 빠져나와 새로운 접근 방법을 생각해내려면 노력이 필요하다.

다음과 같은 질문을 스스로 던져봐야 한다. 만약 직접적인 정면 공격이 사람들의 저항을 불러일으킬 뿐이라면 왜 굳이 그렇게 하는가. 솔직함과 정직함은 안도감을 줄지는 모르지만 동시에 적개심을 불러일으키기도 한다. 이것들은 전술적인 효력을 발휘하지 못한다. 전쟁 자체, 즉 삶에서 겪는 일상의 대인관계가 아닌 유혈 전쟁에서는 정면 전쟁이 드물어졌다. 군사 장교들은 간접적인 공격은 저항력을 약화하는 반면 직접적인 공격은 저항력을 오히려 강화한다는 것을 깨달았다.

힘겨운 현대사회에서 진정한 힘을 지닌 사람들은 간접적으로 행동하는 법을 터득한 이들이다. 그들은 비스듬히 접근하는 것, 그들의 의도를 숨기는 것, 적의 저항력을 줄이는 것, 뿔로 받아치는 대신 노출된 연약한 측면을 공격하는 것의 가치를 안다. 그들은 사람들을 직접 밀거나 당기려고 노력하기보다 자신이 원하는 방향으로 사람들을 움직이기 위해 그들을 구슬린다.

측면 공격의 열쇠는 단계적인 진행이다. 당신의 의도나 진짜 공격 대열을 드러내서는 안 된다. 나폴레옹의 '배후 기동작전'을 본보기로 삼아라.

사람들의 자존심과 허영심을 일종의 전방으로 생각하라. 당신이 공격당하는 이유를 알 수 없다면, 그것은 아마 당신이 그들의 자존심과 자신이 이 세상에서 중요한 존재라는 생각을 무의식중에 위협했기 때문인 경우가 많다. 가능하다면 언제나 사람들을 안심시키기 위해 노력해야 한다. 교묘한 아첨, 선물, 기대하지 않았던 승진, 동맹의 제안, 당신과 그들이 동등하다는 표시, 그들의 아이디어와 가치관의 반영 등 이 모든 것들은 그들의 경계심을 완화하고 그들을 당신에게 동화시키며 그들이 외부 세계를 보며 정면을 향하고 있다고 느끼게 할 것이다. 안정된 그들은 이제 측면 공격 책략에 걸려들게 돼 있다. 이것은 특히 자존감이 예민한 목표물에 파괴적인 효과가 있다.

전략이 진화를 거듭하면 점점 더 간접성을 띠게 된다. 당신이 어디로 향하고 있는지 알 수 없다면 적은 극도로 불리한 위치에 있는 것이다.

## 뒤집어보기

정치에서 당신의 목적에 맞게 상대방의 아이디어를 흡수하며 상대방과 비슷한 위치를 취함으로써 측면을 점령하는 것은 강력한 전략이다. 클린턴 대통령 역시 민주당과 공화당 사이에서 '삼각

구도'를 취하며 이 책략을 사용해 큰 효과를 거뒀다. 이는 적이 공격할 수 있는 그 어떤 것도, 책략을 구사할 어떤 기회도 내주지 않는다. 그러나 적의 측면에 너무 오랫동안 머무르면 대가를 치르게 될 수도 있다. 상대방의 측면에 너무 오래 머무르면, 모든 정치가의 민감한 '측면', 즉 대중은 삼각 구도가 무엇을 의미하는지, 그와 그가 속한 당이 상대 당과 어떻게 구분되는지를 이해하지 못할 수도 있다. 시간을 너무 끌면 위험해진다. 대립 전략, 즉 뚜렷한 차이를 보여주는 것이 장기적으로는 더 효과적이다. 적의 측면을 점령할 때는 자신의 측면을 노출하지 않도록 주의하라.

STRATEGY

19

# 포위하여 압박하라

## 저항 심리의 무장해제

▲

사람들은 당신을 공격하거나 당신에게 복수하기 위해 늘 당신의 방어선상의 허점을 노릴 것이다. 따라서 어떤 허점도 노출하지 마라. 허점을 제공하지 않는 비결은 상대를 포위하는 것, 즉 사방팔방에서 무자비한 압박을 가하며 외부 세계와의 통로를 차단하는 것이다. 스멀스멀 피어오르는 불안감을 조장하기 위해 예측 불가능한 공격을 가하라. 마지막으로 상대의 결의가 약화될 조짐이 보이면 올가미를 더욱 강하게 조여 상대의 의지력을 뭉개버려라. 심리적 포위야말로 최고의 포위다. 그들의 정신을 포위하는 것이다.

▲

## ◆ 영국군을 패퇴시킨 줄루족의 포위 전술

1878년 12월 영국군은 현재 남아프리카공화국 지역의 전사 부족인 줄루족에게 전쟁을 선포했다. 얄팍한 그들의 명분은 줄루란드와 영국령인 나탈 사이의 국경선 문제였다. 그러나 진짜 목표는 마지막까지 이 지역에 남아 있던 원주민 병력인 줄루족의 군대를 격파하여 줄루족의 영토를 영국령으로 흡수하는 것이었다. 영국군 사령관인 첼름스퍼드 경Lord Chelmsford 중장이 이 계획을 주도했다.

나탈의 영국인들은 줄루란드 점령에서 오는 잠재적 이점에 흥분했다. 앤서니 윌리엄 던포드Anthony William Durnford 대령도 그중 하나였다. 던포드는 수년간 영국의 전초지들을 옮겨 다니다 마지막으로 나탈에 오게 됐다. 마흔여덟 살이 되도록 한 번도 전투해본 적이 없었던 그는 군인으로서 자신의 용맹함을 증명하고자 열망했지만 그 꿈을 더는 이룰 수 없는 나이에 가까워지고 있었다. 그런 그에게 기회가 다가온 것이다.

던포드는 나탈 출신의 원주민 병사들로 영국군과 함께 싸울 엘리트 군대를 조직하겠다고 자원했다. 그의 자원은 받아들여졌지만 영국군이 1879년 1월 초 줄루란드를 침공했을 때 그는 주력 전투에서 제외되었다. 첼름스퍼드 경이 보기에 그는 전투 경력이 없고 나이가 많았기 때문이다. 던포드와 그의 중대는 국경 지역을 감시하는 임무를 띠고 줄루란드 서부에 주둔했다. 던포드는 씁쓸했지만 그래도 명령을 책임감 있게 따랐다.

침공 초반 며칠간 영국군은 여기저기서 소규모 병력을 찾아냈을 뿐 줄루의 주력 부대 위치를 알아내는 데는 실패했다. 1월 21일 첼름스퍼드는 중앙 종대의 반을 이끌고 이산들와나Isandlwana 산기슭에서 야영하면서 동쪽으로 줄루족의 군대를 찾아 나섰다. 일단 적을 찾아내면 나머지 군대를 전진시키고자 했다. 하지만 교묘한 줄루족이 그가 자리를 비운 사이에 캠프를 공격할까 우려해 던포드에게 그의 중대를 이끌고 이산들와나 캠프로 오도록 전갈을 보냈다. 전투가 임박한 이때, 첼름스퍼드는 던포드의 리더로서의 자질을 걱정할 여유가 없었다.

1월 22일 평생 기다려왔던 명령을 받은 던포드는 간신히 흥분을 억누르며 400명의 병력을 이끌고 아침 일찍 출발했다. 그들은 오전 열 시경에 이산들와나 캠프에 도착했다. 던포드가 주변을 살펴보니 주력 부대를 이곳에 배치한 이유를 이해할 수 있었다. 동쪽과 남쪽으로는 완만하게 경사가 진 목초지가 펼쳐져 있어 적의 접근을 금방 포착할 수 있었다. 북쪽에는 이산들와나산이 있었고 산 너머엔 느쿠투 평원이 있었다. 북쪽이 좀 위험해 보이긴 했지만 정찰병들이 평원의 요지와 산길에 배치되어 있어 너무 늦지 않게 적을 발견할 수 있을 것이다.

던포드는 곧 거대해 보이는 줄루족의 군대가 느쿠투 평원에서 동쪽으로 향하고 있다는 보고를 받았다. 첼름스퍼드가 이끌고 간 부대를 후면에서 공격하기 위한 것이리라. 첼름스퍼드는 이산들와나에 총 1천 8백 명의 병력을 유지하라는 명령을 단단히 내려둔 터였다. 그들은 줄루족 군대 전체를 섬멸할 만한 화력을 가지고 있었다. 그러나 던포드는 줄루족의 주력 부대를 시급히 찾아내고 싶었다. 하지만 도대체 적이 어디 숨어 있는지 알 수 없어 초조해졌다. 기병대가 없는 줄루족은 대부분 창을 무기로 싸웠다. 일단 그들이 어디 숨었는지 알아내면 된다. 영국 병사들의 월등한 무기와 규율이 승리를 이끌 것이다. 던포드는 첼름스퍼드가 지나치게 신중하다고 생각하고 명령을 어겼다. 줄루족의 동정을 살피기 위해 400명의 병력을 이끌고 느쿠투 평원과 평행을 이루며 북동쪽으로 나아갔던 것이다.

그 시각 느쿠투 평원을 감시하던 정찰병은 줄루족 몇 명이 6.5킬로미터가량 떨어진 곳에서 소 떼를 몰고 있는 것을 목격했다. 말을 타고 추격하자 그들은 흔적도 없이 사라져버렸다. 그들을 쫓다 놓쳐버린 정찰병은 곧 기겁을 했다. 그의 발아래로 넓고 깊은 협곡이 펼쳐져 있었고 줄루족 전사들이 그 협곡을 가득 메우고 있었던 것이다. 무시무시하고 강렬한 눈을 한 그들은 어떤 전투 의식을 치르는 것처럼 보였다. 얼어붙은 정찰병을 향해 수백 개의 창이 쏟아졌다. 그는 돌아서서 미친 듯 달렸다. 줄루족들도 일제히 계곡을 기어 올라오기 시작했다.

2만 명에 달하는 줄루족 군대의 넓은 횡대가 지평선을 새까맣게 수놓았다. 멀리서도 그들이 편대로 움직이고 있는 모습이 선명히 보였다. 그들 횡대의 끝부분은 뿔을 닮은 모양으로 진군해오고 있었다. 정찰병들은 줄루족이 쳐들어온다는 소식을 재빨리 캠프에 전했다. 이 소식을 전해 들은 던포드는 캠프로 후퇴하며 재빨리 병력을 횡대로 조직했다. 줄루군은 믿기 어려운 정확성을 가지고 기동작전을 펼쳤다. 이때 던포드가 미처 보지 못한 것이 있었다. 뿔의 왼쪽 끝에 있는 병사들이 반대 방향의 뿔과 결합하여 포위망을 완성하기 위해 높이 자란 풀숲을 헤치고 캠프의 후면을 향해 움직이고 있었던 것이다.

던포드가 이끄는 영국 병사들과 마주한 줄루족은 거석 뒤에서, 풀숲에서 모습을 드러내며 점점 불어났다. 그들 가운데 대여섯 명의 무리는 창이나 불타는 소총을 던지며 갑자기 돌격하고는 풀숲으로 다시 사라지곤 했다. 영국군이 재장전을 위해 멈출 때마다 줄루군은 점점 더 가까이 진격해왔다. 그러다 한 명이 던포드의 횡대에 바짝 접근해 창으로 영국 병사의 배를 가르기도 했다. 창이 몸에 꽂혔다 나오면서 내는 질척거리는 소리가 동료 병사들을 몸서리치게 했다.

던포드는 간신히 군대를 이끌고 캠프로 다시 돌아왔다. 영국군은 포위당했지만 결속을 다지고 쉴 새 없이 포화를 퍼부어대며 그들을 저지했다. 던포드의 예상대로 영국의 월등한 무기가 톡톡히 제 몫을 다하고 있었다. 그는 주위를 둘러보았다. 싸움은 교착 상태로 접어들었고 병사들은 서서히 자신감을 되찾아가는 듯했다. 그러나 던포드는 위기가 닥쳤음을 깨달았다. 탄약이 바닥나고 있었다. 그들이 새로운 상자를 열어 재장전하는 사이 줄루군은 원을 더욱 좁혀올 것이다. 여기저기서 적의 창에 찔리는 병사들이 늘어나자 공포의 물결이 번져나갔다.

전세가 뒤바뀌고 있음을 감지한 줄루족은 방패 너머로 창을 흔들어대며 전쟁 구호를 외쳐대기 시작했다. "우수투!" 무시무시한 소리였다. 캠프의 북쪽 끝에서는 어느새 몇 미터 앞으로 성큼 다가온 줄루족 군대의 모습과 소리에 당황한 한 무리의 영국 병사들이 퇴각했고, 단 몇 명의 퇴각으로 생긴 공백을 틈타 줄루족이 밀어닥쳤다. 때를 맞추기라도 한 듯 두 뿔 사이의 원에 있던 줄루족 병사들이 영국군에게 일제히 창을 퍼부어 영국군의 횡대를 무너뜨렸다. 어디서 나타났는지 모를 예비 군대가 앞으로 돌격해 원 주위를 부채처럼 포위하며 더욱 압박해왔다. 순식간에 영국군은 아수라장이 되었다.

던포드는 포위망의 한 틈으로 달려가 남은 병사들이 후퇴할 수 있도록 애쓰다가 줄루족의 창에 맞았다. 이산들와나 전투도 곧 끝이 났다. 수백 명의 영국군이 던포드가 돌파하려다 죽은 그 틈을 통해 간신히 달아났고 1천 400명이 넘는 나머지 병사들은 줄루족의 희생 제물이 되었다.

이 충격적인 패배 후에 영국군은 서둘러 줄루란드에서 후퇴했다. 일시적으로나마 전쟁은 완전히 끝났지만, 영국군이 기대했던 대로는 아니었다.

## 해석

줄루족은 전투 전에 먼저 숨을 공간을 찾기 위해 주변 지역을 정찰했다. 드넓은 남아프리카의 초원 지대와 평원을 굽어보면 종종 가까운 거리에서도 찾아낼 수 없는 협곡과 구곡이 숨겨져 있었다. 풀과 거석들은 탁월한 잠복처였다. 줄루족은 그들의 은신처로 재빨리 움직였다. 그들은 주력 부대의 움직임을 숨기기 위해 주의를 산만하게 하는 정찰대를 파견하곤 했다.

일단 은신처에서 나와 전장으로 향하면 줄루족은 '뿔, 가슴, 허리'라고 부르는 대형을 형성했다. 가슴은 횡대의 중앙부로 적군을 붙잡아 고정시킬 부분이었다. 한편 양쪽으로 난 뿔은 측면과 후면으로 움직여 들어가며 적군을 포위하기 위한 것이다. 그중 한쪽 뿔의 끝은 높게 자라난 풀이나 거석 뒤로 숨어 있기도 했다. 포위망을 완성하기 위해 이 뿔이 모습을 드러내는 순간 적군은 극도의 공포심에 사로잡혔다. 허리는 최후의 일격을 가하기 위해 대기하는 예비군이었다.

이산들와나 전투가 끝나고 몇 년 후 한 위원회는 이 대재앙의 책임을 던포드에게 돌렸지만 실제로 그것은 그의 잘못이 아니었다. 영국군이 속수무책으로 포위당한 것은 사실이었지만 그들은 질서정연하게 횡대를 형성했고 용감하게 잘 맞서 싸웠다. 줄루족의 움직임의 정확성에서 빚어지는 공포, 점점 더 조여드는 공간 속에 포위당하는 기분, 때때로 줄루군의 창에 찔려 쓰러지는 동료 병사의 끔찍한 모습, 무시무시한 전쟁 구호, 가장 취약한 순간에 쏟아지는 창들, 갑자기 원에 합류하는 예비군의 악몽 같은 광경. 영국군은 월등히 우세한 무기를 가지고도 이런 계산된 심리적 압박 아래 무너질 수밖에 없었다.

우리 인간은 재앙이나 패배에서도 금세 적응하여 상황을 역전하기 위한 길을 찾는다. 적의 작은 허점을 탐색하고자 노력한다. 우리는 희망과 간교함, 그리고 의지를 거름 삼아 번영한다. 전쟁의 역사는 극적인 적응과 역전으로 얼룩져 있다. 단 한 곳 예외가 있으니, 바로 포위다. 물리적이든 심리적이든 포위는 상황을 반전시킬 가능성에 대한 유일하고 진정한 예외다.

적절하게 실행되기만 한다면 이 전략은 적이 이용할 수 있는 어떤 허점도, 어떤 희망도 내주지 않는다. 그들은 포위망 안에 갇혀 있으며 그 원은 점점 좁아지고 있다. 사회적이며 정치적인 전쟁의 삶에서 포위는 적에게 사방팔방에서 공격당하고 있으며 코너로 몰려 역습의 희망마저 사라졌다고 느끼게 하는 책략이 될 수 있다. 그들이 처한 상황으로 인한 절망감이 그들의 정신을 포위하도록 만들어라.

# 포위하여 압박하라

수천 년 전 우리 인간은 떠돌아다니며 사냥과 채집 활동을 하다 언제부턴가 정착해 식량을 재배하기 시작했다. 이 변화는 인간에게 안락을 가져다주었지만 한 켠에는 여전히 유목민의 본능이 남아 있다. 우리는 배회하고 떠돌아다닐 공간을 해방감과 연관 짓는다. 고립된 공간은 인간에게 질식을 유발하기 쉽다. 현대 들어 이런 반사 작용은 좀 더 심리적으로 변화했다. 우리가 처한 상황에서 선택권을 갖고 있으며 어떤 가능성이 있다는 느낌은 개방된 공간이 주는 느낌과 비슷한 것으로 변형된다. 우리의 정신은 책략을 펼 수 있는 전략적인 공간과 가능성이 있다는 감각을 양분으로 삼는다.

거꾸로 말하면 심리적 포위는 우리를 불안하게 하며 종종 과민 반응하게 만들기도 한다. 무언가 우리를 포위할 때, 즉 우리의 선택권을 좁히고 사방에서 공격해올 때 우리는 감정에 대한 통제력을 잃고 상황을 더 악화시키는 실수를 저지른다.

명심하라. 포위의 위력은 궁극적으로 심리적인 것이다. 상대방이 사방으로 공격에 노출돼 있다고 '느끼게' 만드는 것은 물리적으로 그들을 포위하는 것만큼이나 좋은 방법이다.

충동적이고 폭력적이며 오만한 이들은 특히 포위 전략의 덫으로 유인하기가 쉽다. 우리가 약하거나 멍청한 척하면 그들은 자신이 어디로 가고 있는지 생각해보지도 않고 앞으로 돌진한다. 이렇듯 적의 감정적인 약점이나 커다란 욕망을 포위 전략의 재료로 쓸 수 있다. 이때 덫으로 적을 유인할 때는 항상 상대가 상황에 대한 통제권을 가지고 있다고 느끼게 만들어라. 그들은 당신이 원하는 만큼 멀리 전진할 것이다.

마지막으로 단순히 즉각적인 감정을 포위하려고 애쓰지 말고 그들의 전체적인 전략, 즉 실로 전체적이고 개념적인 틀을 포위하기 위해 행동하라. 그러기 위해서는 우선 적의 전략에서 예측 가능한 부분을 연구한 다음, 그들의 경험에서 벗어나는 당신만의 참신한 전략을 만들어내야 한다.

## ● 뒤집어보기

포위하려는 시도가 완전히 성공하지 않으면 그것이 당신을 취약한 입지로 몰아넣을 수도 있다. 당신은 이미 계획을 공표했다. 당신이 재빨리 녹아웃 펀치를 날리지 않으면 적은 방어하기 위해서뿐 아니라 당신을 파괴하기 위해서 맹렬히 싸울 것이다. 이제 당신을 파괴하는 것만이 적의 유일한 안전장치이기 때문이다. 포위에 실패한 군대는 후에 거꾸로 적에게 포위를 당하고 만다. 포위 전략은 당신이 원하는 결과로 이끄는 적절한 기회가 있을 때만 사용하라.

STRATEGY
20

# 책략으로 상대의 힘을 약화시킨 후 공격하라

## 공격의 경제성

▲

무르익을 때까지 기다렸다가 수확하는 전략이다. 당신이 아무리 강력하다 해도 사람들과 끝없이 전투를 벌이는 것은 비용이 많이 들고 소모적이며 어리석은 일이다. 현명한 전략가들은 책략이라는 술수를 선호한다. 손쉽고 빠른 승리를 위해 전투를 개시하기 전에 먼저 상대를 약화시키는 방안을 찾는다는 의미다. 적에게 미끼를 던져 겉으로 보기에는 유리하지만 실제로는 함정과 막다른 골목이 도사리는 상황으로 유인하라. 적이 유리한 입장에 있다면 내 뒤를 정신없이 추적하게 만들어 적이 자신의 유리한 입장을 포기하게 만들어라. 진퇴양난의 상황에 빠지게 하거나 적 스스로 자신을 궁지에 빠뜨리는 방책을 택할 수밖에 없는 상황을 제공해야 한다. 적의 전략적 목표에 혼란과 무질서의 씨앗을 뿌려라. 당황과 욕구불만, 분노에 찬 적은 가지에 매달린 열매와 같다. 살짝 미풍만 불어도 그들은 땅으로 떨어질 것이다.

▲

## ◆ 적을 조용히 몰아낸 사무라이

1540년대 일본에서의 이야기다. 농부와 상인, 장인들로 가득한 나룻배에서 한 젊은 사무라이가 90센티미터 길이의 장검을 이리저리 휘두르며 자신의 무용담을 자랑하고 있었다. 사람들은 이 공격적인 젊은이에게 두려움을 느껴 그저 그의 무용담을 듣는 척할 뿐이었다. 그런데 한 노인은 홀로 떨어져 앉은 채 젊은이의 무용담을 무시했다. 노인이 소지한 두 자루의 검으로 보아 사무라이임이 틀림없었다. 하지만 누구도 그가 당대 최고의 검객인 쓰가하라 보쿠덴塚原卜傳이라는 사실은 알지 못했다. 당시 쉰 살이 넘은 그는 신분을 숨긴 채 혼자 여행 중이었다.

보쿠덴은 눈을 감고 마치 깊은 명상에 잠긴 듯했다. 그의 고요와 침묵이 젊은 무사의 신경을 거스르기 시작했다. 마침내 무사는 이렇게 소리쳤다. "당신은 이런 이야기를 싫어하나? 검을 어떻게 쓰는지도 모르는 모양이군. 늙은이, 그렇지 않은가?" 그러자 보쿠덴이 대답했다. "물론 아주 잘 알지. 하지만 나는 이런 하찮은 일로 칼을 휘두르고 싶지 않네." 그리고 한마디 덧붙였다. "그리고 검을 사용하지 않는 것도 검을 쓰는 방법이지." 젊은 사무라이가 대꾸했다. "헛소리하지 마라. 네 유파는 뭐냐?" 보쿠덴이 응수했다. "내 유파는 무수승류(無手勝流, 검을 사용하거나 싸우지 않고 이기는 유파)라고 한다네." 젊은 사무라이는 가소롭다는 듯 대꾸했다. "웃기는 소리 하지 마라. 어떻게 싸우지 않고 상대를 패배시킨단 말인가?"

이제 젊은 사무라이는 화가 나서 대결을 신청하며 무수승류의 시범을 보여달라고 요구했다. 보쿠덴은 사람이 많은 나룻배 위에서 대결하기를 거부하며 근처 섬에 내리면 자기 유파의 시범을 보여주겠노라고 제안했다. 그리고 뱃사공에게 근처의 작은 섬에 배를 대달라고 부탁했다. 젊은 사무라이는 몸을 풀기 위해 칼을 이리저리 휘둘렀다. 보쿠덴은 여전히 자리에 앉은 채 눈을 뜨지 않았다.

섬이 가까워지자 참을성 없는 젊은이가 소리쳤다. "와라! 너는 이제 죽었다. 내 칼이 얼마나 날카로운지 보여주겠다!" 그리고 몸을 날려 해변에 내려섰다.

보쿠덴은 여전히 뜸을 들여 젊은 사무라이의 화를 더욱 돋우었다. 그는 이제 욕설을 퍼붓기 시작했다. 마침내 보쿠덴은 사공에게 자기의 칼을 맡기며 말했다. "내 유파는 무수승류요. 그러니 칼은 필요 없소." 그러고는 대신 사공의 손에서 노를 받아 쥐고서는 노로 있는 힘껏 밀었다. 나룻배는 빠르게 강 한가운데로 나오면서 섬에서 멀어졌다. 사무라이는 배를 돌리라고 소리를 질렀다.

보쿠덴은 이렇게 응수했다. "이게 바로 싸우지 않고 이기는 법이다. 여기까지 헤엄쳐와 봐라!"

배에 탄 사람들은 사무라이의 모습이 점점 작아지는 것을 지켜보았다. 그는 물가에 선 채 길길이 날뛰었다. 그가 팔을 휘저으며 고래고래 소리를 질러댔지만 이내 희미해졌다. 사람들은 어느새 웃음을 터뜨리기 시작했다. 보쿠덴은 확실하게 무수승류의 시범을 보여준 것이다.

## 해석

젊은 사무라이의 거만한 말을 듣는 순간 보쿠덴은 곧 말썽이 생기리라는 것을 알았다. 사람이 많은 나룻배 위에서 대결할 경우 재앙을 초래할 것이며 그것은 또한 불필요한 희생자를 낼 게 뻔했다. 그는 분쟁을 일으키지 않고 말썽꾼을 조용히 배에서 몰아내는 방법으로 모욕적인 패배를 맛보게 할 필요가 있었다. 이를 위해 책략을 동원했다. 보쿠덴은 물리적 힘보다는 책략전에 의지하는 쪽이었다. 여기에 언급된 이야기는 그의 방법을 보여주는 최고의 사례다.

책략전의 목적은 쉽게 승리를 거두는 데 있으며, 상대방이 자신에게 유리한 위치를 벗어나 균형을 상실한 채 낯선 위치에서 싸움에 임하도록 유인하는 것이다.

상대방의 전투 능력은 그의 사고 능력과 직접 연관되어 있기 때문에 당신의 책략은 그들을 감정적이고 당황스러운 상태에 빠뜨리도록 고안돼야 한다. 만약 너무 직접적인 책략을 사용하면, 당신의 의도가 탄로 날 위험이 있다. 치밀하게 행동해 수수께끼 같은 행동으로 상대방을 당신 쪽으로 유인하고 도전적인 언행을 구사해 서서히 그들의 신경을 돋우다가 갑자기 물러서야 한다. 상대방의 감정이 끓어오르고 좌절과 분노가 솟구치고 있다면, 이때부터는 책략전의 속도를 더 올려라. 유인책이 적절하게 작용하면, 상대방은 배에서 뛰어내려 혼자 남음으로써 당신에게 손쉬운 승리를 갖다 바치게 된다.

◆ 생존의 기술

## 책략을 써서 공격하라

전쟁에는 두 가지 독특한 양식이 존재한다. 가장 오래된 형태의 전쟁은 소모전이다. 적이 항복하는 이유는 상대편이 그들의 인명을 너무나 많이 살상했기 때문이다. 어떤 경우든, 승리는 전투를 통해 상대방의 전력을 소모시키느냐 아니면 우리 전력이 소모당하느냐에 달려 있다. 군사기술이 유례없이 복잡해진 오늘날에도 소모전의 양상은 비슷하다.

반면 수 세기에 걸쳐, 특히 고대 중국 사회에서 색다른 전쟁 수행 방식이 발달하기 시작했다. 여기서 주안점은 상대방을 전쟁터에서 파괴하는 것이 아니라 전쟁이 시작되기 전 그들을 약체화시키거나 안정을 무너뜨리는 것이다. 지휘관은 책략을 통해 적을 교란하고 분노케 하여 불리한 상황, 예를 들어 밑에서 위를 보고 공격을 하거나 태양 혹은 바람을 마주 보거나 비좁은 공간에 갇히게 되는 등의 어려움에 빠지게 만든다. 이런 종류의 전쟁에서는 기동력 있는 군대가 파괴력을 가진 군대보다 더욱 효과적이다.

국가의 존망이 군대와 국가 전력에 달려 있던 중국 전국시대 인물인 손자는 병법을 통해 책략전에 대한 사상을 체계적으로 정리했다. 전쟁으로 인해 초래되는 비용이 단순히 사상자의 숫자 이상이라는 사실이 분명해졌다. 전쟁에는 자원과 정치적 친선 관계의 상실, 병사와 국민의 사기 저하가 뒤따르게 마련이다. 이것이 반복되면 결국 최강의 군대를 보유한 국가조차 국력이 고갈되어 쓰러지게 된다. 하지만 국가가 능란하게 책략을 구사한다면 그와 같은 비용을 절감하면서도 승자가 될 수 있다.

무엇보다도 책략전과 소모전은 사고방식에서 차이가 난다. 책략전은 과정을 중요하게 생각한다. 전쟁에 이르는 단계와 전쟁의 비용을 절감하고 폭력을 줄이기 위해 그 단계들을 조작하는 방법을 중요하게 여긴다는 의미다. 소모전은 일종의 직무 태만으로, 아무 생각 없이 반사적으로 싸움에 뛰어드는 인간의 원시적 성향을 반영할 뿐이다.

소모전을 선호하는 전사들로 가득 찬 사회라면, 당신은 책략전에 의지함으로써 금방 유리한 입장에 서게 될 것이다. 싸움보다는 전반적인 여건과 상대방을 불리한 위치로 몰아갈 방법을 먼저 생각하기 때문에 당신의 전투는 최소한의 파괴만을 수반한다. 당신이 지속적으로 좋은 성과를 거두면서 성공을 유지하고 싶다면 책략전 쪽이 현명한 선택이다. 다음은 책략전의 세 가지 원칙이다.

**몇 가지 대안을 가진 계획을 준비하라.** 책략전은 계획에 의존하고 계획은 적절하게 마련돼야 한다. 완벽한 계획은 적절한 상황 분석에서 시작한다. 상황 분석이 잘 이루어지면 당신은 최선의 노선을 결정하거나 최적의 위치를 장악하게 되고, 동시에 상대방이 당신에게 어떤 전략을 구사하는가에 따라 효과적으로 대응할 수 있는 몇 가지 선택적 방안을 준비할 수 있다. 대안이 있는 한 당신은 언제나 상대방의 책략보다 한발 앞서 나가게 된다.

**적에게 단순히 문제가 아니라 딜레마를 제공하라.** 대부분의 상대는 당신처럼 지능적이고 기략이 풍부한 사람일 가능성이 크다. 당신의 책략이 그들에게 단순히 문젯거리만 제공한다면, 분명 그들은 그 문제를 해결할 것이다. 하지만 '고민'이라면 상황이 좀 다르다. 퇴각이나 전진 혹은 정지하며 그들이 어떤 식으로 대응을 하든 그들의 고민은 여전히 해결되지 않는다. 적이 택할 수 있는 모든 대안을 최악의 상황으로 만들어야 한다. 예를 들어, 당신이 어떤 지점을 향해 신속하게 전진하면, 적은 준비가 덜 된 상태에서 전투에 임하든지 아니면 후퇴할 수밖에 없는 상황에 처한다. 또한 적에게 겉으로는 매력적인 듯하지만 그 이면에는 함정이 도사리는 상황을 끊임없이 만들어야 한다.

**무질서를 창조하라.** 적은 당신이 의도하는 바를 어느 정도까지는 감지할 것이다. 당신이 일부러 흘린 아무런 의미도 없는 정보들을 그들이 마구잡이로 쫓아다니게 해야 한다. 그들은 그것을 해석하느라 고심에 빠질 것이다.

## 뒤집어보기

전투만을 위해 직접적인 무력 충돌을 구사하는 행위에는 어떤 목적이나 명예도 존재하지 않는다. 하지만 그와 같은 전투가 책략이나 전략의 하나일 때는 가치를 가질 수도 있다. 기습적인 포위 혹은 강력한 정면 공격은 적이 전혀 예상하지 못하고 있을 때 파괴적인 효과를 발휘한다.

책략전을 수행할 때 발생할 수 있는 유일한 위험은 너무 많은 대안을 생각함으로써 스스로 혼란에 빠지는 경우다. 책략은 단순해야 한다. 대안의 범위를 자신이 통제할 수 있는 만큼으로 한정하라.

STRATEGY

21

# 협상 중에도 진격을 멈추지 마라

## 협상과 외교전

▲

사람들은 전쟁이나 직접적인 대립에서는 얻을 수 없는 것들을 얻기 위해 협상에 나선다. 협상에서 유리한 고지를 점령하기 위해 표면적으로 공정성과 도덕성을 들먹이기도 한다. 절대 거기에 끌려 들어가서는 안 된다. 협상은 영향력이나 유리한 입장을 차지하기 위한 책략전이다. 따라서 우리는 항상 강력한 입지를 구축하고 우리가 발언하는 동안 상대방이 그것을 야금야금 갉아먹지 못하게 해야 한다. 협상 전은 물론이고 협상이 진행 중일 때도 계속 진격하며 상대에게 무자비한 압박을 가해야 한다. 그래야 당신이 제시하는 조건이 먹혀들 것이다. 당신이 더 많이 가질수록 상대에게는 의미 없는 많은 것을 양보할 수 있게 된다. 타협을 모르는 집요한 인간이라는 명성을 구축하라. 그러면 상대는 당신을 만나기 전부터 당황할 것이다.

▲

◆

## 돌을 주고 비취를 얻다

1821년 초 러시아 외무 장관인 카포 디스트리아Capo d'Istria는 오랫동안 기다려온 소식을 들었다. 당시 오스만 제국의 일부였던 그리스 애국지사들이 터키에 대항하여 독립을 위한 반란을 일으켰다는 것이다. 디스트리아는 그리스에 대한 러시아의 개입을 오래전부터 꿈꿔왔다. 만약 러시아가 그리스의 반란을 지원하여 승리할 경우, 독립 그리스에 대한 영향력과 함께 지중해에 러시아 해군 기지를 확보하는 기회가 될 것이다. 또한 러시아는 그리스 정교회의 보호자로 자처하고 있었으며 차르 알렉산드르 1세는 신앙심이 깊은 군주였다. 이슬람 국가인 오스만 제국에 대항하는 전쟁을 이끄는 것은 러시아의 이익과 차르의 종교적 양심까지 동시에 만족시키는 일이 될 터였다.

유일한 장애물이 있다면 오스트리아 외무 장관 클레멘스 폰 메테르니히였다. 몇 년 전 메테르니히는 러시아와 오스트리아, 프로이센과 신성동맹Holy Alliance을 맺었다. 동맹의 목적은 프랑스혁명의 위협으로부터 자국을 보호하고 나폴레옹 전쟁의 혼란에서 벗어나 유럽의 평화를 도모하는 것이었다. 메테르니히는 알렉산드르 1세의 친구가 되었다. 러시아가 그리스 사태에 개입할지도 모른다는 사실을 감지한 메테르니히는 차르에게 수백 건의 보고서를 보내 그리스 혁명은 유럽 전역에서 군주제를 폐지하려는 음모의 일환이라고 주장했다. 그리고 알렉산드르 1세가 그리스를 지원한다면, 차르는 결국 혁명 세력의 꼭두각시로 전락할 것이며 신성동맹도 위태로울 것이라고 말했다.

디스트리아는 메테르니히의 진짜 속셈이 러시아의 영향력이 지중해로 확대되는 것을 막으려는 데 있음을 간파했다. 그러나 유리한 쪽은 디스트리아였다. 그는 외무 장관이라는 이점을 이용해 차르와 지속적으로 접견함으로써 메테르니히의 능란한 설득에 역공을 가했다.

터키는 그리스의 반란을 진압하기 위해 무력을 행사했다. 차르는 당장이라도 그리스 문제에 개입할 기세였다. 1822년 2월 그리스의 혁명이 정점에 이르렀을 때, 디스트리아가 보기에 차르는 치명적인 실수를 저질렀다. 차르 알렉산드르 1세가 오스트리아 빈에 전권대사를 보내 메테르니히와 그리스 문제를 협의하는 데 동의했던 것이다. 메테르니히는 협상 대표를 빈으로 유인하는 술책을 무척 즐겼는데, 그곳에서라면 상대를 마음껏 요리할 수 있었다. 디스트리아는 상황이 불리해졌음을 느꼈다. 이제 그에게는 딱 하나의 선택만이 남아 있었다. 빈에 갈 전권대사를 잘 골라서 자신이 막후에서 협상을 조종하는 것이었다.

디스트리아는 협상가로 경험이 풍부한 스페인 주재 러시아 대사 타티셰프Tatichef를 택했다. 빈으로 출발하기 직전에 디스트리아는 타티셰프에게 주의할 점을 설명했다. 메테르니히는 타티셰프를 꾀어낼 것이고, 러시아의 무력 개입을 저지하기 위해 협상으로 해결하자고 제안하면서 유럽 회의를 소집하여 이 문제를 논의하려고 할 것이다. 회의 소집은 메테르니히가 회의장을 지배하고 원하는 바를 얻어내기 위해 자주 써먹는 수법이었다. 디스트리아는 메테르니히에게 보내는 문서에서 러시아가 터키의 손아귀에서 고통을 당하고 있는 기독교 형제들을 지원할 권리가 있다고 주장했다. 타티셰프는 유럽 회의에 러시아가 참석하는 문제에 대해 절대 동의하지 말아야 했다.

빈으로 출발하기 전날, 타티셰프는 차르와 예정에도 없던 면담을 했다. 차르는 차르대로 자신은 신성동맹의 목적과 그리스에 대한 도덕적 의무를 동시에 충족시킬 수 있기를 바란다는 말을 메테르니히에게 전해달라고 했다. 하지만 차르의 의사는 임무를 너무 복잡하게 만들 수 있었으므로 타티셰프는 그 전갈을 메테르니히에게 가능한 한 늦게 전달하기로 마음먹었다.

빈에서 메테르니히와 첫 대면을 한 타티셰프는 그의 인물됨을 평가했다. 겉으로 보기에 메테르니히는 알맹이가 없는 인물로 보였다. 그는 그리스 문제보다 화려한 무도회와 젊은 여성에게 더 관심이 많은 것 같았다. 타티셰프가 디스트리아의 문서를 메테르니히에게 읽어주었을 때 메테르니히는 불현듯 떠오른 듯 차르도

따로 지침을 주었는지를 물었다. 뜻밖의 질문에 타티셰프는 둘러대지도 못하고 사실대로 대답했다. 그러면서 차르의 약간 상충되는 지침이 메테르니히를 더욱 혼란스럽게 만들어 자신이 한발 앞서 나아갈 수 있기를 바랐다.

며칠 동안 타티셰프는 빈이라는 도시에 한껏 취했다. 다시 만난 메테르니히는 차르의 의사에 따라 협상을 벌일 경우 러시아의 조건이 무엇인지를 물었다. 그런 질문이라면 대답해도 상관없을 것 같았기에 타티셰프는 그리스를 보호국으로 만들고 싶어 한다, 러시아의 그리스 개입을 동맹국들이 승인해주기를 바란다, 하는 등등의 조건을 열거했다. 그러자 메테르니히가 오스트리아는 그런 조건에 결코 동의할 수 없다고 못 박았다. 그럼 대안이 있냐고 물었더니 메테르니히는 대답 대신 혁명이나 신성동맹의 중요성과 같은 지극히 추상적인 이야기만 늘어놓았다. 타티셰프는 거의 약이 오를 지경이었다. 그는 러시아의 입장을 명확하게 해두고 싶었지만 비공식적인 자리였고 협상의 가닥조차 잡지 못하고 있었다. 스스로 갈피를 잡지 못하니 자신이 원하는 방향으로 대화를 끌어갈 수도 없었다.

며칠 뒤 두 사람은 다시 면담했다. 메테르니히는 불안하고 약간 힘들어 보였다. 그의 말에 따르면 터키가 방금 문서를 보내왔는데, 그들은 러시아가 그리스 문제의 배후에 있다고 주장하면서 터키는 자신의 영토인 그리스를 지키기 위해 끝까지 싸우기로 했다는 사실을 러시아 측에 전해달라고 부탁했다는 것이다. 메테르니히는 근엄한 어조로 외교적 관례를 무시한 터키의 태도에 자신도 화가 난다는 듯이 이런 불명예스러운 메시지를 차르에게 전달하는 행위는 오스트리아의 위신을 깎아내리는 것이라고 말했다. 오스트리아는 러시아를 가장 믿음직스러운 동맹으로 생각하고 있으며 이 문제를 해결하는 데 있어서 러시아의 입장을 지지한다는 말도 덧붙였다. 끝으로 만약 터키가 조건에 동의하지 않는다면, 외교 관계를 끊을 것이라고 했다.

타티셰프는 메테르니히의 말에 감동했다. 사실 그는 진심으로 러시아를 위하는지도 몰랐다. 디스트리아의 오해가 두려웠던 타티셰프는 차르에게만 회담의 결과를 보고했다. 며칠 뒤, 알렉산드르 1세는 그리스 문제에 관해서는 자신에게만 보고하도록 지시했다. 디스트리아는 협상에서 제외되었다.

협상의 주도권은 완전히 메테르니히에게 기울었다. 두 사람은 그리스 사태에 대한 외교적 해결책만을 논의했으며, 러시아의 군사 개입에 대해서는 단 한 번도 언급하지 않았다. 몇 달 뒤 사태를 해결하기 위한 국제회의가 이탈리아 베로나에서 열렸고, 메테르니히는 러시아 차르를 초대했다. 러시아는 그리스 문제에 대한 최선의 해결책을 마련하는 토의를 주도하기로 되어 있었다. 그것은 차르가 혁명에 대항하는 성전에서 유럽을 구할 인물로서 모든 찬사를 한 몸에 받게 된다는 의미였다.

한편 상트페테르부르크에서 디스트리아는 분통을 터뜨리며 고함을 질러대고 있었다. 타티셰프는 귀국하자마자 외무 장관 자리를 내놓아야 했다. 얼마 뒤 베로나에서 개최된 회의 내용은 디스트리아의 예측에서 한 치도 어긋나지 않았다. 오스트리아는 자국의 이해를 최대한 반영하는 쪽으로 문제를 해결했다. 아직도 차르는 자신이 저지른 실수를 깨닫지 못했다. 그는 발칸반도에 대한 러시아의 일방적 개입을 금지하는 문서에 스스로 서명했으며 표트르대제 이후 모든 러시아 지도자들이 주장해온 권리를 양보했다. 여기서 진정한 승리자는 메테르니히였고, 그는 완벽하게 디스트리아를 눌렀다.

### ● 해석

메테르니히의 목표는 단순히 러시아의 그리스 개입을 저지하는 것이 아니라, 차르가 유럽의 화약고인 발칸반도에 군대를 파견할 수 있는 권리를 영원히 포기하게 만드는 것이었다. 그렇다면 러시아를 무엇으로 설득할 수 있을까? 사실 오스트리아는 명분이 부족했다. 하지만 메테르니히는 패를 감추고 있었다. 그는 차르를 오랜 기간 동안 연구해왔다. 알렉산드르 1세는 대단히 감성적인 인물로 감정이 극도로 고양된 상태에서만 행동에 나섰다. 그의 행동을 촉구하려면 십자군의 성전과 같은 분위기를 낼 필요가 있었다. 터키에 대항해 그리스가 반란을 일으키자 메테르니히는 곧바로 반란의 성격을 이슬람과 기독교 간의 종교적 대립이 아니라 군주제와 혁명 세력 간의 정치적 대립으로 변질시켰고, 군주제를 지키는 십자군으로 차르를 세뇌했다.

그 과정에서 그는 주의할 진짜 적이 디스트리아라는 사실을 분명하게 알고 있었고, 디스트리아와 차르 사이가 벌어지도록 쐐기를 박아야 했다. 그래서 러시아가 빈에 전권대사를 파견하도록 유도한 것이다. 일대일 협상이라면, 메테르니히는 세계 챔피언 수준의 체스 선수였다. 다른 사람들에게 그랬던 것처럼 타티셰프에게도 그는 멋 부리기 좋아하고 심지어는 멍청해 보이는 귀족의 모습을 연출하여 상대의 경계심을 무너뜨렸다.

그때부터 자신의 구미에 맞게 협상을 재구성하는 일은 아이들 장난이나 마찬가지였다. 사람들이 겉으로 보이는 현상에 얼마나 쉽게 속는지를 아는 메테르니히는 차르에게 겉치레 영향력을 제공했고(회의장에서 시선을 한 몸에 받는 위치), 동시에 자신은 실속을 챙겼다(문서에 서명하게 만드는 것).

뭔가를 시도하기 전에 당신이 제일 먼저 해야 할 일은 자신의 장기적인 목표가 무엇인지를 정확히 하여 자신의 위치를 견고하게 다지는 것이다. 그런 목표의 명확성이야말로 협상에 필요한 인내와 냉정의 근원이다. 그럴 때 우리는 상대방에게 아무런 의미도 없는 사항을 양보할 수 있게 된다. 이런 양보는 겉으로는 관대하지만 그 속은 싸구려이며, 우리의 진짜 목적에는 조금도 해가 되지 않는다. 협상 상대를 미리 연구하라. 그들의 약점을 파고들고 그들이 원하는 것을 거부하라. 그러면 당신은 또 다른 차원의 무기가 생길 것이다.

# 협상 중에도 진격을 멈추지 마라

보통 분쟁과 대립이 주는 불쾌감을 피하기 위해 우리는 주변 사람에게 친절하게 굴면서 회유하려 한다. 상대방도 똑같은 방식으로 보답하리라고 믿기 때문이다. 하지만 수많은 경험은 이런 생각이 틀렸음을 보여준다. 친절하게 대하면, 그들은 우리를 약하고 이용해도 되는 사람으로 생각한다. 관대한 행동은 보답을 받지 못하기 일쑤고, 자식의 버릇을 망쳐놓으며, 어떤 경우에는 동정으로 받아들여져 상대방의 분노를 사기도 한다.

친절이 친절을 부른다고 생각하는 사람은 어떤 종류의 협상에서든 손해를 볼 운명이다. 우리의 목표는 우리와 싸워봤자 상대방이 손해만 보게 되는 상황을 만드는 것이다. 계속해서 전진하고 무자비한 압박을 지속함으로써, 우리는 상대를 반응하게 하고 궁극적으로 협상에 응하게 만들어야 한다. 그럴 때는 상징적인 제스처가 아니라 상대방에게 실질적인 고통을 가하는 방법을 사용해야 한다. 가능한 한 협상에서 가장 유리한 고지를 차지하기 위해 전진해야 한다. 일단 상대를 굴복시켜 협상 타결에 성공하면 비로소 양보의 여지가 생기고, 당신이 차지한 것 중 일부를 돌려줄 수 있게 된다. 그것만으로도 당신은 상대방에게 친절한 이미지와 회유하는 인상을 주게 된다.

때때로 당신이 유리한 패를 하나도 갖지 못하는 경우도 있다.

그런 때조차 전진을 멈추지 말아야 한다. 힘과 의지를 과시하고 계속해서 압박함으로써 자신의 약점을 감추고 협상을 위한 발판을 마련하게 되며, 결국 이 발판으로부터 자신에게 유리한 새로운 패를 만들어내게 된다.

이때 당신과 마주한 협상가가 과연 어떤 부류에 속하는지를 미리 파악해두어야 한다. 문제는 능란한 전사일수록 자신의 모습을 위장하는 데 대가라는 것이다. 처음에 그들은 진실하고 우호적인 것처럼 보인다. 그러다가 그들이 전사적 본색을 드러냈을 때는 이미 물이 엎질러진 상태다. 잘 모르는 적과 분쟁이 벌어질 때 자신을 보호하는 최선은 전사의 역할을 하는 것이다. 협상하는 동안 전진하는 것이다. 점점 더 전사와 같은 인간들이 많아지는 세상에서 항상 칼날을 날카롭게 벼려야 한다.

## 뒤집어보기

전쟁에서 그렇듯이 협상에서도 자신의 목표를 잃지 않도록 주의해야 한다. 너무 멀리 진격하여 상대방에게 너무 많은 것을 빼앗아버리면 분노한 상대방이 복수를 꿈꿀 수도 있다. 협상을 타결할 때 우리의 목표는 결코 상대방의 탐욕을 만족시키거나 그들에게 가혹한 조건을 부과하지 않으면서도 우리의 이익을 확보하는 데 있다. 장기적 안목에서 보면 응징을 위한 협상안은 결국 우리에게 불안을 초래할 뿐이다.

STRATEGY

22

# 전쟁의 성공적인 마무리를 계획하라

## 마무리의 노하우

▲

세상은 마무리를 얼마나 잘하는지를 보고 당신을 판단한다. 어설프고 불완전한 종결은 향후 수년 동안 골칫거리를 유발할 수 있다. 그 과정에서 당신의 명성은 심각한 타격을 입는다. 종결을 잘 짓는 비법은 그만둘 시점을 정확히 파악하는 것이다. 그렇게 해서 너무 무리하게 노력해 자신을 지치게 한다든지 혹은 상대방의 원한을 격화시켜 장래에 분쟁이 일어날 소지를 만드는 일을 피한다. 공들여 빈틈없는 마무리를 짓는 활동을 통해 적절한 인상을 남기는 것이 중요하다. 이것은 단순히 전쟁에서 승리하는 문제가 아니라 그것을 쟁취하는 방법과 승리를 통해 다음 단계의 목표를 달성하는 데 유리한 입장에 설 수 있느냐 없느냐에 관련된 문제다. 최고의 전략적 지혜는 현실적인 출구가 보이지 않는 충돌이나 분규를 피하는 것이다.

▲

◆

## 진퇴양난

소련의 정치국 고위 관료들(서기장 레오니드 브레즈네프와 KGB 의장 유리 안드로포프, 국방장관 드미트리 우스티노프)에게 1960년대 말에서 1970년대 초는 그야말로 황금기였다. 스탈린 치하의 악몽과 흐루쇼프의 실수투성이 정권을 무사히 넘기고 마침내 소비에트 제국 내부에 어느 정도 안정기가 찾아왔기 때문이다. 무엇보다 희망적인 소식은 제3세계 국가들 사이에서 소련의 영향력이 팽창하고 있다는 점이었다.

이때 소련과 남쪽 국경을 맞대고 있는 아프가니스탄이 매우 중요했다. 아프가니스탄은 풍부한 천연가스와 기타 광물들을 보유하고 있었고 그들의 항구는 인도양과 연결되어 있었다. 이 나라를 위성국가로 만드는 것은 소련의 숙원이었다. 1950년대부터 러시아는 교묘하게 그 나라에 스며들어 군대의 훈련을 지원하고, 살랑 고속도로를 건설해 소련과 연결하려 했으며, 낙후된 국가를 근대화시키려고 노력했다. 그런데 1970년대 중반으로 접어들면서 계획에 차질이 생겼다. 이슬람 원리주의자들이 아프가니스탄 전역에서 강력한 정치 세력을 형성하기 시작한 것이다. 만약 이슬람 원리주의자들이 정권을 잡으면, 그들은 공산주의를 무신론으로 배격하며 소련과 관계를 단절할 수 있었다. 또한 이슬람 원리주의에 입각한 저항 운동이 이슬람 인구가 밀집된 소련의 남부 지역으로 확산될 수도 있었다.

1978년 그와 같은 악몽을 방지하기 위해 브레즈네프는 비밀리에 쿠데타를 지원하여 아프가니스탄 공산당에게 권력을 쥐어주었다. 심각하게 분열되어 있던 아프가니스탄 공산당에서, 비로소 오랜 권력 투쟁 끝에 하피줄라 아민Hafizullah Amin이라는 한 명의 지도자가 떠올랐다. 그는 소련이 싫어하는 인물이었으며, 가장 잔인한 수단에 의지해 정권을 유지했다. 게다가 아프가니스탄에서 공산주의는 별 인기가 없었다. 온 나라 안에서 무자헤딘이라는 무장 게릴라 조직이 들고일어섰고 정부군 수천 명이 군대를 떠나 저항군에 투신했다.

1979년 12월 아프가니스탄의 공산 정권은 붕괴 일보 직전이었다. 소련 정치국 위원들이 이 문제를 논의하기 위해 모였다. 아프가니스탄에 대한 통제력 상실은 치명적인 불안정의 근원이 될 수 있었다. 정치국 위원들은 아민을 제거해야만 했다. 우스티노프가 한 가지 계획을 제안했다. 소규모 소련군 부대를 진격시켜 카불과 살랑 고속도로를 확보하자는 것으로, 소련이 동유럽의 저항 세력을 진압할 때 사용한 방법의 재판이었다. 그다음 아민을 제거하고 그 자리에 바브라크 카르말Babrak Karmal이라는 공산주의자를 앉

힌다는 계획이었다. 10년 정도면 아프가니스탄의 현대화가 거의 완료되고 그 과정에서 서서히 소련의 충실한 위성국으로 탈바꿈할 것이다.

회의가 끝나고 며칠 뒤 우스티노프는 자신의 계획을 육군 참모총장 니콜라이 오르가코프Nikolai Orgakov에게 제시했다. 계획서에는 침공군의 병력이 7만 5천을 넘지 않으리라 쓰여 있었다. 충격을 받은 오르가코프는 자신의 견해를 밝혔다. 그 정도 규모의 군대로는 거대한 산으로 뒤덮인 아프가니스탄을 확보할 수 없다고 말이다. 그러자 우스티노프는 거대 규모의 침공군은 제3세계에서 소련군에 대한 대중적 이미지를 악화시키며 저항 세력이 노릴 수 있는 목표물만 풍부해질 뿐이라고 응수했다. 오르가코프는 분열이 심한 아프가니스탄 사람들도 외부의 침략자에 대해서는 순식간에 일치단결하는 전통을 갖고 있으며, 그들이 거친 전사들이라는 점을 지적했다. 따라서 무모한 계획을 추진하기보다 정치적으로 해결할 것을 건의했다. 하지만 그의 의견은 무시당했다.

정치국은 우스티노프의 계획을 승인했고 12월 24일에 행동을 개시했다. 붉은 군대 일부가 카불로 공수됐고 동시에 다른 부대는 살랑 고속도로를 따라 행군했다. 곧 아민은 체포되어 살해됐고, 권좌는 카르말에게 돌아갔다. 전 세계에서 비난이 쏟아졌지만 소련은 얼마 지나지 않아 잠잠해지리라 판단했다. 1980년 2월 안드로포프는 카르말을 만나 아프가니스탄 대중의 지지를 얻는 일이 중요하다는 점을 강조했다. 그리고 이를 위한 계획을 제시하면서 자금과 기술 지원을 약속했다. 일단 국경이 안정되고 아프가니스탄 군대가 재건되어 인민이 현 정부에 어느 정도 만족하면, 소련군의 철수를 요청해달라는 말도 정중하게 덧붙였다.

침공은 소련의 예상보다 훨씬 쉽게 이루어졌고, 부대 지휘관들은 자신 있게 '임무 완수'를 선언했다. 하지만 몇 주가 흐른 뒤, 그들은 이런 평가를 수정해야만 했다. 무자헤딘은 동유럽 국가의 국민과는 달리 소련군의 출현에 전혀 겁먹지 않았다. 소련 침공 이후 아프가니스탄 내외의 지원병이 많아지면서 무자헤딘 병력은 오히려 커졌다. 우스티노프는 더 많은 병력을 파견하면서 무자헤딘의 근거지에 대한 공격을 명령했다. 그해 봄에 소련군 최초의 대규모 공세가 있었고 그들은 중장비를 동원해 쿠나르 계곡을 공격했다. 마을이 모두 쑥대밭으로 변했고, 삶의 터전을 잃은 주민들은 파키스탄으로 도주해 난민 신세로 전락했다. 저항군의 거점을 파괴한 뒤 소련군은 철수했다.

몇 주 뒤 무자헤딘이 은밀하게 쿠나르 계곡으로 복귀했다는 보고가 들어왔다. 소련군의 만행에 분노한 젊은이들이 줄줄이 무자헤딘에 들어갔다. 소련은 고민에 빠졌다. 저항 세력을 그냥 놔두면 무자헤딘은 더욱 위험한 존재로 성장할 것이다. 그렇다고 전 지역을 소련군이 장악하기에는 병력이 너무 부족했다. 유일한 해결책은 폭력의 강도를 점점 더 높여가면서 아프가니스탄 국민에게 두려움을 심어주는 것이 전부였다. 하지만 이것은 그들을 더욱 반발하게 할 뿐이었다. 한편 카르말은 문자를 가르치고 여성의 권리를 확대하며 국가 발전과 현대화 프로그램에 착수했다. 이 모든 것이 저항 세력의 지지 기반을 약화시키기 위한 조치였다. 그러나 전통적인 삶을 지지하는 아프가니스탄 사람들에게 그들의 시도는 역효과를 냈다.

가장 불길한 징조는 소련에 결정타를 먹이기 위해 다른 국가들이 신속하게 아프가니스탄으로 몰려들고 있다는 것이었다. 특히 미국은 베트남 전쟁 때 소련이 북베트남군을 지원했던 일을 복수할 기회로 생각했다. 미 중앙정보국 CIA는 엄청난 자금과 물자를 무자헤딘에게 퍼부었다. 이웃하고 있는 파키스탄과 이집트도 자신들의 이해관계에 따라 무자헤딘을 지원했다.

소련 군대가 동유럽으로부터 세계 전역에 걸쳐 얇게 펼쳐져 있는 상태였기 때문에 우스티노프는 아프가니스탄에 추가 병력 투입을 거부했다. 대신 현지 소련군을 최첨단 장비로 무장하고 아프가니스탄 군대를 강화하고자 했지만, 그의 대안은 어느 것도 진전을 이루지 못했다. 무자헤딘은 발전된 전술과 미국이 제공한 최신 미사일을 사용해 커다란 전과를 올렸다. 시간이 흐를수록 소련군들은 지역 주민들의 적대감을 피부로 느꼈고, 다음 매복 공격이 언제 벌어질지 몰라 불안에 떨었다.

전쟁 비용이 치솟으면서 소련 대중들도 등을 돌리기 시작했지만, 소련의 지도자들은 철수를 용납할 수 없었다. 초강대국 소련의 명성에 심각한 타격을 입힐 수는 없는 노릇이었다. 하는 수 없이 눌러앉은 그들은 해마다 그해가 마지막 해이기를 바랐다. 브레즈네프는 1982년에, 안드로포프와 우스티노프는 1984년에 사망하면서 정치국의 고위급 인사들이 정치 무대에서 서서히 사라져갔지만 아프가니스탄에서는 조금의 진전도 보지 못했다.

1985년 미하일 고르바초프Mikhail Gorbachov가 소비에트연방의 서기장으로 임명되었다. 그는 처음부터 아프가니스탄 전쟁에 반대해온 인물이었다. 아프가니스탄에서 단계적 철군이 시작되었다. 1989년 초 마지막 소련 병사가 아프가니스탄을 떠났다. 1만 4천 명 이상의 소련군이 전사했지만, 눈에 보이지 않는 손실은 그보다 훨씬 더 컸다. 불과 몇 년 후 소련의 공산주의 체제도 붕괴했다.

## ● 해석

'도박'과 '리스크'에는 차이가 있다. 양쪽 다 이길 확률이 미약한 상황에서 벌이는 활동이지만 그 확률은 과감한 행동에 따라 극대화될 수 있다. 리스크를 안고 있는 경우 실패하더라도 회복이 가능하다. 실패가 우리의 명성에 주는 타격은 결코 영구적이지 않으며 우리의 자원 손실도 수용 가능한 것으로 원래 위치로 복귀할 수 있다. 반면 도박을 하는 경우, 실패는 수많은 문제를 걷잡을 수 없이 확산시킨다. 하지만 그만두기에는 손해가 너무 크다. 결국 궁지에 몰려 상황을 타개하기 위해 더욱 노력해야 하고, 그것은 대체로 상황을 더 악화시켜 더 깊은 수렁에 빠지게 된다.

아프가니스탄 침공은 전형적인 도박의 사례다. 소련은 아프가니스탄을 자신의 영향력 아래 두기 위해 국가적 도박을 감행했다. 그러나 소련이 통제할 수 없는 변수들이 너무 많았다. 무자헤딘뿐만 아니라 미국과 파키스탄도 문제였고, 애초에 산으로 뒤덮인 국경은 봉쇄가 불가능했다. 게다가 아프가니스탄 주둔 소련군이 눈에 띌수록 증오도 커졌고 증오가 커질수록 소련군은 자신을 보호하기 위해 더 많은 병력을 불러와야 했다. 그러면 다시 증오가 커지는 악순환이 끊임없이 이어졌다.

소련은 도박에 뛰어들었고 스스로 곤경에 빠졌다. 이제 판돈이 너무 높다는 사실을 깨달았지만 이미 늦은 상태였다. 그들이 선택할 수 있는 최고의 방법은 손실을 줄이고 도주하는 길밖에 없었다. 하지만 감정의 지배를 받는 도박에서는 거의 불가능한 선택이다.

분쟁이나 관계 등 어떤 일을 종결하는 최악의 방법은 힘들게 질질 끌려가는 것이다. 그와 같은 종결로 인한 손해는 내면 깊은 부분까지 영향을 미친다. 자신감을 상실하게 되고, 마음속에 비통함과 적대감이 뿌리 내리게 된다. 이렇게 감정에 휩쓸리는 동안 시간마저 낭비하게 마련이다. 어떤 행동에 돌입하기 전에 탈출 전략까지 계산해두어야 한다. 정확하게 어떤 방식으로 적대 행위가 끝나야 하며 어느 선까지 이익을 챙겨야 하는가? 만약 이 질문에 대한 답이 상당히 모호하다면, 성공이 대단히 매력적으로 보이면서도 실패 역시 많은 위험을 내포하고 있다면, 우리는 도박에 빠져들게 될 가능성이 크다. 감정은 결국 진퇴양난이라는 결말로 우리를 끌어들인다.

그런 일이 벌어지기 전에 당신 자신을 단단히 붙들어라. 하지만 이미 이런 실수를 저질렀다면, 합리적인 해결책은 두 가지다. 서서히 고통스럽게 죽음에 이르기보다는 모든 비용을 감수하고 승리를 목표로 강력하고 잔인한 타격을 가해 승리든 패배든 재빨리 분쟁을 종식하는 방법, 그리고 이제까지의 손실을 잊고 지체 없이 후퇴하는 방법이다.

◆ 생존의 기술

## 전쟁의 성공적인 마무리를 계획하라

세상에는 세 종류의 사람이 있다. 첫째는 몽상가이자 다변가로 그들은 자신의 사업을 시작할 때 엄청난 열정을 분출한다. 하지만 이런 에너지의 분출은 그들이 자신의 사업을 현실화시키는 데 따르는 어려움과 대면하는 순간 순식간에 사그라진다. 그들은 감정적인 존재로, 순간의 기분에 따라 살아간다. 그들의 집중력은 대단히 짧아 순식간에 새로운 사안이 그들의 주목을 받는다. 그들의 삶은 하다가 중단한 사업들로 점철되어 있다.

그다음으로 무슨 일이든 반드시 끝장을 봐야 하는 사람들이 있다. 책임감 때문이든 아니면 자신의 능력으로 가능해서 그런 것이든 상관없다. 하지만 그들이 결승선을 통과할 때는 출발선을 나설 때 가졌던 열정이나 에너지가 많이 사라진 상태다. 모든 일을 서둘러 마치려고 하기 때문에 결말은 성급하게 여기저기 땜질식으로 이루어진다. 당연히 다른 사람들은 결말에 만족하지 못한다.

지금까지 언급한 유형의 사람들은 새로운 프로젝트를 시작할 때 그것을 어떻게 끝맺음할지에 대한 생각을 확고하게 정해두지 않는다. 그리고 프로젝트가 진행됨에 따라 처음 생각했던 내용에서 서서히 이탈하기 시작하여, 결국 자신조차 어떻게 원상태로 되돌릴지 혹은 프로젝트를 포기해야 할지 아니면 그저 끝을 향해 내달려야 할지 확신할 수 없는 상태가 된다.

세 번째 유형은 힘과 전략의 기본적인 법칙을 이해하는 사람들이다. 프로젝트나 캠페인, 대화 등 어떤 일의 종결은 인간에게 중요한 의미가 있다. 그것은 머릿속에서 끊임없는 울림을 일으킨다. 요란한 팡파르와 함께 시작되어 수많은 승리를 거둔 전쟁이라도 결국 결과가 좋지 않다면 사람들은 그 사실만 기억한다. 어떤 일의 결말이 갖는 중요성과 감성적 반향을 알고 있기에 세 번째 유형의 사람들은 어떤 문제가 단순히 시작했다고 해서 끝나야 하는 것이 아니라 끝맺음을 잘해야 한다는 사실을 이해한다. 이들은 언제나 명확한 계획을 세우고 출발한다. 불리한 상황이 발생하면 침착성을 잃지 않고 이성적으로 생각한다. 그들은 단순히 결말을 계획하는 것이 아니라 그것을 넘어서 그 영향까지 고려한다. 이들이 바로 오래 지속되는 무엇인가를, 의미 있는 평화나 기억되는 역작, 장기간에 걸친 풍부한 업적을 창조하는 사람들이다.

어떤 일을 잘 끝맺기 힘든 이유는 간단하다. 결말은 엄청난 감정적 자극을 초래하기 때문이다. 격렬한 투쟁의 종말이 다가오면, 우리는 마음속 깊이 평화를 원하게 되고 조바심을 내며 정전을 맺으려 한다. 만약 어떤 투쟁이 우리에게 승리를 가져다준다면, 우리는 자신이 위대하다는 망상에 빠지기 쉬우며 필요한 것보다 더 많이 차지하고 싶어 하는 과욕에 사로잡힌다. 만약 투쟁이 고역스럽게 진행된다면, 우리는 분노하여 격렬하고 보복적인 충돌로 그것을 끝내려고 한다. 그리고 우리가 패배한다면, 마음속으로 복수를 불태우게 된다. 이러한 모든 감정은 우리가 이전에 이루어놓은 좋은 결과를 모두 백지화한다.

전쟁에서 가장 중요한 문제는 멈출 때, 즉 적대 행위에서 벗어나 조약을 맺어야 할 때를 아는 것이다. 너무 일찍 멈추면 전진했을 때 얻을 수 있는 이익을 모두 잃게 된다. 반면 너무 늦게 멈추면 스스로 지치거나 소화할 수 있는 양보다 더 많은 것을 차지하거나 분노하고 복수심에 불타는 원수를 만들어냄으로써 그전에 얻었던 이익마저 빼앗기고 만다. 위대한 전쟁 사상가인 카를 폰 클라우제비츠는 이런 문제를 다루면서 자신이 '승리의 한계 정점culminating point of victory'이라고 부른 개념을 논의했다. 이는 전쟁을 종식시키기 위한 최적의 순간을 일컫는다. 승리의 한계 정점을 인식하기 위해서는 자신이 가진 자원과 스스로 관리할 수 있는 이익의 정도, 병사들의 사기나 능력이 떨어지고 있다는 징조 등을 파악하고 있어야만 한다. 한계 정점을 인지하지 못하고 전투를 계속한다면, 예상치 못한 결과를 맞게 된다.

사회적인 관계 역시 한계 정점에 대한 인식이 필요하다는 점에서 전쟁과 다르지 않다. 회담이나 대화가 너무 길어지면 결말은 부정적이다. 가장 큰 실수는 너무 오래 머물러 있어서 사람들을 지루하게 만드는 것이다. 당신은 상대에게 당신에 대한 여운을 많이 남겨둬야 하며, 그러려면 상대방이 예상하기 직전에 대화나 만남을 스스로 종결지어야 한다. 너무 일찍 끝내면 소심하거나 무례한 사람이라는 인상을 주게 되지만 적절한 순간, 즉 기쁨과 열기가 정점에 도달한 순간(한계 정점)에 떠나면, 상대방은 거대한 긍정적 여운에 휩싸인다. 그리고 당신이 떠난 뒤에도 오랫동안 사람들은 당신을 기억한다.

## ● 뒤집어보기

어떤 일이든 무익한 종결은 아무런 가치가 없다. 여기에는 어떤 반전도 있을 수 없다.

PART 5

# 모략의 기술

투쟁이 일상화된 현실의 압박으로 인해 비정규전은 불가피한 전략이 됐다. 사람들은 비밀스럽게 행동한다. 겉으로는 친절하고 예의 바르지만, 뒤에서는 파악하기 힘들고 수상쩍은 방법을 사용한다. 비정규전도 나름대로 논리를 갖고 있으며 우리는 그것을 잘 이해해야 한다. 우선 장기간에 걸쳐 참신한 것은 아무것도 없다는 점을 이해해야 한다. 전략의 참신성에 의지하는 사람은 그 시기의 정통적 방식에 대항하기 위해 끊임없이 새로운 전술을 들고나와야 한다. 둘째, 비정규적인 방식을 사용하는 사람을 상대하기란 몹시 어렵다. 자신이 더러워지는 손해를 감수하더라도 눈에는 눈, 이에는 이로 맞서야 한다.

여기에 속한 장들은 비정통성의 다양한 형태를 당신에게 전수할 것이다. 그중 일부는 엄격한 의미의 비통상적 수단이다. 즉 상대방을 기만하고 그들의 예상에 어긋나는 행동을 취하는 것이다. 그 밖의 내용은 약간 더 정치적이고 경계가 모호하다. 도덕성을 전략적 무기로 변환시킨다거나 일상사에 게릴라 전술을 적용한다거나 잠복성을 가진 소극적 침략을 막힘없이 사용하는 것이 여기에 해당한다. 일부는 변명의 여지 없이 더럽다. 내부로부터 적을 파괴하거나 공포와 공황을 유발하는 방법이 그렇다. 이어지는 장에서는 각각의 수단에 내포된 악마적 심리를 이해함으로써 우리가 적절한 대응책으로 무장할 수 있는 길을 제공한다.

STRATEGY

23

# 사실과 거짓을 섞은 정보를 유포하라

## 정보의 왜곡

▲

주변에서 벌어지는 상황을 감지하고 파악하는 능력이 없으면 그 어떤 피조물도 살아남을 수 없다. 당신이 벌이고 있는 일은 물론이고 주변의 돌아가는 상황을 적이 제대로 파악하지 못하도록 방해하라. 적의 주의력을 분산시키고 그들의 전략적 입지를 약화시켜라. 인간의 인식은 감정이라는 체를 통해 걸러진다. 따라서 자신이 보고 싶어 하는 바에 따라 정보를 해석한다. 그들의 기대를 만족시켜주고 현실을 가공하여 그들의 열망을 충족시켜주라. 그러면 그들은 스스로 자신을 속이게 될 것이다. 최상의 기만은 모호성과 진실과 허구의 교묘한 혼합에 근거를 두며, 따라서 상대방은 허구에서 진실을 구분해낼 능력을 상실하게 된다. 사람들의 인식을 지배할 수 있으면 모든 것을 통제할 수 있다.

▲

## ◆ 거짓을 비추는 거울

1943년 11월 3일 아돌프 히틀러는 고위 지휘관에게 총통 훈령 51호를 배포했다. 거기에는 다음 해 연합군이 프랑스를 공격할 것이라는 내용과 대처 방안이 담겨 있었다. 직관적인 히틀러는 이번에 연합군이 공격해올 것이라는 사실과 더불어 그 지점까지도 정확하게 알아낸 것 같았다. 그곳은 바로 파드칼레였다. 도버해협의 프랑스 측 영토를 따라 이어진 파드칼레 해안은 영국과도 가장 근접한 곳이었다.

파드칼레에는 주요 항구도 몇 개 있어서 연합군이 지상군을 상륙시키기에 적합했다. 그 지역은 또한 히틀러가 영국을 폭격하기 위해 V-1과 V-2 로켓 발사대를 설치하려던 곳이었고, 두 로켓은 곧 배치될 예정이었다. 영국도 이 사실을 알고 있었다. 히틀러가 본격적인 폭격에 돌입하기 전에 연합군이 파드칼레로 상륙해야 하는 이유가 하나 더 늘어난 셈이었다.

총통 훈령 51호에서 히틀러는 지휘관들에게 연합군이 정확한 상륙 장소와 시기를 노출하지 않을 것이란 점을 경고했다. 독일군은 이런 속임수를 꿰뚫어 보고 연합군의 상륙을 저지해야 했다. 히틀러는 연합군을 격퇴할 수 있다고 확신했다. 이미 몇 년 전에 프랑스에서 노르망디에 이르는 해안이 요새화되었고 독일군 병력만 해도 1천만 명이나 되는 데다 그중 프랑스에 주둔 중인 병력은 100만이나 되었다. 독일의 무기도 뛰어났다. 히틀러는 마음만 먹으면 병력을 어디로든 이동시킬 수 있었다.

끝으로 연합군이 프랑스 해안에 상륙하려면 엄청난 규모의 함대가 집결할 텐데 그런 대규모 움직임을 숨기기는 어려울 것이다. 히틀러는 영국 군부의 모든 계층에 스파이를 침투시켜 그들로부터 양질의 정보를 얻었다. 그들이 연합군의 공격 지점과 시기를 히틀러에게 알려줄 것이다.

당시 서유럽 독일군의 지휘관은 게르트 폰 룬트슈테트Gerd von Rundstedt 원수로 독일에서 가장 존경받는 장군이었다. 히틀러는 연합군의 침공을 대비해 에르빈 롬멜 장군에게 프랑스 해안 방위 책임을 맡겼다. 롬멜과 룬트슈테트는 연합군을 확실하게 격퇴시키기 위해 더 많은 병력을 요구했다. 하지만 히틀러는 허락하지 않았다.

최근 히틀러는 고위 참모진들을 불신하고 있었다. 지난 몇 년 동안 히틀러를 암살하려는 시도가 몇 차례 있었는데 분명 그의 장교들 중 누군가의 소행인 듯했다. 장군들이 그의 결정을 반대하는 일도 자주 생겼다. 더욱이 히틀러는 장군들을 러시아 전선에서 몇몇 전투를 망친 장본인으로 여기고 있었다. 히틀러는 점점 장교들과 보내는 시간이 줄어들었다. 대신 바이에른의 베르히테스가덴에 있는 휴양지에서 정부情婦인 에바 브라운, 애견 비온디와 함께 은거하는 시간이 점점 더 많아졌다. 거기서 지도를 응시하고 정보 보고서를 읽으며 중요한 결정을 내렸다.

이러한 변화는 그의 사고방식도 바뀌게 했다. 신속하고 직관적인 결정을 내리지 못하고 다양한 가능성을 미리 예견하느라 시간을 끌었다. 업무량이 열 배나 늘어났고, 히틀러는 극심한 피로와 긴장을 느꼈다.

그러던 1944년 초 핵심 정보가 히틀러의 손에 들어왔다. 연합군이 프랑스로 진격해 들어간다는 내용이 담긴 비밀문서였다. 그 문서에는 발칸반도에 대한 공격이 임박했다는 내용도 있었다. 히틀러는 특히 이곳에 대한 위협에 민감하게 반응했다. 귀중한 자원의 산지인 발칸반도를 잃는 것은 독일에 직격탄이 될 것이었다. 그와 같은 위협이 존재하는 상황에서 발칸의 병력을 프랑스로 이동하는 것은 있을 수 없는 일이었다. 영국에 있는 스파이로부터는 연합군의 노르망디 상륙에 대한 첩보가 입수됐다. 실제로 히틀러는 그곳에 대한 방어를 강화했다.

4월 히틀러는 정보 보고서들을 읽으며 더욱 흥분했다. 생각하면 할수록 그것은 파드칼레에 대한 공격으로 해석되었다. 영국 남동부에서 조지 패튼 장군의 지휘하에 FUSAG(First United States Army Group, 미 제1집단군)라고 불리는 거대한 부대가 편성되었는데, 이 부대는 분명 도버해협을 건너 파드칼레를 공격하기 위한 자리에 있었다. 히틀러는 이미 자신의 군사적 기술을 증명해 보인 패튼 장군을 두려워했다.

히틀러는 패튼의 집단군에 대한 정보를 더 많이 수집하도록 지시했다. 고고도高高度 정찰기가 거대한 육군 숙영지와 접안용 장비들, 농경지를 이동하는 수천 대의 전차 등의 사진을 촬영하는 데 성공했다. 때마침 영국에 억류되어 있던 독일 장군이 본국으로 송환되었는데 그는 자신이 있던 수용소에서 런던으로 이동하는 도중 FUSAG 관할 구역에서 엄청난 군사 활동이 벌어지고 있음을 목격했다. 스위스에서 활동 중인 스파이는 파드칼레 지도가 희한하게도 모두 품절됐다고 보고했다. 거대한 퍼즐의 조각들이 차례로 맞아떨어지고 있었다.

그렇다면 언제 침공이 이루어질 것인가? 5월이 되자 히틀러는 서로 상충되는 온갖 보고서와 소문, 목격담들의 홍수 속에서 헤매었다. 다행히 그에게 매우 유의미한 두 가지 정보가 있었다. 첫째는 영국에서 활동 중인 독일 스파이가 입수한 정보로서, 연합군은 6월 5일~7일 사이에 파드칼레 남동쪽에 있는 노르망디를 공격할 것이라는 내용이었다. 하지만 독일은 그 정보원이 이중 스파이라고 판단했기 때문에 분명 연합군이 흘린 역정보라고 생각했다. 결국 공격은 비교적 날씨 예측이 가능한 6월 말이나 7월 초순에 감행될 것이었다. 두 번째는 신뢰할 만한 독일군 스파이들로부터 들어온 소식으로, 영국의 최고사령관인 버나드 몽고메리 경을 5월에 지브롤터와 알제에서 목격했다는 내용이었다. 대규모 공습 부대를 이끌 만한 인물인 몽고메리가 그토록 먼 지역에서 모습을 드러낸 것은, 공습 시기가 임박하지 않았음을 의미했다.

6월 5일 밤 히틀러는 열심히 지도를 들여다보았다. 어쩌면 자신이 잘못 짚은 것인지도 몰랐다. 어쩌면 모든 작전이 노르망디에서 펼쳐질 수도 있었다. 그는 두 가지 경우를 모두 고려해야 했다. 이 중대한 전투에서 속임수에 넘어갈 수는 없었다. 히틀러는 연합군이 노르망디를 공격할 경우를 대비해 병력이 언제든지 출병할 수 있도록 대기시켰다. 확신이 설 때까지 움직이지 않을 작정이었다. 그는 폭풍우가 이는 그날 저녁, 해협의 날씨 보고서를 읽고 잠자리에 들었다.

다음 날 새벽, 잠에서 깬 히틀러는 충격적인 소식을 들었다. 노르망디 남부에 대규모 공습이 감행되었으며, 대규모 함대가 지난밤에 영국을 떠났고 수백 개의 낙하산 부대가 노르망디 해안 근처에 착륙했다는 것이다. 날이 밝은 뒤 연합군이 셸부르의 남동쪽 해변에 착륙했다는 정보가 입수됐다. 위기의 순간이 다가왔다. 파드칼레에 주둔해 있는 병력 일부를 노르망디 해안으로 서둘러 보낸다면, 연합군을 꼼짝 못 하게 만들어 바다에 수장시켜버릴 수도 있었다. 롬멜과 룬트슈테트가 이를 제안했다. 하지만 다음 날이 되도록 히틀러는 망설였다. 마침내 노르망디로 지원 부대를 보내려는 찰나에 FUSAG 지역에서 연합군의 움직임이 늘어났다는 보고를 받았다. 그렇다면 노르망디는 대규모 교란작전에 불과한 것인가? 만약 노르망디로 군대를 보낸다면, 패튼이 그 즉시 해협을 건너 파드칼레로 진입해올 것인가? 히틀러는 연합군의 진짜 목표가 노르망디인지 확인하기 위해 며칠을 기다렸다. 롬멜과 룬트슈테트는 히틀러의 우유부단함에 분통을 터뜨렸다.

몇 주가 지나고 나서야 히틀러는 마침내 연합군의 진짜 목표가 노르망디였다는 것을 인정했다. 하지만 이미 때는 늦었다. 연합군은 거점을 확보했으며, 9월에는 노르망디를 점령했다. 독일군은 완전히 퇴각할 수밖에 없었다.

## 해석

공습 날짜가 다가올 무렵, 연합군은 복잡한 사실과 허구가 뒤섞인 실마리를 던졌다. 독일군이 전혀 신임하지 않는 스파이에게 실제 공습 시간과 장소를 알려주었고, 이를 보고받은 히틀러는 자신이 이러한 거짓 속에서 진실을 파악했다고 자신했다. 연합군은 스위스에서 파드칼레의 지도를 모두 사들인 일이 히틀러의 귀에 들어갔다는 것을 알고 있었으며, 이는 나름대로 현실성 있는 논리를 가지는 것처럼 보였다. 그리고 지브롤터에서 목격했다는 몽고메리는 사실 장군과 똑같이 보이도록 훈련받은 대역이었다. 결국 연합군이 조작한 상황은 히틀러에게 너무나도 사실적으로 비쳐 노르망디 공습이 발발한 후에도 한참 동안 거짓과 진실을 분간할 수 없었다. 교란작전을 통해 연합군은 히틀러가 병력을 분산시키도록 했다.

경쟁적인 세계에서는 속임수야말로 당신이 지속적으로 유리한 위치에 설 수 있게 해주는 강력한 무기다. 속임수를 사용해 상대편을 교란시키고, 엉뚱한 것을 쫓게 만들며, 절대 일어나지 않을 공격에 방어하느라 귀중한 시간과 자원을 낭비하게 만들 수 있다. 하지만 속임수에 관한 당신의 개념이 잘못되었을 수 있다. 속임수는 정교한 환상이나 눈에 띄는 교란이 아니다. 그런 것들에 속기에는 사람들이 너무 영리하다. 속임수는 현실을 반영하고 있어야 한다. 영국군의 공습 개시일 속임수처럼 정교하되 현실을 완전히 다 변형하지 말고 아주 약간만 미묘하게 변형해야 효과가 있다.

현실을 반영하기 위해서는 현실의 특성을 이해하고 있어야 한다. 현실은 주관적이다. 우리는 자신의 감정과 편견을 통해 사물을 걸러내며, 우리가 보고 싶어 하는 것만 본다. 당신의 가짜 거울은 사람들의 욕구와 기대를 확인시켜주어야 하며, 사실로 보이는 것들을 구체화시켜주어야 한다. 노르망디 공습 작전 날짜에서처럼 모순되는 요소들을 보여주어도 좋다. 실제로 현실 또한 모순적일 때가 많기 때문이다. 결국 적이 분간할 수 없을 정도로 사실과 환상을 섞어야 하며, 그렇게 된다면 적은 당신의 가짜 거울을 현실로 받아들이게 된다.

◆ 생존의 기술

## 사실과 거짓을 섞은 정보를 유포하라

전쟁의 성공은 적의 의도와 장점 및 약점을 최대한 많이 알아내는 능력에 달려 있다. 이를 위해 지도자는 스파이나 정찰병을 보내 적 내부의 상황을 샅샅이 조사했다. 적군을 정확히 파악한 지도자는 정보들을 조합해 상황을 분명하게 그려볼 수 있었다.

그럼 적군이 보는 징조들을 교묘하게 왜곡시킨다면 어떨까? 만약 적군이 우리가 그러듯이 우리의 모닥불 수를 센다면, 우리의 전력을 속이기 위해 더 많은 모닥불을 피우거나 더 적은 모닥불을 피우는 것은 어떨까? 만약 적군이 우리 군대의 모든 움직임을 파악하고 있다면, 적군을 유인하기 위해 군대 일부를 보내거나, 적군을 속이기 위해 다른 패턴으로 움직인다면 어떨까? 만약 적군이 우리 진영에 스파이와 정찰병을 보냈다면, 그들에게 거짓 정보를 흘리는 것은 어떨까? 정보가 잘못되었다는 것을 인식하지 못한 적군은 잘못된 판단에 따라 행동할 것이고 그 결과 수많은 실수를 저지르게 될 것이다. 적군은 존재하지 않는 적과 싸우기 위해 군사를 움직일 것이다.

이런 방식으로 고대의 전략가들은 교묘한 교란 병법을 고안해냈다. 이 병법은 전쟁뿐 아니라 정치와 사회 전반에까지 퍼졌다. 교란작전의 본질은 자신의 정체를 교묘하게 조작하고 왜곡된 신호를 보냄으로써, 적군의 현실에 대한 비전을 통제하며 그들이 잘못된 판단하에 행동하도록 유도하는 것이다.

당신은 게임에서 앞서나갈 방법, 다시 말해 당신의 인식을 좀 더 의식적이고 교묘하게 계획할 방법을 연구해야 한다. 당신은 자신의 책략을 은폐하고, 사람들이 가지고 있는 당신과 당신이 주는 신호에 대한 인식을 통제함으로써 상대방의 균형 감각을 깨뜨려야 한다.

● **뒤집어보기**

당신의 속임수가 만천하에 폭로된다면, 평판은 땅에 떨어질 것이며, 최악의 경우 스파이 짓에 대한 대가를 치러야 한다. 이러한 속임수는 극도로 조심스럽게 사용해야 하며, 속임수가 새어나가는 것을 막기 위해 가능한 한 사람을 조금만 끌어들여야 한다. 폭로될 때를 대비해 늘 자신을 보호하기 위한 커버스토리와 탈출로를 남겨두어야 한다. 속임수로 얻은 권력에 도취하지 않도록 조심하라. 이러한 권력의 사용은 당신의 전반적 전략의 일부가 되어야 하며 항상 통제하에 두어야 한다. 만약 당신이 속임수를 썼다는 것이 알려진다면, 변화를 솔직하고 정직하게 받아들이는 모습을 보여라. 그러면 사람들은 당신을 어떻게 판단해야 할지 감을 잡지 못하고, 당신의 정직함은 더 높은 형태의 속임수가 되므로 혼란에 빠질 것이다.

STRATEGY
# 24

# 상대의 기대와 예상을 뒤엎어라

## 예측 불가능의 위협감

▲

사람들은 당신의 행동 방식이 기존의 유형이나 관례에 들어맞길 기대한다. 전략가로서 당신의 임무는 그들의 기대를 뒤엎는 것이다. 처음에는 상대의 기대에 부합하는 평범하고 관례적인 행동 방식을 보여주어라. 그러다 갑자기 비범한 행태로 기습을 가하라. 테러는 갑작스러워야 효력이 극대화되는 법이다. 때로는 평범한 행동도 예기치 않은 것이면 비범한 것이 될 수 있다.

## 예측 불허 전사 집단, 윈디고칸

북아메리카 평원 지대에 거주하는 인디언 오지브와Ojibwa족에 윈디고칸(Windigokan, 역풍)이라는 전사 집단이 있었다. 가장 용맹한 남자, 전투에서 위험을 진정으로 무시함으로써 용맹성을 나타낸 남자들만이 윈디고칸에 합류할 수 있었다. 실제로 이들은 죽음에 대한 두려움이 없어서 살아 있는 존재로 인식되지 않았다. 이들은 잠도 식사도 따로 했으며 행동도 보통 사람과 달랐다. 살아 있지만 죽은 자들에 속하는 존재인 이들은 평범한 사람들과 반대로 말하고 반대로 행동했다. 이들은 젊은이를 노인이라 불렀고, 가만히 서 있으라는 말은 앞으로 돌격하라는 것으로 받아들였다. 이들은 수확의 시기에는 침울해했으며, 깊은 겨울에는 즐거워했다. 이들의 태도에는 광대 같은 면이 있긴 했지만, 윈디고칸은 사람들에게 엄청난 두려움을 불러일으켰다. 아무도 이들이 다음에 어떤 행동을 할지 알 수가 없었다.

윈디고칸에는 거대한 새의 형태로 모습을 드러내는 뇌신雷神이라는 무서운 영혼이 깃들어 있다는 믿음이 널리 퍼져 있었다.

그로 인해 이들은 인간이 아닌 다른 존재로 여겨졌다. 전투에서도 이들은 파괴적이고 예측 불허였으며, 윈디고칸 기습 부대는 사람들에게 공포를 안겨주는 존재였다. 외부인의 목격담에 따르면, 이들은 기습을 감행하기 전 먼저 오지브와 족장의 오두막 앞에 모여 이렇게 소리를 질렀다고 한다. "우리는 전쟁에 나가지 않을 것이다! 우리는 수족Sioux을 죽이지 않을 것이다! 우리는 그들 중 네 명의 머리 가죽을 벗기지 않을 것이고 나머지는 도망가게 놔두지 않을 것이다! 우리는 낮에 침입할 것이다!" 그리고 그날 밤 넝마 같은 옷을 걸치고 몸에는 진흙과 괴이한 색을 칠한 다음, 얼굴은 거대한 부리 같은 코가 달린 무서운 가면으로 가린 채 마을을 떠났다. 가면 때문에 앞을 보기 힘들어진 이들은 어둠을 타 비틀거리며 수족의 진영에 도달했다. 비록 수족의 규모가 훨씬 컸지만, 이들은 도망치지 않고 춤추며 적진 한가운데로 들어갔다. 이들의 기괴한 춤은 마치 악마에 홀린 것 같았다. 수족 중 일부는 뒷걸음을 쳤고, 일부는 호기심과 어리둥절함에 가까이 다가갔다. 곧 윈디고칸의 지도자가 "쏘지 마!"라고 소리치는 순간, 오지브와 전사들은 넝마 속에 감추어둔 총을 꺼내어 수족을 네 명 죽이고 그들의 머리 가죽을 벗겼다. 그리고 다시 춤을 추며 사라졌다. 적군은 이러한 모습을 보고 몸서리치며 뒤쫓을 엄두도 내지 못했다.

그 뒤로는 윈디고칸의 출현만으로도 적군은 그들을 피하게 되었다.

비전통적 전략은 사람들을 깜짝 놀라게 할 수 있으며 당신에게 우위를 안겨주지만, 항상 공포심을 조성하지는 않는다. 원디고칸처럼 마치 자연의 영적 기운에 사로잡힌 것처럼 이성적인 절차를 뛰어넘는 무작위성을 적용해보면, 당신은 궁극적인 힘을 얻게 될 것이다. 항상 이런 행동을 보인다면 정신병원에 감금될 수도 있겠지만, 부조리한 힌트를 몇 개 떨어뜨리고 적절한 순간에 돌발적인 행동을 하는 식으로 제대로 활용한다면 사람들은 당신이 다음에 무슨 일을 할 것인지 의아해할 수밖에 없다. 주변 사람들은 당신에게 존경심과 두려움을 가지게 되며, 이는 당신에게 엄청난 힘을 준다. 평범한 외관에 약간의 성스러운 광기가 가미되면 완전히 미친 사람보다 훨씬 더 큰 충격과 두려움을 안겨줄 수 있다.

햄릿처럼 당신의 광기는 전략적이어야 한다는 사실을 명심하라. 진짜 광기는 눈에 뻔히 보인다.

◆ 생존의 기술

## 상대의 기대와 예상을 뒤엎어라

수천 년 전 전쟁이 어마어마하게 큰 도박이라는 것을 인식한 군사 전략가들은 전투에서 우위를 차지하는 방법을 샅샅이 연구했다. 특히 영리한 장군들은 새로운 진법[陣法]이나 보병과 기병의 혁신적인 활용법을 개발해냈다. 새로운 전술은 적군이 예측할 수 없으므로 혼란에 빠뜨릴 수 있다. 이러한 방식으로 우위를 선점한 군대는 수많은 전투를 승리로 이끌 수 있었다.

하지만 적은 새로운 전략이 무엇이건 간에 그에 대항한 방어를 하기 위해 최선을 다할 것이며, 빠르게 그 해결책을 찾아내기도 할 것이다. 따라서 한때 멋진 승리를 안겨주고 최고의 혁신이었던 전략은 머지않아 더 이상 효과를 발휘하지 못하며, 사실상 정규전 전략이 되고 만다. 게다가 새로운 전략에 대한 방어 전략을 구상하는 과정에서 적군은 자신의 전략을 혁신할 필요를 느끼기도 한다. 이제는 적군이 무언가 놀랍고 엄청난 효과를 발휘할 전략을 소개할 차례인 것이다. 이렇게 순환은 계속된다. 전쟁은 언제나 무자비하다. 새로운 것이 언제까지 새로울 수는 없다. 혁신하거나 죽거나 둘 중 하나다.

현대에 들어 새롭고 비전통적인 무언가로 적군을 능가하기 위한 지속적인 도전은 비열한 전투로 발전했다. 과거에 그래도 어느 정도는 장군이 할 수 있던 일을 제한하던 명예와 도덕관념이 느슨해지면서 현대의 군대는 무엇이든 받아들이고 있다. 게릴라와 테러리스트 전략은 고대부터 알려져 왔지만, 최근 들어 훨씬 더 일반화되었을 뿐 아니라 더 전략적으로 개선되었다. 선전과 거짓 정보, 심리전, 속임수, 정치적 수단으로서의 전쟁은 모든 비전통적 전략의 주요 요소다. 비열한 전투에서의 최신 전략에 대처하기 위한 대응 전략이 개발되었지만, 이는 거의 적군의 수준에 맞춰 불에는 불로 대항하는 식이 대부분이었다. 그러면 비열한 적은 한층 더 비열한 방식을 채택하며, 점점 더 저급해지는 소용돌이를 만들어냈다.

이러한 역학 관계는 특히 전투에 집중되어 나타나지만, 이는 인간 활동의 전 영역에 침투해 있다. 만약 당신이 정치나 비즈니스에 임할 때, 당신의 적수나 경쟁자가 새로운 전략을 들고나온다면, 당신은 목적을 달성하기 위해 또는 상대방을 능가하기 위해 새로운 전략에 적응해야 한다. 한때는 새로웠던 전략도 평범한 것이 되어버리고 결국엔 쓸모없어진다. 요즘처럼 치열한 경쟁 세계에서는 대개 어느 한쪽이 비열한 수, 상식에서 벗어난 수를 쓰는 것으로 결말이 나게 마련이다. 당신이 도덕심이나 자존심 때문에 이러한 소용돌이를 무시해버린다면, 심각한 불이익을 당할 수 있다.

이러한 순환은 문화까지 지배하고 있다. 사람들은 관심을 끌고 일시적인 명성을 얻기 위해 충격적이고 새로운 것을 찾기 위한 필사적인 노력을 기울인다. 오늘날에 이러한 현상은 갈수록 더하다. 예술계에서 몇 년 전만 해도 새롭던 것이 이제는 참을 수 없을 만큼 케케묵고 판에 박힌 것으로 보이지 않는가.

우리가 새롭다고 여기는 것들은 수년 사이에 변해버렸지만, 비전통성을 효과적으로 만들어주는 심리학에 기초한 법칙은 시대를 초월한다. 이러한 불변의 법칙은 전쟁의 역사를 통해 밝혀진 것들이다.

비정규전에는 다음의 네 가지 주요 원칙이 있는데, 모두 위대한 전략가들에게서 나온 것이니 참고할 만하다.

**적이 경험해보지 못한 전략을 구사하라.** 적군이 자신의 경험 한도 내에서 파악하거나 듣는 것은, 그들의 감정적 삶을 지배하고 반응을 결정짓는다. 1940년 독일군이 프랑스를 침공했을 당시, 프랑스는 독일군의 폴란드 침공을 통해 그들의 전격전 스타일에 대한 간접적인 지식을 가지고 있었지만 직접 경험해보지 못한 것이라 굴복하고 말았다. 하지만 적군이 한번 경험해본 전략은 반복했을 때 처음과 같은 효과를 기대하기 어렵다.

**평범 속에서 비범함을 끌어내라.** 평범과 비범은 서로 지속적인 연쇄 작용을 할 때만 효과를 발휘한다. 이는 전쟁뿐만 아니라 문화에도 똑같이 적용된다. 어떤 문화 상품으로 관심을 끌기 위해서는 새로운 것을 창조해내야 하지만 평범한 삶과 아무런 관계가 없는 것은 비전통적인 것이 아니라 단순히 괴상한 것에 불과하다. 정말로 충격적이고 비범한 것은 평범함에서 나온다.

**여우처럼 미친 듯 행동하라.** 모든 사람이 균형을 잃고 다음에는 무슨 행동이 나올지 긴장할 정도로만 광기를 살짝 보여준다. 또는 주사위를 던져 결정한 대로 행동하는 것처럼, 다소 무작위적인 행동을 보여주는 방법도 있다. 이러한 행동은 인간을 불안에 빠뜨린다. 이를 일종의 치료법, 가끔 부조리에 탐닉할 기회, 항상 정상적인 것처럼 보여야 하는 억압으로부터의 휴식이라고 생각하라.

**잠시도 쉬지 말고 움직여라.** 서서히 나이가 들면서 편안함과 예측 가능한 것을 더 필요로 하고, 새로운 것에 대한 흥미를 잃어버린다. 바로 이 때문에 나폴레옹이 전략가로서 퇴보하게 된 것이다. 그는 나이가 들면서 새로운 전략과 유동성 있는 책략보다는 군대의 규모와 우수성에 더 많이 의지했다. 당신의 오랜 습관을 깨고, 과거와 정반대로 행동하라. 인습에 안주하지 않도록 잠시도 쉬지 말고 계속 움직여라.

## 뒤집어보기

적이 예상하는 방향이나 방법으로 공격하는 것은 아무런 가치가 없다. 이는 적에게 저항을 더욱 견고히 하도록 부추기는 것이다. 결국 이러한 전략은 자살이나 다름없다.

STRATEGY

25

# 도덕적 우위를 점하라

## 정의의 사도 전략

▲

정치계에서는 당신이 추구하는 대의가 반드시 상대의 대의보다 더 정당해 보여야 한다. 당신과 당신의 적수가 도덕성이라는 고지를 놓고 전투를 벌인다고 가정하라. 상대의 동기에 의문을 제기하거나 상대를 사악하게 보이게 만들어 그들의 지지 기반이나 행동반경을 좁힐 수 있다. 상대의 대중적 이미지를 파악하고 취약점을 겨냥해 위선적 행위를 폭로하라. 대중이 당신의 정당성을 당연하게 받아들일 것이라 지레짐작해서는 안 된다. 홍보와 선전만이 살길이다. 영리한 적으로부터 도덕적 공격을 당할 때는 푸념하거나 화를 내지 마라. 눈에는 눈, 이에는 이, 불에는 불로 맞서라. 가능하다면 자신을 약자, 희생자, 순교자로 각인시킨다. 죄의식이라는 도덕적 무기를 상대에게 사용하는 법을 배워라.

▲

◆

## 도덕적 공세

1513년 위대한 플로렌틴 로렌초 데 메디치(Florentine Lorenzo de' Medici, 이탈리아 르네상스 시대 피렌체와 메디치가의 전성기를 이끌었던 정치 지도자 겸 시인 - 옮긴이)의 아들인 37세의 조반니 데 메디치Giovanni de' Medici가 교황으로 선출되었다. 새로운 교황 레오 10세가 이끄는 교회는 정치 및 경제적 측면에서 여러모로 유럽에서 강력한 권력을 행사했으나, 메디치 가문의 일원답게 시와 연극, 그림 애호가였던 레오 10세는 한층 더 나아가 예술의 위대한 후원자로서 이름을 떨치길 원했다. 한편 가톨릭교회의 중심지 로마에는 전임 교황들이 짓기 시작한 성 베드로 성당이 아직 미완성인 채로 남아 있었다. 레오 10세는 이 거대한 프로젝트를 완성함으로써 자신의 이름을 역사에 남기고 싶었다. 그러나 이를 위해 최고의 예술가들을 고용하려면 상당한 자본이 필요했다.

1517년 레오 10세는 면죄부 판매 운동을 개시했다. 지금과 마찬가지로 당시 가톨릭교회는 신도들이 신부에게 죄를 고백하고 신부가 부여한 세속적 고행을 통해 참회하는 고해성사 의례를 따르고 있었다. 귀족들은 성자의 유골을 구입하는 형태로 면죄부를 얻었고, 더 많은 돈을 낼수록 사망 후 연옥에서 보내는 시간이 짧아지리라는 약속을 받았다. 그보다 신분이 낮은 이들은 죄를 용서받는 대가로 더 적은 돈을 냈다. 면죄부는 교회의 주요 수입원이었다.

이 특수한 종교 활동을 위해 레오 10세는 유럽 전역에 면죄부 판매 전문가들을 파견했고, 뒤이어 돈이 쏟아져 들어오기 시작했다. 그는 성 베드로 대성당의 건축 책임자로 위대한 예술가 라파엘로를 지명했다. 성 베드로 성당은 레오 10세가 이 세상에 남기는 영원한 유산이 될 터였다. 모든 일이 순조롭게 진행되었다. 1517년 신학자 마르틴 루터가 비텐베르크성의 교회당 문에 라틴어로 된 '95개 조 반박문'을 게재하는 사건이 일어나기 전까지는 말이다. 95개 조항은 곧 독일어로 번역되었고, 불과 몇 주일이 지나지 않아 온 독일 국민에게 퍼져나갔다. 거기에는 기본적으로 면죄부 판매를 공격하는 내용이 담겨 있었다. 루터는 죄인을 용서하는 권리는 교회가 아니라 신의 영역이며, 죄의 사함은 돈으로 살 수 없다고 주장했다.

레오 10세는 교회의 권위에 도전한 루터를 놔둘 수 없었다. 교회는 최근 몇 세기 동안 유럽에 나타난 이런 반체제적 분파들을 무력으로라도 찍어 눌러야 했다. 너무 늦기 전에 루터의 입을 틀어막는 것이 현명해 보였다.

레오 10세는 비교적 부드러운 태도로 대응했다. 그는 세간의 존중받는 가톨릭 신학자인 실베스터 마촐리니Silvester Mazzolini에게 루터가 겁을 먹고 굴복할 만한 공식 답변을 작성해달라고 요청했다. 마촐리니는 교회에서 최고의 권위를 지닌 이는 교황이며, 교황은 심지어 성서보다도 더 높은 존재라고 주장했다. 그는 이 주장을 뒷받침하기 위해 수 세기 동안 작성된 여러 신학 텍스트들을 인용했고 나아가 루터를 사생아라 부르며 인신공격을 퍼붓기까지 했다. 마촐리니는 다음과 같은 말로 글을 끝맺었다. "로마 교회가 현재 시행 중인 면죄부 판매를 중단해야 한다고 주장하는 자들은 모두 이단이다." 경고의 의미는 명백했다.

마촐리니의 답변에 대해 루터는 곧장 반박했다. 루터는 마촐리니의 주장을 가차 없이 깎아내렸다. 그는 교회가 자신의 고발에 답변하지 못했으며 성서에 입각한 주장을 펼치지도 못했다고 말했다. 그는 성경에 적혀 있지 않은 면죄부 판매는 세속적이고 정치적인 것에 불과하며, 그런 종류의 권위는 도전받아 마땅하다고 주장했다. 루터는 자신의 반박문을 마촐리니의 글과 함께 배포하여 독자들이 두 개의 글을 읽고 스스로 판단하게 했다. 마촐리니가 쓴 글의 직접 인용과 루터의 대담하고 빈정거리는 문체, 그리고 최근 개발된 인쇄 기술에 힘입어 그의 주장은 널리 퍼져나갔다. 교회 고위층에게는 이 모두가 낯설고 충격적이었다. 그들은 똑똑하고 위험한 적을 상대하고 있었다. 이제 레오 10세는 교회와 루터, 어느 한쪽이 죽음에 이르러야 이 전쟁이 끝나리라는 사실을 깨달았다.

이 독일인 성직자를 어떻게 로마로 데려와 이단으로 몰 수 있을지 궁리하는 동안, 루터는 종교개혁 운동에 박차를 가했다. 계속해서 놀라운 비판문을 발표했고, 그의 어조는 점점 더 신랄해졌다. 교회는 정치권력일 뿐 영적인 힘이 아니며, 그 세속적인 권력을 유지하기 위해 거짓말에 의지하고 문서를 위조하는 등 어떤 수단과 방법도 가리지 않는다고 설파했다. '교회의 바빌론 유수'라는 글에서는 교황의 사치스러운 생활과 성직자들의 방탕함, 레오 10세가 후원한 불경스러운 예술 작품들을 질타했다. 그는 진정한 이단은 자신이 아니라 교황과 그의 측근들이라고 비난했다.

레오의 눈에 루터는 마촐리니의 위협을 받고 한층 더 흥분한 것 같았다. 협박의 강도가 너무 미흡했던 것이 틀림없었다. 지금까지 교황은 너무나도 관대했다. 이제 진정한 힘을 보여주고 전쟁을 끝내야 할 시점이었다. 레오 10세는 교황 교서를 통해 루터의 파문을 선언했다. 또한 교회 사절을 독일에 파견해 루터를 체포하고 감금할 것을 지시했다. 그러나 사절들은 충격적인 소식을 가지고 돌아왔다. 95개 조항이 공개된 이후, 무명의 사제에 불과했던 마르틴 루터가 명성 높은 유명 인사이자 독일 전역에 걸쳐 존경받는 공인이 되었다는 것이다. 교황 사절들은 가는 곳마다 야유를 받았고 심지어 돌팔매를 맞기도 했으나 루터는 칭송받았다. 루터는 그동안 밑바닥에 숨어 있던 독일 국민의 로마 교회에 대한 분노와 증오를 표면으로 끌어올리는 데 성공했다. 더구나 그의 삶은 나무랄 데가 없었다. 루터는 자신의 글을 이용해 수입을 올리길 거부했고, 자신의 설교 내용을 직접 행동으로 실천해 보였다. 교회가 그를 공격하면 할수록 루터는 더욱 유명해졌다.

1521년 레오 10세는 루터에게 독일의 영주와 귀족들, 그리고 신성로마 황제 카를 5세가 새로 선출한 성직자들로 구성된 제국 의회가 열리는 보름스라는 마을에 출두할 것을 명했다. 교황은 독일인들이 대신 손을 더럽혀주기를 바랐고, 카를은 그 기대에 순종할 준비가 되어 있었다. 정치가이자 루터가 불을 지핀 반권위주의적 정서를 우려하던 그는 빨리 이 분쟁을 마무리 짓고 싶었다. 그는 의회에서 루터를 향해 그의 가르침을 철회하라고 요구했지만 루터는 언제나 그랬듯이 거절했다. 황제는 선택의 여지가 없었다. 그는 루터에게 이단을 선언하고 비텐베르크로 돌아가 운명을 기다리라고 지시했다. 그러나 고향으로 돌아가는 길에 루터는 납치되어 바르부르크성으로 이송되었다. 사실 이 납치극은 수많은 그의 귀족 지지자들에 의해 계획된 것이었다. 루터는 이제 안전했다. 그는 성에서 가명으로 살면서 폭풍의 세력권을 벗어날 수 있었다.

그해 레오 10세가 사망했다. 교황이 사망한 지 한 달도 안 돼 루터의 사상과 그가 부르짖었던 개혁 운동이 마치 들불처럼 독일 전역으로 번져나갔다. 1526년에는 프로테스탄트 종파가 공식적으로 유럽 다른 지역에서 등장했다. 이른바 종교개혁의 탄생이었다. 이와 함께 가톨릭교회의 범세계적인 방대한 세력은 산산이 부서져 다시는 회복되지 못했다. 결국 전쟁에서 승리를 거둔 것은 무명의 학자에 불과했던 마르틴 루터였다.

## 해석

루터는 교회에 전반적인 개혁이 필요하다고 믿었다. 루터의 전략은 이 전쟁을 공공의 영역으로 확대하여 자신의 도덕적 대의를 정치적으로 승화시키는 것이었다. 이를 위해 그는 지난 세기의 위대한 발명품인 인쇄 기술을 활용했다. 그의 격렬하고 분노에 찬 표현은 대중에게 커다란 감명을 주었고 널리 뿌려졌다. 특히 교황의 퇴폐적인 생활 방식, 면죄부 판매를 통한 모금 운동, 독일의 정치에 개입하는 교회의 오만함 등 독일인들을 자극하는 공략을 이용했는데, 그중에서도 가장 위력을 발휘한 것은 교회의 위선을 폭로한 것이었다. 이렇게 다양한 전술을 통해 루터는 도덕적 면에서 대중의 분노에 불을 지피고 이를 널리 퍼뜨렸으며, 교황을 넘어 교회에 대한 사람들의 인식을 송두리째 뒤바꾸었다.

명심하라. 전쟁에서 승리하려면 대중과 정치적 지지를 모두 얻어야 한다. 사람들은 당신의 대의가 정당하고 옳다는 확신이 서지 않는 한, 당신 편에 서기를 꺼릴 것이다. 그리고 루터가 깨달았듯, 대의에 정당성을 부여하기 위해서는 올바른 전략과 쇼맨십이 필요하다. 먼저 권위주의자나 위선자, 그리고 권력에 목마른 자로 그릴 수 있는 적을 선택하라. 이용 가능한 매체를 모두 활용하여, 상대의 취약한 부분에 도덕적 공세를 퍼부어라. 강력하고, 대중에게 영향력이 큰 언어를 구사하라. 가능하다면 사람들이 이전부터 느끼고 있던 적개심을 드러낼 기회를 제공하라. 적이 직접 한 말을 인용하여 당신의 공격이 공정하고 마치 제삼자의 냉철한 입장에서 비롯된 것처럼 보여라. 끈끈한 본드처럼 적에게 달라붙어 절대 떨어지지 않을 도덕적 오점을 만들어내라. 독선적이고 잘난 체하는 것으로 보일 수 있으니 자신의 정당성을 내세우는 대신, 상대의 비이성적인 행동과 자신의 십자군 같은 영웅적 행위를 대비시키는 방식으로 상대의 약점을 폭로해야 한다. 가장 치명적인 죄목으로 그들을 고발하라. 그들은 권력만을 좇는 탐욕스러운 자들인 반면 당신은 고귀하고 이타적인 동기를 지닌 사람임을 주장하라.

도덕적 전투에서 승리를 거둘 수 있다면 당신이 활용하는 교묘한 속임수에 대해서는 걱정할 필요가 없다. 대중에게 당신의 대의가 상대의 것보다 더 정당하고 올바르다는 인상을 심어준다면 당신이 사용한 속임수로부터 사람들의 관심을 돌리는 것은 쉬운 일이다.

◆ 생존의 기술

## 도덕적 우위를 점하라

거의 모든 문화권에서 도덕성은 한 부류의 사람들을 다른 부류와 구분하기 위한 수단으로 이용된다. 일례로 고대 그리스에서 '선善'이라는 단어는 원래 귀족들, 즉 국가를 위해 봉사하고 전쟁터에서 용맹을 증명하는 고위 계급과 연관이 있는 단어였다. 한편 밑바닥, 이기주의, 겁쟁이를 뜻하는 '악惡'은 일반적으로 하층민을 가리켰다. 이러한 도덕 체계는 시간이 흐름에 따라 전과 비슷하지만 더 세련된 기능으로 발전했다. 사회를 반사회적이고 '사악한' 무리와 사회적이고 '선한' 시민들로 구분함으로써 질서를 유지하는 역할을 맡게 된 것이다. 인간 사회는 도덕과 비도덕의 개념을 이용하여 사회를 움직이는 가치를 창조한다.

그러나 어떤 이들은 이와는 다른 목적으로 도덕성을 이용한다. 그들은 사회 질서 유지가 아니라 경쟁적 상황, 즉 전쟁이나 정치, 혹은 사업에서 이익을 취하기 위해 이를 활용한다. 그들의 손안에서 도덕성은 무기가 되고, 그들은 이 무기를 이용해 사람들의 관심을 자신의 대의에 집중시키고, 권력 다툼에서 피할 수 없는 불쾌하고 비열한 행동을 은폐하며, 갈등과 권력에 관해 우리가 지닌 모순을 자극하고 대의에 대한 죄책감을 이용한다. 그들은 자신을 부당한 체제의 희생자로 묘사하고, 그리하여 자신과 반대쪽에서 있는 이들을 사악하고 매정하게 비치도록 만든다. 혹은 동의하지 않는다면 부끄럽게 느낄 수밖에 없을 도덕적 우월감을 내세운다. 그들은 탁월한 솜씨로 도덕적 고지를 점령하여 이를 강력한 힘이나 이점으로 활용한다.

이런 전략가들을 '도덕적 전사'라고 부르기로 하자. 이들은 일반적으로 의식적인 도덕적 전사와 무의식적인 도덕적 전사로 나뉜다. 무의식적인 도덕적 전사들은 나약함이 동기가 되는 경우가 많다. 그들은 노골적인 권력 게임에는 그다지 능숙하지 않을지 모르나, 그렇기에 다른 사람들에게 죄책감을 심어주고 도덕적으로 열등감을 느끼게 할 수 있다. 전장을 평평하게 고르기 위해 무의식적이고 반사적인 방법을 이용하는 것이다. 그들은 나약하지만 개개인의 영역으로 들어가면 매우 위험한 상대다. 정직하고 진실해 보이는 한편 타인의 감정에 엄청난 힘을 발휘할 수 있기 때문이다. 의식적인 도덕적 전사들은 이 전략을 의도적으로 사용하는 이들이다. 그들은 공공 영역에서 가장 위험한데, 언론 매체를 조종함으로써 고지를 점령할 수 있기 때문이다. 마르틴 루터는 의식적인 도덕적 전사였다. 그러나 그는 자신의 설교 내용을 진정 신뢰했으므로 그의 전략을 교황과의 전투에만 사용했다. 그보다 더 교묘하고 약삭빠른 전사들은 이를 아무 데나 마구잡이로 이용하는 경향이 있다.

도덕적 전사들과 싸우는 방법은 현대전을 통해 진화해온 특정 전략에서 그대로 찾아볼 수 있다. 프랑스 사관이자 작가인 앙드레 보프르André Beaufre는 1950년대에 있었던 프랑스-알제리전과 더불어 초기에는 프랑스가, 후에는 미국이 개입한 베트남전 때 도덕성을 군사 전략으로 이용한 사례들을 분석한 바 있다. 알제리와 북베트남 국민은 모두 자신들의 투쟁을 제국주의 세력에 맞선 자유주의 해방 전쟁으로 그리기 위해 애썼다. 일단 이러한 관점이 언론 매체에 의해 확산하고 프랑스와 미국 국민의 의식 속에 남게 되자 반정부세력은 국제적인 지지를 얻었으며, 이는 곧 프랑스와 미국을 국제사회에서 고립시키는 결과를 낳았다. 동시에 그들은 게릴라전에서 이용하는 더러운 책략을 현명하게 위장하는 데 성공했다. 그 결과 제삼자의 시각에서 볼 때 그들은 도덕성이라는 전장을 지배하게 되었으며 프랑스와 미국의 행동을 크게 제한할 수 있었다.

도덕적 전사를 물리칠 가장 훌륭한 방어책은 그들에게 아예 목표 자체를 주지 않는 것이다. 당신의 긍정적 이미지와 평판을 유지하라. 적어도 대중 앞에서는 당신의 말을 실천으로 옮기고, 그 시대에 가장 정의롭다고 여겨지는 대의와 연합하라. 적이 당신의 평판을 망치기 위해 필사적으로 발버둥 치게 만들어라. 다급할수록 그들의 공격은 눈앞에서 바로 좌절될 것이다.

당신이 다른 개인 혹은 단체와 갈등에 연루될 때는 양 진영이 서로 탐내는 무언가가 존재할 때다. 돈, 권력, 지위, 무엇이든 상관없다. 당신의 이해가 위험에 처해 있다면 그것을 방어하는 데 죄책감을 느낄 필요가 없다. 그러한 충돌은 지나치리만큼 잔인해지지는 않는다. 대부분 사람들은 적어도 어느 정도 실용적이며 따라서 전쟁이 너무 오래가지 않도록 방지한다. 그러나 도덕의 영토에서 싸우는 이들은 때로 가장 위험한 자들이다. 어쩌면 그들은 권력에 목말라하고, 그러한 진실을 숨기기 위한 수단으로 도덕성을 이용하는 것인지도 모른다. 그들은 깊숙이 숨겨진 은밀하고 어두운 불만에 의해 움직인다. 어떤 경우이든 그들은 사리사욕을 추구한다. 설사 당신이 승리하거나 최소한 스스로를 방어할 수 있더라도, 중요한 것은 용맹보다 신중함이다. 시간 낭비와 불쾌한 감정을 감수하면서까지 도덕성 전쟁을 할 가치는 없다.

● **뒤집어보기**

도덕적 공격은 위험을 내포하고 있다. 만약 사람들이 당신이 무슨 짓을 하고 있는지 알게 된다면 혐오감을 일으켜 고립될 수 있다. 진정 악랄한 상대가 아닌 한, 이 전략은 최대한 가볍게 사용하는 것이 좋다. 너무 날카롭게 파고들어서는 안 된다. 도덕의 전장은 대중이 소비하는 곳이다. 따라서 지속적으로 이 전략의 영향력을 측정하고 그에 맞춰 강도를 조절해야 한다.

STRATEGY

26

# 표적을 제공하지 마라

## 게릴라들의 전쟁법

▲

침묵과 고립, 비개입 등에 따르는 공허감은 대다수 사람에게 견디기 힘든 대상이다. 인간의 약점이라 할 수 있는 이 두려움은 강력한 전략을 세울 수 있는 기반을 마련해준다. 당신의 적에게 공격할 표적을 제공하지 마라. 위험한 존재라는 인식은 주되 딱히 뭐라고 정의하기 힘든 위험성을 느끼게 하라. 적이 당신을 추적해도 실체에는 도달하지 못하게 하라. 이것이 바로 게릴라 전술의 정수다. 정면 전투 대신에 측면 공격을 가하여 짜증과 성가심을 느끼는 가운데 손상을 입게 만들어라. 적은 손에 잡히지 않는 당신의 전략에 휘말려 자신의 힘이 아무런 소용도 없다는 사실에 좌절하고 초조해하고 지쳐갈 것이다. 당신의 게릴라 전법을 거대한 정치적 대의, 즉 혁명의 최고봉에 선 민중 전쟁의 일부로 만들어라.

▲

◆

## 사라진 목표

1807년 프랑스의 나폴레옹 보나파르트와 러시아의 차르 알렉산드르 1세는 동맹조약을 맺었다. 그 시대의 위대한 두 군사 강대국이 손을 맞잡은 것이다. 그러나 이 동맹은 러시아 궁정의 환영을 받지 못했다. 무엇보다도 이 조약에 의하면 나폴레옹은 역사적으로 러시아의 '앞마당'이나 다름없는 폴란드에서 고삐 풀린 말처럼 자유롭게 행동할 수 있었다. 러시아 귀족들은 차르에게 이 협정을 파기하라고 압력을 넣었고, 얼마 지나지 않아 알렉산드르는 의도적으로 프랑스의 심기를 건드리는 행동을 취하기 시작했다. 시간이 흘러 1811년 8월이 되자 나폴레옹은 더는 참을 수 없었다. 러시아에 본때를 보여야 할 시간이었다. 그는 역사상 가장 큰 제국의 지배자가 되기 위한 러시아 침공 작전을 구상했다.

나폴레옹의 일부 신하들은 그런 거대한 국가를 침공하는 데 따르는 위험을 경고했지만, 황제는 확고한 자신감으로 가득 차 있었다. 러시아군은 오합지졸이었으며, 장교들은 서로 다툼을 벌이느라 바빴다. 서쪽으로부터의 침공에 대비하여 리투아니아에 두 개의 군대가 배치되어 있었지만, 정보에 따르면 그들은 허점투성이였다. 나폴레옹은 이 두 군대 사이를 파고들어 각개 격파할 작정이었다. 러시아로 진군하는 병력은 모두 65만 명으로, 그중 45만 명이 주 공격부대, 나머지 20만 명은 통신과 보급로 확보를 맡았다. 이렇게 거대한 병력이라면 러시아뿐만 아니라 그보다 훨씬 넓은 영토도 정복할 수 있으리라. 나폴레옹은 탁월한 기동력과 우세한 화력으로 약해빠진 러시아군을 쳐부수고 승리를 거둘 것이다.

물론 나폴레옹은 무모한 인물은 아니었다. 그는 상황을 모든 각도에서 면밀히 살폈다. 가령 러시아에 깔린 도로는 형편없기로 악명 높고, 현지 식량 보급이 열악하며, 더위와 추위를 넘나드는 극단적인 기후를 지녔고, 공간이 넓은 탓에 적들을 포위하기가 어렵다는 사실을 모두 숙지하고 있었다. 그는 1709년 스웨덴의 왕 카를 12세가 러시아 침공을 시도했다가 실패한 기록들을 샅샅이 훑었다. 한편 그의 군대는 가능한 한 자급자족에 기대어야 했는데, 유럽에서부터 보급로를 유지하기에는 거리가 너무 멀었기 때문이다. 이는 군대의 규모를 고려할 때부터 엄청난 계획과 조직이 필요함을 의미했다.

군대의 보급을 위해 나폴레옹은 러시아 국경 근처의 창고를 귀리와 쌀로 가득 채웠다. 그는 15만 마리나 되는 군마에 마초를 공급하는 일이 불가능하다는 사실을 깨닫고 침공 시기를 6월로 늦추기로 했다. 그때쯤이면 러시아 평원에도 싱싱한 초록빛 풀들이 풍성하게 자라나 있을 것이다. 마지막 순간, 나폴레옹은 러시아에 밀가루를 빻는 제분소가 거의 없다는 사실을 깨닫고 준비 목록에 제분소를 건설할 물자를 첨가했다. 이 모든 보급 문제와 평소와 같은 노련한 전략을 가슴에 새기고, 나폴레옹은 신하들에게 3주일 안에 완벽한 승리를 거두리라 장담했다. 승리에 대한 그의 예측은 늘 정확하게 맞아떨어졌다.

1812년 6월 나폴레옹의 거대한 군단과 보급 부대가 러시아를 횡단했다. 그는 언제나 철저한 계획을 세우고 대비하는 사람이었다. 그러나 이번만큼은 시작부터 난관에 부딪혔다. 폭우, 거친 도로, 여름의 열기 등에 지친 군대는 느릿느릿 기다시피 나아갔다. 며칠도 안 돼 1만 마리의 군마들이 상한 꼴을 먹고 죽었다. 보급품은 최전방 부대까지 제시간에 조달되지 못했고, 프랑스군은 주변에서 식량을 약탈했다. 리투아니아에 주둔하던 러시아 군대가 너무나 빨리 도망치는 바람에 추격할 수도 없었다. 더구나 러시아군은 후퇴하면서 들판의 곡식에 불을 지르고 식량 창고를 모조리 파괴했다. 프랑스 병사들 사이에 이질이 돌아 매일 900명에 달하는 병사들이 죽어갔다.

나폴레옹은 잡힐 듯 말 듯 잡히지 않는 적군의 일부라도 공격하기 위해 진군 속도를 높였다. 프랑스군은 북쪽에 있는 두 러시아 군대를 아슬아슬하게 쫓아가고 있었다. 하지만 불행히도 지친 병사들과 말들은 러시아군을 포위하거나 교전을 벌일 정도로 기민하게 움직이지 못했으며 러시아군은 나폴레옹의 함정을 언제나 쉽게 빠져나갔다. 시간이 흘러 6월이 7월로 넘어갔다. 이제 두 개의 러시아 군대는 스몰렌스크로 향했다.

수천 명의 프랑스 병사들이 단 한 번의 전투도 치르지 못한 채 질병과 굶주림에 시달렸다. 군대는 거의 800킬로미터나 길게 늘어진 대열로 나아가고 있었고, 그중 일부는 피에 굶주린 듯한 소규모 코사크 기병대로부터 시달림을 당했다. 나폴레옹은 이 추격전을 더는 길게 끌 수 없다는 판단을 내렸다. 그는 곧장 스몰렌스크로 쳐들어가 당당하게 전투를 벌이기로 했다. 스몰렌스크는 러시아 국민이 신성하게 여기는 도시였다. 러시아인들은 도시가 파괴되도록 내버려두느니 차라리 맞서 싸우는 쪽을 선택할 것이다. 나폴레옹은 러시아군과 정면 전투를 벌일 수만 있다면 자신이 승리할 것임을 알고 있었다.

프랑스군은 8월 중순에 스몰렌스크에 도착했다. 45만 명에 달하던 주력 부대는 15만 명으로 줄어들었고, 한여름의 뜨거운 열기로 기진맥진해 있었다. 드디어 나폴레옹은 러시아군과 교전을 벌일 수 있었다. 그러나 전투는 짧았다. 단 며칠간의 전투를 치른 후, 러시아군은 다시금 후퇴하며 식량도 약탈할 재산도 하나 없이 철저히 파괴된 도시와 불탄 들판만을 남겨놓았다. 나폴레옹은 러시아인들을 도무지 이해할 수가 없었다. 아무리 봐도 그것은 자살행위였다. 그들은 마치 적에게 항복하느니 차라리 자기 조국과 대지를 망가뜨리겠노라 결심한 것 같았다.

이제 나폴레옹은 모스크바로 직접 쳐들어갈 것인지 결정해야 했다. 스몰렌스크에서 겨울을 나는 편이 현명해 보였지만, 그렇게 하면 차르는 군대를 모집할 시간을 벌고 지칠 대로 지친 프랑스군은 훨씬 힘든 전투를 치러야 할 것이다. 나폴레옹은 차르가 있는 힘을 다해 모스크바를 방어할 것이라 믿었다. 모스크바는 러시아의 수도이자 심장이며 영혼이었다. 나폴레옹은 초췌한 병사들을 다시 동쪽으로 진군시켰다.

마침내 9월 7일 두 나라의 군대는 모스크바에서 겨우 120킬로미터 떨어진 보로디노에서 충돌했다. 그때 나폴레옹에게는 그의 트레이드마크나 다름없는 측면 공격에 이용할 만한 보병도, 기병도 더 이상 남아 있지 않았다. 따라서 그는 정면충돌을 감행해야 했다. 증오로 무장한 러시아군은 이제까지 나폴레옹이 마주했던 그 어떤 군대보다도 장렬하게 싸웠다. 몇 시간 동안의 잔혹한 전투 뒤, 러시아군은 다시금 물러났다. 모스크바로 가는 길이 활짝 열렸다. 하지만 러시아군은 아무런 피해도 보지 않은 데 비해 나폴레옹의 군대는 엄청난 병력을 손실해버렸다.

7일 후, 이제 10만 명으로 줄어든 나폴레옹 군은 아무런 저항에도 부딪히지 않고 모스크바에 입성했다. 오래전 나폴레옹이 빈과 베를린을 점령했을 때 그는 정복 영웅으로 환대받았고 고위 인사들로부터 도시의 열쇠를 넘겨받았다. 그러나 모스크바는 텅 비어 있었다. 시민도, 식량도, 아무것도 없었다. 프랑스군이 모스크바에 도착하자마자 발생한 화재는 자그마치 5일 동안이나 도시를 불태웠으며, 도시에서 모든 풀이 사라졌다. 이는 모스크바를 더욱 황폐하게 만들기 위한 사보타주였다.

나폴레옹은 차르에게 서신을 보내 관대한 화친 조건을 제시했다. 처음에 러시아는 기꺼이 협상할 기미를 보였지만 시간은 계속 흘러갔고, 결국에는 그들이 군대를 재편할 시간을 벌기 위해 의도적으로 협상을 질질 끌고 있었음이 드러났다. 러시아는 겨울을 기다리고 있었다.

나폴레옹은 모스크바에 머무르는 위험 부담을 한시도 더 감수할 수 없었다. 금방이라도 러시아가 나약해진 그의 군대를 포위할 것이다. 10월 19일 나폴레옹은 남은 군대를 이끌고 러시아의 수도를 빠져나갔다. 그의 목적은 최대한 빨리 스몰렌스크로 돌아가는 것이었다. 그러나 동쪽으로 향하던 나폴레옹 군대를 괴롭혔던 소규모의 코사크 기동대는 이제 500명에 달하는 게릴라 부대로 성장해 있었다. 날이면 날마다 코사크 기동대가 습격해 프랑스 병사들의 생명을 앗아갔다. 나폴레옹의 군대는 끊임없이 밀려오는 공포에 몸서리치며 잠을 설쳤다. 수천 명의 병사들이 피곤과 굶주림에 지쳐 쓰러져갔다. 얼마 뒤 눈이 내리기 시작했다. 러시아에 혹한의 겨울이 온 것이다. 군마들은 추위로 죽어갔고, 병사들은 쌓인 눈을 헤치며 힘겹게 행군했다. 스몰렌스크에 도달한 프랑스군의 숫자는 약 4만 명이었다.

추위가 더욱 극심해졌다. 스몰렌스크에 머물 시간도 없었다. 나폴레옹은 몇몇 작전을 솜씨 좋게 활용해 베레지나강을 건너는데 성공했으며, 서쪽으로 향한 퇴각로를 뚫었다. 그러나 12월 초 프랑스에서 쿠데타가 일어나 실패했다는 소식을 접한 그는 병사들을 내버려두고 파리로 달려갔다. 45만 명에 달했던 그의 주력 부대 가운데 2만 5천 명만이 고국으로 살아 돌아갔다. 나머지 부대에서도 생존자는 얼마 되지 않았다. 기적처럼 탈출한 나폴레옹은 그 뒤로 몇 번의 전투를 더 벌였지만, 잃어버린 인력과 말들은 결코 다시 충원할 수 없었다. 러시아는 진정한 그의 무덤이었다.

## 해석

알렉산드르 1세는 나폴레옹의 호전적인 성격을 잘 알고 있었다. 그는 이를 이용하여 최대한 전투를 피함으로써 나폴레옹을 좌절시키고 공허감을 안겨줄 전략을 세웠다. 거기에 죽음에 이르게 하는 동장군까지 합세하니 최상의 조건이었다. 그는 탁월한 전투 능력과 기강, 투지로 유명한 프랑스 병사들에게 대혼란을 안겨주었다. 나폴레옹의 군대는 무엇이든 감내할 수 있었지만, 실질적인 전투 없이 계속되는 팽팽한 긴장감만은 아니었다. 실존하는 적과 부딪히는 전투 대신 프랑스군은 끊임없이 계속되는 기습과 언제 어디서 습격해올지 모르는 게릴라들과 직면했고, 이러한 위협은 그들을 공황 상태로 몰아넣었다.

인간 본성은 어떠한 형태를 띠든지 간에 공허감을 싫어한다. 우리는 침묵과 고독, 아무것도 하지 않고 빈둥거리는 것을 못 견딘다. 이는 어쩌면 인간 최후의 공허, 즉 죽음에 대한 공포와 관련이 있는지도 모른다. 사람들에게 공격 목표를 주지 않고 최대한 형체를 드러내지 않음으로써 당신은 인간의 약점을 가지고 놀 수 있다. 굳이 전투가 아니더라도 어떤 종류의 상호작용도 이루어지지 않는다면 사람들은 격분하여 미친 듯이 당신의 뒤를 쫓을 것이며, 그 와중에 전략적으로 생각할 능력은 사라질 것이다. 격렬하고 동적인 힘을 제어할 수 있는 것은 바로 작고 미약한, '잡히지도 않고 보이지도 않는' 영역이다.

이 전략은 적이 거대하면 거대할수록 효과가 좋다. 당신을 잡기 위해 혈안이 된 거대한 적은 당신에게는 먹음직한 표적이다. 적에게 정신적 혼란을 최대한 안겨주고 싶다면 작지만 가차 없는 공격으로 상대에게 좌절감과 분노를 심어주어야 한다. 완벽하게 텅 빈 존재가 되어라. 성과 없는 협상, 결론 없는 담화, 승리도 패배도 없이 한없이 흘러가는 시간. 한시도 쉼 없이 숨 가쁘게 돌아가는 세상에서 이런 전략은 사람들의 신경을 거슬리게 하는 강력한 힘을 지녔다.

◆ 생존의 기술

## 표적을 제공하지 마라

원시시대부터 현대, 아시아에서 서방에 이르기까지 모든 형태의 조직적인 전쟁은 언제나 특정한 이치를 따른다. 그 과정은 시대와 지역을 불문하고 너무나도 보편적이다. 전쟁의 과정은 다음과 같다. 한 국가의 지도자가 전쟁을 일으키기로 하고 군대를 양성한다. 군대의 목적은 중대한 의미를 지니는 전투에서 적을 무찔러 항복을 받아내고 유리한 평화협정을 맺는 것이다. 이 모든 활동을 이끄는 전략가는 특정 지역, 즉 전역戰域을 다루게 되는데, 전역은 대개 공간적으로 제한되어 있다. 전략가는 전역 내에서 중요한 전투를 통해 적에게 충격을 주거나 불리한 입장에 처하도록 할 방법을 고안한다. 상대를 구석으로 몰아넣거나 전방과 후방에서 동시에 공격하거나, 혹은 고지를 점령하여 공격을 퍼붓는다. 치명적인 공세를 가하기 위해서는 병력을 분산하기보다 한 지점으로 집중해야 한다. 일단 전투가 시작되면 병력은 자연스럽게 측면과 후위로 퍼져 포위에 대비하고 통신과 보급로를 방어한다. 전쟁을 끝내기 위해서는 다수의 전투가 필요하며, 쌍방은 전역을 지배할 수 있는 요충지를 점령하기 위해 다툰다. 하지만 지휘관들은 이 싸움을 최대한 빨리 끝내도록 노력해야 한다. 전쟁이 길면 길어질수록 군대와 보급선이 한계점까지 길어져 전투 능력에 차질이 생기기 때문이다. 병사들의 사기 또한 시간과 함께 사그라지게 마련이다.

그러나 다른 모든 인간 활동이 그렇듯, 여기에 정반대의 법칙이 있다. 바로 게릴라전이다. 게릴라전의 토대는 수천 년 전, 소국들이 강력한 이웃 나라의 침략을 받았을 때 탄생했다. 직접 교전을 벌이면 몰살당할 것이 뻔하기에 그들의 군대는 침략자들을 피해 달아나야 했다. 그들은 일반적인 교전의 법칙을 따르지 않고 오랫동안 적을 피해 도망 다닌다면 오히려 적의 전략을 붕괴시키고 혼란을 가져다줄 수 있음을 깨달았다.

다음 단계는 이보다 한 발짝 더 나아가는 것이다. 초기 게릴라 전사들은 집약적 군대와는 정반대 특성이 있는 분산된 소규모 집단의 가치를 배웠다. 그들은 끊임없이 움직이며 결코 전방이나 좌익, 우익, 후미와 같은 형태를 구성하지 않았다. 산과 들판으로 숨어 들어가 적의 추적과 분산을 유도하고, 그럼으로써 그들을 기습과 급습에 무방비로 노출시킨다. 시간을 최대한 오래 끈다. 시간을 공격 무기로 이용해 적들을 불화와 사기 저하에 갉아 먹히도록 만드는 것이다.

스페인어로 '작은 전쟁'을 뜻하는 '게릴라'의 유래는 1808년에서 1814년 사이에 있었던 반도전쟁Peninsular War 때로 거슬러 올라간다. 이 전쟁은 나폴레옹이 스페인을 침공하면서 발발했는데, 그때 스페인군은 조국의 거칠고 험한 산속으로 숨어 들어가 프랑스를 괴롭혔고 프랑스군의 우세한 병력과 화력을 무용지물로 만들었다. 나폴레옹은 전방도 후방도 없는 군대 아닌 군대의 공격에 거의 미칠 지경에 이르렀다. 1812년 러시아에서 그를 괴롭힌 코사크 전사들은 스페인에서 많은 것을 배웠고, 게릴라 전법을 더욱 완벽하게 활용했다. 그들은 프랑스군에게 무능력한 러시아군이 해낸 것보다 훨씬 더 극심한 피해를 주었다.

게릴라전은 기본적으로 심리전이다. 재래식 전쟁에서는 모든 것이 두 군대가 전장에서 교전에 돌입하는 것으로 귀결된다. 그러나 게릴라 전략가들은 이러한 자연스러운 대면을 무제한 연기함으로써 상대에게 허탈한 좌절감을 불러일으킨다. 정신적 침식이 계속될수록 군대는 쇠약해진다.

게릴라 전략은 심리적이기 때문에 어떤 사회적 갈등 상황에도 적용될 수 있다. 전쟁과 마찬가지로 삶에서도 우리의 사고와 감정은 자연스럽게 다른 이들과 접촉하고 교전하는 순간으로 귀결된다. 때로 우리는 의도적으로 모호한 태도를 보이는 사람들, 접촉을 회피하고 우리를 쩔쩔매게 만드는 사람들을 만난다. 그들은 우리의 속을 헤집어놓는다. 형태가 없고 모호한 쪽이 명백하고 확고한 쪽을 통제하는 것이다.

어떤 이들은 한 발짝 더 나아가 예측이 불가능하고 교활한 방법으로 우리를 공격하기도 한다. 이러한 상대들은 우리의 마음을 어지럽히는 위력을 가지고 있다. 그들의 실체를 쉽게 숨길 수 있도록 도와주는 기술이 발달하고 게릴라들의 부속물 혹은 방패막이로 이용되는 언론 매체의 도움을 받게 되면서, 정치 또는 사회적 전장에서 게릴라 전략의 효력은 엄청나게 증진되었다. 정치적으로 혼란스럽던 시절, 일부 대의와 연합한 게릴라 스타일의 선거운동은 대규모 조직이나 대기업, 다른 강력한 세력에 대항하는 민중 전쟁에 이용되었다. 이러한 형태의 대중 전투에서 사람들은 게릴라 편에 서서 싸우길 원한다. 게릴라들은 단순히 거대한 기계의 한 부속품으로 보이지 않고, 진심을 다하며 투쟁하는 것으로 보이기 때문이다.

게릴라전에서 승리하는 방법은 두 가지다. 하나는 적들이 지쳐감에 따라 공격 수위를 높이는 것이다. 그런 다음 러시아가 나폴레옹을 몰아냈듯 적을 완전히 패퇴시킨다. 다른 하나는 철저한 소모전이다. 적들이 스스로 포기하고 나가떨어질 때까지 내버려 두어라. 이 경우에는 더 이상 대립 상황을 악화시킬 필요가 없다. 바람직한 선택은 후자다. 자원을 많이 소모하지도 않으며, 적들이 거꾸로 자신의 칼에 쓰러지도록 만드는 전술이기 때문이다. 그러나 게릴라전도 영원히 계속될 수는 없다. 어떤 시점에 이르면 시간은 당신에게도 불리하게 작용할 것이다. 전쟁이 너무 오랫동안 지속된다면 공격적인 태세로 적을 끝장내야 한다. 가령 베트남 전쟁 때 북베트남은 너무 오랜 기간 이어진 전쟁으로 엄청난 희생을 치렀다. 그 때문에 그들은 1968년 구정 공세를 감행했고, 이로 인해 미국의 전력은 급속도로 약화되었다.

게릴라전의 정수는 유동성이다. 상대는 당신이 하는 일을 제어하여 낯선 지역에서 그들의 위치를 다잡으려 한다. 그러므로 당신은 언제나 예상외의 사건에 대비하고 그에 맞춰 변화하고 적응해야 한다. 때로는 전통적인 방식으로 전투를 벌이다가 예기치 못한 지역을 치고 빠진 다음, 다시 흩어지는 전술을 이용할 수도 있다. 이는 적에게 붙잡을 수 있고 반격을 가할 수 있는 실질적인 것은 아무것도 허락하지 않으면서 마치 유령처럼 모호한 것만을 마주하게 하는 전략이다. 상대에게 잡히는 것은 허공뿐이며, 따라서 그들의 정신은 지쳐 시들어갈 것이다.

## 뒤집어보기

게릴라 전략은 대응하기가 무척 어려워서 더욱 효과적이다. 만일 당신이 전통적인 방식으로 게릴라들과 맞서 싸우고 있다면 당신은 그들의 손안에서 놀아나는 셈이다. 이런 종류의 전쟁에서 전투에 승리해 영토를 빼앗는 행위는 아무런 의미도 없다. 유일하게 효과를 거두는 방법은 전통적인 전투법을 거꾸로 사용하는 게릴라 전략을 다시 뒤집어 그들의 이점을 상쇄시키는 것이다. 그들이 필요로 하는 시간과 공간의 자유를 절대 허용하지 마라. 물리적으로나 정치적으로나, 그리고 도덕적으로나. 당신은 그들을 고립시켜야 한다. 그리고 무엇보다도 당신의 전력을 조금씩 증강시키는 점진적 방식으로 대응해서는 안 된다. 미국은 베트남전에서 그런 전략을 이용했다가 결국 패배했다. 이런 적에게 대항할 때는 신속하고 확고하게 승리를 거두어야 한다. 만약 그러한 승리가 불가능해 보인다면, 게릴라 전사들이 당신을 헤어나기 힘든 늪 속으로 끌어들이기 전에 재빨리 발을 빼고 도망쳐 나오는 것이 좋다.

STRATEGY

27

# 타인의 이익을 위해 노력하는 것처럼 보여라

## 동맹의 기술

▲

노력과 희생을 최소화하며 대의를 펼쳐나가는 최상의 방법은 지속적인 가변성을 특징으로 하는 동맹 네트워크를 창출하여 다른 사람들에게 당신의 부족 부분을 채우게 하고 당신 대신 더러운 임무를 수행하게 하며 당신의 전쟁에 앞장서게 만드는 것이다. 여기서 필요한 기술은 적절한 순간에 당신의 필요를 충족시키고 부족한 힘을 보완해줄 동맹을 선택하는 것이다. 그들에게 선물을 보내고 우정을 제공하고 필요할 때 손을 내밀어라. 이러한 행동은 모두 당신의 진정한 목적을 감추고 그들을 구속하기 위한 것이다. 이와 동시에 당신은 상대의 동맹체에 불화와 반목의 씨를 뿌리고 고립시킴으로써 세력을 약화시키는 방안을 마련해야 한다. 간편하고 유용한 동맹을 맺되 불필요한 관계에는 얽매이지 마라.

## 거짓 동맹

1966년 11월 조지타운대학의 임상 정신의학 교수이자 세계 최고의 가족 치료사 중 한 명인 머레이 보웬Murray Bowen은 골치 아픈 사태에 직면했다. 보웬은 5남매 가운데 장남으로, 그의 가족은 고향 웨이벌리에서 몇 대째 중요한 사업을 운영해오고 있었다. 이중 셋째 남동생 준이 자신은 헌신적으로 일한 것에 비해 합당한 대접을 받지 못했다고 생각했으며 이제 스스로 수익을 직접 관리하고 싶어 했다. 아버지는 찬성했지만, 어머니는 반대 입장이었다. 대가족은 두 진영으로 갈라져 다투었다.

그때 마침 준의 처가가 상을 당했다. 게다가 넷째이자 정신적으로 가장 불안정한 여동생이 신경 증세를 보이기 시작했다. 이런 상황 속에서 보웬은 누구보다도 심장 질환을 앓고 있는 아버지가 걱정되었다.

보웬은 가족을 치료해야겠다고 생각했다. 하지만 지금껏 고향 집을 방문할 때마다 가족들의 역학 관계에 휘말렸으며 감정적이 되어서 제대로 사고할 수 없었다. 이제는 아니다. 다음에 고향을 방문할 때는 급진적인 실험을 시도해볼 것이다.

1967년 1월 말 준 보웬은 형 머레이로부터 장문의 편지를 받았다. 원래 준은 형을 싫어했다. 집안 사업을 책임지는 사람은 바로 자신인데도 어머니가 언제나 머레이 편만 든다고 생각했기 때문이다. 편지에서 머레이는 지난 몇 년 동안 다른 식구들을 통해 들었으나 '섬세한' 동생의 귀에는 들어가지 않도록 일부러 신경 써왔던, 준에 대한 여러 가지 평판들을 나열했다. 그는 동생 좀 신경 쓰라는 이야기에 진력이 난다고 말했다. 그래서 직접 편지를 쓴 것이며, 하고 싶은 말은 이미 편지에 다 썼기 때문에 고향 집에 가도 굳이 만날 필요는 없겠다는 말로 편지를 끝맺었다. 그리고 이렇게 서명했다. "참견쟁이 형이." 준은 화가 치밀어올랐다.

며칠 뒤, 두 형제의 어린 여동생 또한 머레이에게서 편지를 받았다. 너의 스트레스를 알고 있으며, 준에게 자신이 집에 도착할 때까지 여동생을 잘 보살펴달라는 편지를 보냈다는 내용이었다. 편지 끝에는 "너를 염려하는 오빠가"라는 서명이 있었다. 여동생도 준 못지않게 분노했다. 그녀는 가족들이 자신을 병자 취급하는데 신물이 난 상태였다. 시간이 조금 흐른 뒤, 머레이는 어머니에게 세 번째 편지를 썼다. 그는 동생들에게 보낸 편지들을 언급하며, 관심을 모두 자신에게 돌림으로써 가족 간의 불화를 해결하려고 노력 중이라고 썼다. 그러면서 준이 화가 머리끝까지 오르기를 바란다고 했다. 그러나 그는 '적'과 함께 지식을 공유하는 것은 현명하지 않으므로 어머니 또한 이 모든 것을 비밀로 해달라고 부탁했다. 이번에는 편지 끝머리에 "전략을 짜고 있는 아들이"라고 서명했다. 아들이 정신이 나갔다고 생각한 어머니는 편지를 태워버렸다.

머레이의 편지 이야기가 가족들에게 전해지면서 온 집안이 마치 벌집을 쑤셔놓은 듯했다. 폭풍의 중심에는 준이 있었다. 그는 머레이의 편지를 어머니에게 보여주었고, 어머니는 커다란 충격을 받았다. 준은 머레이에 대해 단단히 별렀다.

머레이는 2월 초순에 웨이벌리에 도착했다. 이틀째 밤 머레이가 여동생의 집에서 저녁 식사를 하는데 준이 아내와 함께 나타났다. 부모님도 참석했다. 상당히 씁쓸한 가족 모임이었다. 준은 머레이의 터무니없는 비방과 야비한 짓을 가만두지 않겠다고 날뛰었다. 머레이가 모두 어머니와 함께 꾸민 일이라고 밝히자, 어머니는 불같이 화를 내며 자신은 모르는 일이라고 반박하면서 앞으로 머레이와는 한마디도 하지 않겠다고 선언했다. 준은 형에게 자신의 이야기를 들려주었다. 대화는 곧 개인적인 문제로 옮아갔고 억눌려 있던 감정들이 표면으로 드러나기 시작했다. 하지만 머레이는 묘하게도 계속해서 냉정한 반응을 보였다. 그는 자신이 누구의 편도 아님을 확실하게 밝혀두었다. 아무도 그의 말을 달가워하지 않았다.

다음 날 머레이가 준의 집을 방문했을 때, 놀랍게도 준은 아주 반갑게 맞이했다. 머레이는 준에게 더 많은 뒷말을 전해주었다. 그중에는 준이 극심한 스트레스 속에서도 지금과 같은 상황에 아주 잘 대처하고 있다는 말도 들어 있었다. 준은 형에게 자신이 겪고 있는 문제를 털어놓았다. 여동생을 진심으로 걱정하고 있다는 말도 했다. 그날 늦게 머레이는 여동생을 방문해 준이 걱정하더라는 말을 들려주었다. 그녀는 자기 일은 자기가 알아서 할 테니 가족들의 간섭은 이제 지겹다고 항변했다. 머레이는 뒤이어 다른 식구들을 방문했다. 그는 한 식구가 다른 사람에 관한 이야기를 들려주거나 혹은 머레이를 자기편으로 끌어들이려고 할 때마다 중립적인 언사로 그러한 시도를 무마시키거나 그 이야기를 소문의 당사자에게 전달해주었다.

드디어 머레이가 떠나는 날이 왔다. 식구들이 모두 모였다. 여동생은 전보다 좀 더 느긋해진 것 같았다. 아버지도 마찬가지였다. 가족의 분위기는 눈에 띄게 달라져 있었다. 일주일 뒤, 어머니가 장남에게 편지를 보냈다. "그 모든 난장판에도 불구하고, 지난번 너의 방문은 다른 어느 때보다도 좋았단다." 준은 이제 형에게 정기적으로 편지를 보내왔다. 가업의 경영권을 둘러싼 불화는 사라지고 모든 것이 안정되었다. 이제 가족들은 모두 머레이의 방문을 손꼽아 기다렸다. 비록 그가 여전히 예전처럼 교묘한 책략과 소문을 퍼뜨리고 다닌다고 해도 말이다.

나중에 머레이는 이 일을 통해 가족 관계 치료법에 대해 많은 것을 배웠다고 고백했다. 그 사건은 그의 경력에서 커다란 전환점이었다.

머레이 보웬이 식구들에게 시도한 전략은 아주 단순하다. 그는 누구도 자신을 끌어들이거나 손잡지 못하도록 만들었다. 또한 의도적으로 감정적 폭풍을 일으켜 침체되어 있던 분위기를 역동적으로 바꾸어놓았다. 그는 식구들이 개인적인 이야기를 털어놓도록 부추김으로써 상황을 새롭게 바라볼 수 있도록 했다.

보웬은 자신의 행동이 다른 사람들에게 미치는 영향력을 깨달았다. 첫째로, 가족들은 더는 기존의 방식으로 상호작용할 수 없었다. 준은 형을 피할 수 없었고, 여동생은 다른 식구들의 문제를 자기 것인 양 이입할 수 없었으며, 어머니는 장남을 버팀목으로 의지할 수 없었다. 다음으로 식구들은 자신이 머레이에게 이끌려가고 있음을 깨달았다. 머레이가 어느 쪽에도 편들기를 거절했기 때문에 오히려 그에게 마음을 열기가 쉬워진 것이다. 시끄러운 뒷말과 비밀, 그리고 신경을 거슬리는 동맹 역학이 단 한 번의 방문으로 인해 깨졌다.

이 세상을 살아가며 어떠한 형태로든 동맹 네트워크를 구축하지 않는 이들은 없다. 여기서 주의할 점은 거짓 동맹과 진정한 동맹의 차이점을 구분해야 한다는 것이다. 거짓 동맹은 단기적인 감정의 필요에 따라 이루어진다. 이는 당신이 스스로를 유지하는데 필요한 무언가를 포기하게 만들고, 독립적인 결정을 내리지 못하게 한다. 반면 진정한 동맹은 상호 이해관계에 의해 생성되며 쌍방에게 유리하다. 바람직한 동맹은 당신의 자율성과 독립성을 인정한다.

살아가는 동안 당신이 속한 집단은 당신의 감정을 강요하는 온갖 종류의 거짓 동맹에 가입하고 융합되라고 종용할 것이다. 이때 당신은 상호 교류가 가능하고 자율권을 유지하면서도 타인과 관계를 맺을 수 있는 길을 찾아야 한다. 다른 이들이 당신을 함정에 몰아넣을 수 없도록 적극적인 행동으로 거짓 동맹을 피하라. 집단 내 말썽꾸러기나 권력자를 목표로 삼아 집단의 역학 관계를 파괴하라. 일단 집단 내에서 이성적으로 행동할 수 있는 위치를 고수하면, 당신은 감정에 대해 걱정할 필요 없이 안심하고 동맹에 합류할 수 있다. 집단의 일부가 되는 동시에 자율권을 확립할 수 있게 됨에 따라 당신은 권력과 관심의 중심에 서게 된다.

◆ 생존의 기술

## 타인의 이익을 위해 노력하는 것처럼 보여라

이 세상에서 살아남기 위해, 그리고 전진하기 위해 우리는 끊임없이 다른 이들을 이용해야 한다. 그러나 인간관계에서 '이용하다'라는 단어는 상당히 불쾌한 어감을 담고 있으며, 많은 경우 우리는 자신의 행동을 실제보다 더 고귀하고 고상하게 보이고 싶어 한다. 우리는 이런 상호작용이 조력과 협력, 우정으로 비치는 것을 선호한다.

당신이 동맹을 맺는 것은 필요, 즉 충족시키고자 하는 목표가 있기 때문이다. 이것은 당신의 성공이 달려 있는 실용적이고도 전략적인 문제다. 만일 감정과 겉모습에 감염되어 동맹을 유지한다면 당신은 위험에 빠진 것이다. 동맹 결성의 기술은 '필요'와 '우정'을 분리하는 능력에 달려 있다.

첫 번째 단계는 자신을 위해 다른 사람을 이용한다는 사실을 이해하는 것이다. 여기에 전혀 죄책감을 느낄 필요가 없다. 다른 이들이 우리를 이용했다는 사실을 알았을 때 모욕감을 느낄 필요도 없다. 타인을 이용하는 행위는 인간적으로나 사회적으로나 필수적이다. 다음으로 위의 사실을 숙지한 채 필수적인 동맹 전략을 짜는 방법을 배우고, 혼자서는 성취할 수 없는 무언가를 제공해줄 수 없는 이들과 관계를 맺어야 한다. 이때 반드시 감정으로 동맹 관계를 통제하려는 충동을 저지하라. 상호 간의 이해관계와 관련된 동맹이 당신에게 필요하다. 감정이나 우정과 의리에 얽매인 관계는 골칫거리밖에 되지 않는다.

세상을 살아가며 당신은 필요에 따라 하나의 돌에서 또 다른 돌로 끊임없이 옮기게 될 것이다. 징검다리를 하나 건너고 나면 그것으로 끝일 뿐 뒤돌아볼 필요는 없다. 이렇게 동맹 관계를 지속적으로 다양하고 유용하게 활용하는 것을 '동맹 게임'이라고 부른다.

동맹 게임을 제대로 운용하려면 뼛속까지 현실적이어야 한다. 오늘의 동맹이 내일의 적이 될 수도 있다. 감성 따위에 자리를 내어주지 마라. 설사 당신이 다른 이들보다 약하다 해도, 똑똑하기만 하다면 한 동맹에서 다른 동맹으로 옮겨 다니며 마침내 유리한 위치를 차지할 수 있게 될 것이다. 이와 상반되는 접근법은 핵심 동맹을 결성한 다음 신뢰와 유대감을 중심으로 끝까지 그 관계를 유지하는 것이다. 이는 안정적이고 평화로운 시대에는 유용하나 혼란한 시대에는 적합하지 않다. 종국에는 쌍방의 이해관계가 상충하고, 그때까지 투자했던 지나친 감정 때문에 관계에 묶여 헤어나오지 못하게 될지도 모른다. 그러므로 언제나 변화를 전제로 앞날을 준비해두는 것이 좋다. 반드시 가치나 신의가 아닌, 필요에 기반한 동맹 관계를 맺어라.

반면에 동맹으로 구성된 적들을 대할 때는 그들의 덩치나 무력에 결코 겁먹지 마라. 최악의 리더십은 바로 분열된 리더십이다. 행동에 옮기기 전에 수많은 토론과 동의를 거쳐야 하는 까닭에, 동맹군은 느릿느릿 움직이는 경향이 있다. 동맹군은 한 번의 패배로 쉽게 사기를 잃을 수 있다.

동맹 게임에 임할 때면 당연히 상대로부터 심한 공격을 받게 될 것이다. 그들은 당신이 무책임하고 비도덕적이며 기회주의적이고 배은망덕하다고 비난한다. 그러나 명심하라. 그러한 비난들은 모두 일종의 전략이다. 그들은 도덕성 공세를 펼치는 것이다(25번째 전략을 참조하라.). 당신의 적대자들은 당신이 사악해 보이거나 죄책감을 느끼도록 만들려고 한다. 그러니 그들의 의도에 휘말리지 마라. 당신에게 유일한 위험은 타인이 당신과 동맹을 맺기를 꺼릴 정도로 당신의 평판이 훼손되는 것뿐이다. 하지만 세상을 지배하는 것은 결국 이해관계다. 만일 당신이 과거에 다른 이들을 이롭게 했다는 인상을 줄 수 있다면, 그리고 현재에도 그럴 수 있음을 보인다면, 당신은 손쉽게 새 파트너를 구할 수 있을 것이다. 더구나 상호 간의 필요가 존재하는 한 당신은 여전히 정직하고 충직해 보인다. 나아가 당신이 영원한 우정과 의리라는 거짓 미끼에도 속지 않는다는 사실이 드러난다면, 당신은 상대로부터 더욱 존중받을 것이다.

## ● 뒤집어보기

당신이 동맹 게임에 임한다면 그것은 당신 주위에 있는 사람도 마찬가지이며, 따라서 당신은 그들의 행동을 개인적으로 받아들일 수 없게 된다. 당신은 그들을 상대해야 한다. 그러나 세상에는 손해를 끼치는 종류의 동맹 관계도 존재한다. 그들은 당신에게 지나치게 매달린다. 언제나 먼저 손을 내밀며, 눈부신 약속과 유혹적인 제안으로 당신의 눈을 가리려 든다. 부정적 방식으로 동맹 관계에 이용되지 않으려면 그 관계로부터 어떤 실질적 이득을 얻을 수 있는지 따져보아야 한다. 혹시 그들이 약속한 이익이 모호하거나 실현되기 어려워 보인다면 동맹 참가를 다시 한번 숙고하라.

STRATEGY
28

# 상대를 자멸로 이끌 심리적 계책을 이용하라

## 한발 앞선 수 읽기

▲

삶의 가장 큰 위험은 외부의 적에게서 오는 것이라기보다는, 공통의 대의를 위해 함께 뛰는 척하며 뒤에서는 사보타주를 계획하는 동료나 친구에게서 비롯된다. 그러한 라이벌에게 의심과 불안정성을 주입하여 너무 많이 생각하고 방어적으로 행동하게 만들어라. 또한 그들의 자멸적인 성향을 이용하여 스스로 목을 맬 밧줄을 제공하고, 당신 자신은 결백하고 깨끗한 척 처신하라.

▲

## ◆ 조지 H. W. 부시의 선거 전략

1988년 1월 캔자스주의 상원의원인 로버트 돌Robert Dole은 미국 대통령 후보 경선에서 승리를 확신했다. 그의 최대 적수는 공화당 후보이자 로널드 레이건 행정부의 현직 부통령인 조지 H. W. 부시였다. 대통령 예비선거의 첫 번째 평가 지역인 아이오와의 전당대회에서 부시는 두각을 나타내지 못한 채 상원의원 밥 돌과 한참 차이가 나는 3위에 그쳤다. 밥 돌은 적극적인 선거 유세로 많은 관심을 끌었으며, 추진력이 있었고 확실한 선두 주자의 자리를 굳히고 있었다.

하지만 아이오와에서 거둔 위대한 승리에는 한 가지 오점이 있었다. 부시 측의 선거 전략가인 리 애트워터Lee Atwater가 돌의 아내인 엘리자베스 돌의 정직성을 의심하는 기사를 언론에 퍼뜨린 것이다. 거의 30년 동안 정치가의 길을 걸어온 밥 돌은 어지간한 공격에는 끄떡없었으나, 아내에 대한 모욕은 참을 수가 없었다. 아내의 스캔들이 터지자 그는 기자들에게 폭언을 퍼부었다. 이는 결국 애트워터가 "돌은 누군가가 반격을 하면 칭얼거리기 시작하

죠."라고 비아냥거릴 빌미를 제공했다. 그다음 애트워터는 돌에게 선거 유세에서 부정을 저지른 캔자스 상원의원들을 쭉 나열해놓고 10쪽 분량의 편지를 보냈고, 이 편지 또한 언론에 공개되었다. 돌은 머리끝까지 화가 치밀었다. 그는 부시 가족과 애트워터를 향한 반격을 시작했다.

다음으로 뉴햄프셔의 대통령 선거인 예비선거가 이루어졌다. 돌은 이곳에서도 승리를 이어갔으며 여론조사에서도 앞섰지만, 이번에는 부시가 뒤를 바싹 쫓아왔다. 투표하기 전 주말, 부시 측에서는 돌을 사리 추구를 위해 의원직에 출마한 두 얼굴의 '이중인격자'로 묘사한 광고를 내보냈다. 역시 애트워터의 작품이었다. 돌이 그에 대응한 광고를 만들기에는 시간이 부족했다. 그 광고로 인해 부시는 선두에 설 수 있었으며, 며칠 후 예비선거에서 승리를 맛보았다.

뉴햄프셔의 예비선거 결과가 나온 직후 NBC의 앵커가 부시에게 다가가 라이벌에게 할 말이 없냐고 물었다. "없습니다." 그는 미소를 띤 채 대답했다. "그저 행운을 빈다는 말만 전하고 싶군요." 앵커는 이번엔 돌에게 같은 질문을 던졌다. "네." 돌은 잔뜩 인상을 썼다. "나에 대한 거짓말을 그만두시오."

그 후 며칠 동안 돌의 인터뷰 화면은 텔레비전에서 반복해서 나왔고, 신문에서는 그 인터뷰에 관한 이야기를 떠들어댔다. 그럴수록 돌은 언론에 불쾌감을 표시했다. 마치 아이처럼 칭얼대는 듯했다. 몇 주 후 그는 사우스캐롤라이나에서 압도적인 패배를 당했으며, 그 직후 남부 지역의 슈퍼 화요일 예비선거에서도 연이은 패배를 맛보았다. 그러던 중 돌의 선거 유세는 완전히 와해해버렸다. 이 모든 일이 아이오와에서 시작되었다는 것을 돌은 미처 몰랐을 것이다.

## 해석

선거 전략가 리 애트워터는 성인은 두 가지로 분류된다고 생각했다. 과도하게 성숙한 집단과 어린이 같은 집단으로 말이다. 과도하게 성숙한 사람은 완고하고 지나치게 심각해, 특히 텔레비전 시대에서는 정치에 취약한 점으로 작용한다. 돌은 분명 성숙한 타입이었고, 애트워터는 어린아이였다.

애트워터는 아이오와 예비선거에서 돌의 아내에 대한 오래된 혐의를 다시 끄집어냄으로써, 돌의 성질을 건드렸다. 돌이 인터뷰에서 신경질적인 반응을 보인 덕분에 모든 관심은 돌과 돌의 스포츠맨 정신에 어긋난 태도로 집중되었다. 애트워터는 이제 뒤로 물러났다. 돌은 더욱 신랄하게 대응하여 문제점을 불거지게 하며 선거전을 자멸로 이끌 수밖에 없었다.

한 수 앞서기 전략에서 가장 상대하기 쉬운 타입이 바로 완고한 사람이다. 완고하다는 것이 반드시 유머가 없거나 매력이 없다는 뜻은 아니지만, 자신의 허용 한도를 넘는 것을 참지 못한다는 뜻이다. 무질서하거나 비전통적인 계략으로 상대방을 공격하면,

상대방으로부터 불쾌하고 복수심에 불타며 리더답지 못한 인상을 남기는 등의 과도한 반응을 유발할 수 있다. 성숙한 성인의 차분한 겉모습은 순간적으로 사라져버렸고, 그 안에 감춰져 있던 비뚤어지고 미숙한 면이 모습을 드러낸다.

목표한 상대가 개인적인 감정을 드러내도록 내버려두어라. 그들이 자신을 보호하고 당신을 비난하면 할수록, 인상만 더 나빠질 뿐이다. 그들은 선거전에서 대중들에게 어떻게 보이느냐가 얼마나 중요한지 잊어버린다. 핵심을 파악할 융통성이 없는 그들은 약간만 밀어도 실수에 실수를 거듭할 것이다.

◆ 생존의 기술

## 심리적 계책으로 상대를 자멸시켜라

인생 전반에 걸쳐 당신은 두 개의 전선에서 싸우게 된다. 하나는 외부 전선으로 분명한 적이고, 다른 하나는 좀 더 불확실한 내부의 전선으로 당신을 음해하려 하고 당신의 돈으로 자신들의 어젠다를 발전시키려는 동료 및 부하 직원이다. 최악은 외부의 적과 대립한 가운데 내부의 위치를 지키기 위해, 동시에 두 전선에서 힘겹고 지루한 투쟁을 해나가야 할 때다.

내부의 문제점을 무시하거나 불평하고 과격한 행동을 하거나, 방어선을 구축하는 식의 직접적이고 인습적인 방식으로는 내부의 문제점을 해결할 수 없다. 그럼 당신의 수명이 짧아질 수 있다. 내부의 전쟁은 그 속성 자체가 비전통적이라는 사실을 명심해야 한다. 대부분 같은 편에 있는 사람들은 팀 플레이어로서 더 큰 공동의 이익을 위해 최선을 다한다고 생각하므로, 당신이 같은 편에 대한 불평을 늘어놓거나 같은 편을 공격한다면 배신자가 되고 고립될 뿐이다. 하지만 이때 팀 내의 야심가들이 비밀스럽게 움직이고 있을지도 모른다. 야심가들은 외견상 매력적이고 협조적인 듯하지만, 뒤로는 교묘한 계략을 꾸미는 자들이다.

당신은 매일 계속되는, 이 불확실하면서도 위험한 전쟁에 적합한 전투 방식을 택해야 한다. 이때 가장 큰 효과를 발휘할 수 있는 비정규전 전략이 바로 한발 앞서는 수 구사 전략이다. 역사상 가장 현명한 부하들이 발전시킨 이 전략은 두 가지 전제를 바탕으로 하고 있다. 첫 번째는 당신의 라이벌은 자멸의 씨앗을 품고 있다는 것이며, 두 번째는 아무리 미약하더라도 방어적이고 열등감을 느끼는 라이벌은 스스로에게 해를 입히면서도 방어적이고 열등한 행동을 하는 경향이 있다는 것이다.

사람은 누구나 약점과 성격적 결함, 통제할 수 없는 감정을 지닌다. 스스로 가난하다고 느끼거나, 우월감을 가지고 있거나, 혼돈을 두려워하거나, 명령받기를 간절히 원하는 사람들이 바깥세상에는 자신의 결함을 감춘 채, 자신감 있고 유쾌하며 책임감 있는 사람으로 비치는 성격(사회적 가면)을 만들어낸다. 하지만 그러한 가면은 상처를 덮고 있는 딱지와도 같아서 잘못 건드리면 통증을 유발한다. 당신이 이를 건드린다면 당신의 라이벌은 스스로를 통제하지 못하며, 불평을 쏟아내고, 방어적이고 비이성적으로 행동하거나, 그동안 숨기려고 애써왔던 거만함을 내보이는 등 반응을 보이기 시작할 것이다.

만약 위험해 보이는 또는 무언가를 꾸미고 있는 동료가 있다면, 먼저 그들에 대한 정보를 수집해야 한다. 매일 그들의 행동을 살펴보고, 과거의 행동을 되짚어보며, 실수를 주시하여 약점의 징조를 발견해야 한다. 이러한 정보를 손에 넣었다면, 이제 한발 앞서는 수 구사 전략을 시작할 준비가 된 것이다.

당신의 목표는 노골적으로 그들에게 도전하는 것이 아니라, 은근히 그들의 성질을 건드려놓는 것이다. 뭔가 공격을 받은 것 같지만 그 이유와 방법을 눈치챌 수 없도록 말이다. 이때 라이벌의 마음속에서는 확실히 알 수 없지만 골치 아픈 감정들이 휘몰아치며, 열등감이 슬며시 고개를 들 것이다.

그다음에는 그들의 의심에 불을 지펴줄 2차 행동에 돌입해야 한다. 이러한 2차 행동에서는 다른 사람이나 미디어, 또는 간단한 루머를 이용하는 것이 은밀한 최고의 수단이다. 막판은 믿기지 않을 정도로 간단하다. 라이벌이 이런 루머에 반응할 정도로 스스로에 대한 불안감을 가진다면, 당신은 그저 뒷짐을 지고 서서 목표한 상대가 자멸하는 것을 지켜보기만 하면 된다. 이때 흡족하여 마지막 한 방을 날리고 싶은 유혹은 반드시 참아내야 한다. 사실 이 시점에서 최선의 방법은 의중을 헤아릴 수 없는 도움과 충고를 제공하면서 친절하게 구는 것이다. 이렇게 한다면 당신의 라이벌은 과민한 반응을 보일 것이다. 맹렬하게 달려들고 창피한 실수를 저지르거나, 스스로를 너무 많이 드러내거나, 과도한 방어적 행동을 보이고, 자신의 위치와 자존심을 지키려고 눈에 띄게 노력할 것이다. 방어적인 행동을 보이는 사람들은 무의식적으로 타인을 밀어내게 마련이다.

이제 당신의 개시 행동은 잊힐 것이다. 부각되는 것은 라이벌의 과도한 반응과 굴욕뿐이다. 당신은 더 이상 손을 더럽힐 필요가 없다. 라이벌의 위치 상실은 당신의 이득이 된다. 당신은 한 수 앞서고, 라이벌은 한 수 뒤처지게 된다.

## ● 뒤집어보기

일상생활의 지속적인 인간관계 속에서는 한 수 앞서기 전략을 구사하는 편이 더 현명하다. 때로는 라이벌과 직접 싸우는 것이 속이 후련할 수도 있다. 때로는 노골적인 위협 메시지를 보내고 싶다는 생각이 들 수도 있다. 하지만 이렇게 직접적인 접근 방식으로 순간적인 만족을 얻을 경우, 동료들은 언젠가 당신이 자신한테도 그렇게 하지 않을까 하는 의심을 품어 결국 당신을 옭아맬 것이다. 장기적인 관점으로 평판을 유지하자. 현명한 부하는 항상 예의 바른 태도로 모범을 보이며, 강철 주먹은 벨벳 글러브 안에 감추고 있다.

STRATEGY

29

# 야금야금 갉아먹어라

## 기정사실의 힘

▲

명백한 권력 쟁취나 급격한 지위 상승에는 위험이 따른다. 시기와 의심, 불신을 조장하기 때문이다. 최선의 해결책은 조금씩 갉아먹고 야금야금 집어삼키며 사람들의 비교적 짧은 관심 기간을 가지고 노는 것이다. 이 전략을 통해 사람들이 미처 깨닫기도 전에 제국을 구축할 수도 있다.

▲

◆

## 점진적인 정복

1940년 6월 17일 영국 총리 윈스턴 처칠은 샤를 드골 장군의 갑작스러운 방문을 맞았다. 독일인들이 베네룩스(벨기에, 네덜란드, 룩셈부르크 3국)와 프랑스로 대대적인 공습을 감행하기 시작했으며, 너무 빠르게 진격해와 프랑스 군대뿐 아니라 정부마저 이미 무너진 상태였다. 프랑스의 권력자들은 아직 독일군에게 점령되지 않은 다른 지방이나 북아프리카의 프랑스령 식민지로 피신했다. 여태껏 영국으로 피신한 사람은 없었다. 그런데 드골 장군이 단신으로 영국에 나타나 공동의 대의를 위해 싸우겠다고 말한 것이다.

두 남자는 드골이 전쟁 중 잠시 프랑스의 국방 차관으로 재직할 때 만난 적이 있었다. 처칠은 어려운 시기에 보여준 드골의 용기와 결단력에 감탄했지만, 드골은 기이한 사람이었다. 50세의 나이였지만 그의 군 경력은 그다지 눈에 띄는 게 없었으며, 중요한 정치적 인물로 인식되지도 않았다. 하지만 그는 항상 자신이 세상의 중심에 있는 것처럼 행동했다. 그런 그가 지금 프랑스를 구할 수 있다고 자신하는 것이다. 어쨌든 처칠은 드골이 이용 가치가 있을지도 모른다고 생각했다.

드골이 영국에 도착한 지 몇 시간 후, 프랑스는 독일과 평화 협정을 체결했다. 두 국가의 협정하에 독일의 꼭두각시 비시 정부(나치 독일의 종속국)가 들어섰다. 드골은 처칠에게 한 가지 제안을 했다. BBC 라디오 방송으로 모든 프랑스인에게 용기를 잃지 말 것을 호소하는 연설을 하고 싶다는 것이었다. 처칠은 프랑스의 새로운 비시정부와 마찰을 빚을까 봐 망설였다. 하지만 드골은 비시 정부를 자극하는 말은 절대 하지 않겠다고 약속했고, 결국 처칠은 승인했다.

드골은 약속을 지켰지만, 연설을 마치면서 다음 날 방송을 기약했다. 이를 안 처칠은 굳이 막아봐야 모양새가 좋지 않다고 생각하고, 연설이 프랑스인의 마음을 위로해주길 바랐다.

다음 날 방송에서 드골은 무척 대담해졌다. "아직 무기를 가지고 있다면 계속 저항할 의무가 있습니다." 그는 더 나아가 프랑스 군인들에게 적군에게 복종하지 말라고 호소했다. 또한 '자유 프랑스'라는 국경 없는 국가를 수립할 것이며, '자유 프랑스군'을 결성해 프랑스 해방의 선두에 설 것이라고 선언했다.

처칠은 드골의 연설을 듣는 사람이 그리 많으랴 싶어 방송을 계속하도록 놔뒀다. 그런데 어느새 드골은 유명인사가 되어 있었다. 독일군 점령하에 있는 비시정부가 하는 일은 불명예로 받아들여지고 있었고, 전쟁의 공포로 아무도 앞으로 나서지 않을 때 드골이 나타난 것이다. 무엇보다도 그의 호소에 사람들이 반응하기 시작했다. 1940년 7월에 단 수백 명의 군인으로 시작한 자유 프랑스군은 한 달 후 수천 명으로 늘어났다.

곧 드골은 자유 프랑스군을 이끌고 중앙아프리카와 적도 부근에 있는 프랑스의 식민지를 해방하기 위한 출정에 나섰다. 자유 프랑스군은 비교적 수월하게 차드와 카메룬, 프랑스령 콩고, 가봉을 점령했다.

1940년 말 드골이 영국으로 돌아왔을 때는 수천 제곱킬로미터의 영토가 그의 지휘하에 있었다. 한편 그의 뛰어난 지휘력 덕분에 자유 프랑스군은 2만으로 늘어났으며, 그의 과감한 모험은 영국 대중의 마음을 사로잡았다. 그는 이제 하급 장군이 아닌 자유 프랑스군을 이끄는 지도자였다. 드골은 이렇게 변화한 지위에 걸맞은 행동을 했다. 영국에 부탁이 아닌 요구를 했으며, 다소 공격적인 태도를 취했다. 처칠은 자신이 지나치게 드골의 앞길을 열어준 것은 아닌지 후회스러운 마음이 들 정도였다.

이듬해 드골은 프랑스 레지스탕스의 인물들과 접촉하기 시작했다. 공산주의자와 사회주의자들이 대부분인 레지스탕스는 그때까지 무질서하고 체계가 잡히지 않은 조직이었다. 레지스탕스 조직을 규합하기 위해 드골이 선택한 인물은 전쟁 전 사회주의 정권에서 근무한 경험이 있는 장 물랭Jean Moulin이었다. 장 물랭은 1941년 10월 드골의 요청에 따라 영국으로 건너왔다. 이 전략은 연합군에게도 이득을 안겨주는 것이었기에 처칠의 지원으로 물랭은 1942년 초 프랑스 남부로 잠입할 수 있었다.

그해 말쯤 되자 점점 더 오만해지는 드골의 태도는 연합국, 특히 미국의 프랭클린 D. 루스벨트 대통령의 눈에 거슬렸다. 이들은 좀 더 유순한 사람으로 드골의 자리를 대체하려는 계획을 세웠다. 프랑스에서 존경받는 군인이며, 드골보다 훨씬 더 뛰어난 군 경력을 가진 앙리 지로Henri Giraud 장군이 적임자라고 생각했다. 처칠의 승인하에 지로 장군은 북아프리카 프랑스 군대의 최고사령관으로 임명되었다. 연합국의 음모를 감지하고서 드골은 지로 장군과의 만남을 요청했다. 끊임없는 관료적 다툼 끝에 지로 장군은 1943년 5월 알제에 도착했다.

이 두 남자는 만나는 순간부터 서로 목에 가시 같은 존재가 되었으며, 상대편이 절대 동의할 수 없는 제안을 하곤 했다. 마침내 드골은 타협을 시도했다. 그는 전후 프랑스를 이끌어갈 위원회의 구성을 제안하며, 그에 대한 보상으로 위원회의 확장 및 비시정부와 연관된 모든 간부를 숙청한다는 양보를 받아냈다. 지로 장군은 만족해하며 서명했다. 이렇게 해서 1943년 6월 두 사람이 공동위원장이 되어 프랑스 국민해방위원회가 결성되었다. 하지만 그 후 지로 장군이 미국을 방문하기 위해 알제를 떠난 사이 드골은 규모가 커진 위원회의 공석을 자기 측 사람과 레지스탕스 요원들로 채워버렸다. 지로가 돌아왔을 때쯤 그의 정치적 권력은 이미 상당 부분 제거된 상태였기에 그는 사임하지 않을 수 없었다. 그로부터 몇 달 후 드골은 최고 지휘권자가 되었다.

루스벨트와 처칠은 이러한 상황을 우려의 눈길로 지켜보았다. 이들은 다양한 공작으로 드골을 방해하려 했지만, 아무런 성과가 없었다. 단순하게 시작했던 BBC 방송이 수백만 명의 열성적인 프랑스 애청자를 확보하더니 이제는 물랭을 통해 프랑스 레지스탕스에 대한 통제권을 완전히 확보한 상태였다. 그렇다고 드골과 절교하자니 연합군 레지스탕스의 관계에도 영향을 미칠 수 있었다. 그리고 전후 프랑스를 통치하기 위해 드골이 조직한 프랑스 국민해방위원회는 이제 전 세계에서 프랑스 정부로 받아들여지고 있었다. 드골 장군과 어떤 형태로든 정치적 다툼을 벌인다면, 이는 곧 국제사회의 문제로 떠올라 전쟁을 종식하기 위한 노력을 하루아침에 무너뜨릴 수도 있었다.

한때는 별 볼 일 없던 장군이 서서히 통제권을 장악하며 한 제국을 건설해냈다. 그것을 막기 위해 다른 사람이 할 수 있는 일은 아무것도 없었다.

## 해석

샤를 드골 장군이 영국으로 피신해왔을 당시, 그는 프랑스의 명예를 회복하겠다는 한 가지 목표만을 가지고 있었다. 조국 프랑스를 해방시키기 위해 군사와 정치 조직을 이끌겠다는 것이었다. 그는 조국이 다른 나라에 의존해야 하는 나약한 국가가 아니라, 연합국과 동등한 위치의 국가로 인식되길 원했다.

만약 드골이 그러한 의도를 드러냈더라면 망상과 야심을 품은 위험인물로 낙인찍혔을 것이다. 그는 재빨리 권력을 붙잡은 후에도 이러한 의도를 드러내지 않았다. 그 대신 목표를 주시하고 아주 신중하게 한 번에 한 입씩 야금야금 갉아먹었다.

다른 사람들의 눈에 공격적이고 야심 찬 인물로 비쳐 반감을 유발하지 않고, 방해받지 않은 채 성공하기란 쉽지 않다. 이를 해결하는 방법은 당신의 야심을 낮추는 것이 아니라 그 야심을 위장하는 것이다. 목표를 향해 단계적으로 접근하는 방식은 호전성을 완벽하게 감추어준다. 이 작전이 성공하려면, 당신이 정복하고 싶은 제국이라는 목표를 확실히 파악한 후, 먼저 제국의 바깥 부분부터 조금씩 야금야금 갉아먹어야 한다.

그럴 때는 전체적인 전략의 흐름에 맞춰야 하지만, 아무도 당신에게 더 큰 의도가 있음을 알아채지 못할 정도로 조금만 갉아먹어야 한다. 당신의 의도를 감추고 당신이 소박한 야심을 가진 사람으로 비치도록 시간의 흐름에 맡겨라. 당신의 라이벌이 정신을 차리고 당신이 무엇을 먹어치웠는지를 깨달을 때쯤이면, 그들 또한 당신에게 먹혀버릴 수 있는 위기에 처해 있을 것이다.

◆ **생존의 기술**

## 야금야금 갉아먹어라

대부분 사람은 천성적으로 보수적이다. 자신이 가진 것을 빼앗기지 않으려 안달하고, 예측할 수 없는 결과와 피할 수 없는 갈등을

야기하는 상황을 두려워한다. 사람들은 대립을 싫어하고 피하려 한다. 바로 이 때문에 많은 사람이 자신이 원하는 것을 얻기 위해 소극적인 공격을 하는 것이다. 당신은 인생의 계획을 세울 때, 이러한 인간 본성을 항상 염두에 두어야 한다. 이는 또한 모든 기정사실 전략의 바탕이 되기도 한다.

기정사실 전략은 다음과 같이 진행된다. 먼저 당신의 안전과 권력을 위해 당신이 원하거나 필요한 것이 있다고 가정해보자. 당신이 의논이나 경고 없이 그것을 빼앗아간다면, 적은 당신과 싸울 것인지 아니면 그냥 손실을 받아들이고 말 것인지를 선택하게 된다. 당신이 빼앗은 무언가와 그것을 빼앗은 일방적인 행동이 전쟁을 벌이는 위험과 수고, 대가를 감당할 만한 가치가 있는가? 쉽게 더 큰 전쟁으로 확대될 수 있는 전쟁과 손실 중 어느 것의 대가가 더 큰가? 당신이 진정한 가치를 지닌 무언가를 빼앗는다면, 당신의 적은 신중한 결정을 내려야 할 것이다. 이는 아주 중요한 결정이 되기 때문이다. 반면에 당신이 작고 별 볼 일 없는 것을 빼앗는다면, 당신의 적은 굳이 전투를 선택하지는 않을 것이다. 작은 것을 두고 싸우기보다 당신을 그냥 내버려두는 것이 더 합리적이기 때문이다. 이것이 바로 적의 보수적인 성향을 이용하는 것이며, 일반적으로 보수적인 성향은 탐내는 성향보다 더 강하게 마련이다. 따라서 당신이 빼앗은 작은 부분은 기정사실, 즉 현상의 일부분이 될 것이며 이는 앞으로도 그대로 유지할 수 있게 된다.

머지않아 이 전략의 일환으로서 당신은 또다시 작은 부분을 야금야금 갉아먹게 될 것이다. 이번에 당신의 적은 좀 더 경계심을 품고, 당신의 행동을 주시할 것이다. 하지만 이번에도 역시 당신은 작은 부분만을 갉아먹을 것이고, 라이벌은 다시 한번 당신과 싸우는 일이 신경 쓸 만한 가치가 있는지 재볼 것이다. 전에는 그러지 않았는데, 이번엔 왜 이 문제를 생각해보는 것일까? 기정사실 전략은 드골이 했던 것처럼 아무도 눈치채지 못하게 능숙하게 수행해야 한다. 물론 언젠가는 당신의 목표가 드러나고 당신의 라이벌이 이전의 평화주의를 후회하며 전쟁을 고려할 때가 오겠지만, 그때쯤이면 당신은 이미 작은 상대도, 처치하기 쉬운 상대도 아닐 것이다. 이제 다른 리스크에 주의를 기울일 때다.

기정사실 전략의 비결은 토론 없이 빠르게 행동하는 것이다. 만약 행동을 취하기도 전에 자신의 의도를 드러낸다면 수많은 비판과 분석, 의문에 둘러싸이게 될 것이다. 하지만 처음부터 완벽하게 통제하려 든다면, 동료들의 활력을 빼앗고 질투심과 분노를 유발할 수 있다. 모두가 한 팀으로 같이 일한다는 착각을 심어준 다음, 서서히 갉아먹어야 한다. 이러한 과정에서 동료들이 화내더라도 걱정하지 마라. 이는 단지 그들이 감정적으로 프로젝트에 참여하고 있다는 징조일 뿐이며, 이들이 당신의 계략에 넘어갈 수 있다는 것을 의미한다.

당신은 자신이야말로 야금야금 갉아먹히고 있는 것은 아닌지 의심해야 한다. 이때 당신이 구사할 수 있는 맞대응 전략은 더 이상의 진전이나 기정사실을 막는 것이다. 빠르고 강력한 대응은 당신을 야금야금 갉아먹는 적의 용기를 꺾어놓는 데 충분하다. 적은 약점이 있거나 많은 전투를 감당해내지 못해 이 전략을 사용하기도 한다. 만약 적이 프리드리히 대왕처럼 더 강하고 더 야망이 크더라도 강력한 대응이 필수적이다. 아무리 작은 것이라도 적이 먹어치우게 두는 것은 위험하다. 이러한 사태를 미리 방지하라.

STRATEGY

30

# 적의 마인드에 침투하라

## 커뮤니케이션 기술

▲

커뮤니케이션은 당신이 영향을 미치고 싶은 상대의 저항적이고 방어적인 마인드를 전장 삼아 치러지는 일종의 전쟁이다. 목표는 그들의 방어선을 뚫고 들어가 마인드를 점유하는 것이다. 여타의 것들은 비효율적인 의사소통이자 자아도취적인 이야기일 뿐이다. 적의 방어선 너머로 당신의 아이디어를 잠입시키고 사소한 사안들을 통해 메시지를 보내며 상대가 당신이 원하는 방향으로 결론을 내리도록 유인하는 법을 배워라. 당신의 비범한 아이디어들을 평범하게 포장함으로써 속여 넘길 수 있는 사람들도 있다. 좀 더 저항적이거나 둔감한 이들은 참신함으로 가득 찬 극적인 언어로 일깨워야 한다. 나아가 상대가 스스로 그런 결정을 내렸다고 생각하도록 만들면 금상첨화다. 어떤 희생을 치를지라도 정적이거나 설교조이거나 지나치게 개인적인 언어 선택은 피해야 한다. 당신의 언어를 수동적인 명상이 아닌 행동을 자극하는 도화선으로 만들어라.

▲

◆

## 위대한 지능의 소유자

1498년 스물아홉 살의 니콜로 마키아벨리는 피렌체 제2서기관으로 임명되어 피렌체의 외교 업무를 맡았다. 이 같은 보직은 이례적이었다. 마키아벨리는 신분이 비교적 낮고 정치 경험도 전무했으며, 법학 학위나 여타 자격증도 없었기 때문이다. 그러나 일찍이 그의 잠재력을 높이 평가한 피렌체 정부 인사와 연줄이 닿았다. 그 후 몇 년간 마키아벨리는 식을 줄 모르는 열정으로 정치 사안들을 예리하게 보고하고 외교관과 대신들에게 훌륭한 조언을 제공하여 동료들 사이에서 두각을 나타냈다. 그는 화려한 경력의 시발점에 서 있는 것처럼 보였다.

그러나 마키아벨리의 실제 생활은 전혀 그렇지 못했다. 그는 친구들에게 늘 힘 있는 고관이 자신의 공로를 가로채 간다며 한탄하기도 했다. 또한 고관 중 상당수가 단지 출신과 연줄 때문에 지위를 얻은 어리석고 게으른 사람들이라며, 이런 자들에게 이용당하는 대신 이용하는 방법을 찾을 거라고도 했다.

마키아벨리가 서기관으로 임명되기 전 메디치가[家]의 통치를 받고 있던 피렌체는 1494년에 메디치가를 축출하고 공화정이 되었다. 그리고 1512년, 교황 율리우스 2세는 다시 피렌체를 무력으로 탈취하여 공화정을 몰아내고 메디치가의 권력을 복원시키기 위해 군대에 자금을 조달했다. 이 계획이 성공을 거두자 메디치가는 다시 권력을 장악했다. 몇 주 뒤 마키아벨리는 메디치가에 대한 반역 음모에 가담했다는 석연치 않은 누명을 쓰고 투옥되었다. 그는 고문을 당하면서도 자신과 연루된 다른 이들이 있는지는 끝까지 입을 열지 않았다. 마키아벨리는 1513년에 출옥한 이후 불명예스럽게 은퇴하여 피렌체 외곽의 작은 농장에 칩거하였다.

마키아벨리에게는 프란체스코 베토리라는 절친한 친구가 있었는데, 그는 정권 교체 과정에서 가까스로 살아남아 메디치가의 비위를 맞추며 정계에 머물고 있었다. 1513년 봄, 베토리는 마키아벨리로부터 그의 새로운 인생이 묘사된 편지를 받기 시작했다. 마키아벨리는 밤마다 혼자 연구를 하고 역사적인 위인들과 정신적 교감을 나누면서 그들이 지닌 힘의 비결을 파헤치려 노력했다. 이런 방식을 통해 그동안 자신이 터득한 정책과 정치적 수완을 상당수 추출하고자 했다. 그는 베토리에게 보내는 편지에서 '프린키파투스De principatus'라는 소책자를 집필 중이라며, "이 책에서 나는 이 주제와 관련한 개념들을 최대한 깊이 파헤쳐서 군주다운 통치의 성격에 대해 논하고 있다네."라고 밝혔다. 훗날 이 책에는 그 유명한 '군주론'이라는 제목이 붙게 된다. 이 책이 전하는 지식과 조언은 대규모 군대보다 한 명의 군주에게 더 큰 가치를 발휘할 터였다. 베토리라면 그것을 메디치가 사람에게, 즉 마키아벨리가 기꺼이 그 작품을 헌정할 만한 사람에게 보여줄 수 있을 것이다. 그리하여 이 소책자가 '새로운 군주' 가문에서 유용하게 쓰인다면 정계에서 배제된 마키아벨리의 경력을 회복시켜줄 수도 있을 것이다.

베토리는 그 책자를 로렌초 데 메디치에게 전달했지만, 로렌초는 같은 시기에 받은 사냥개 두 마리에 더 관심이 많았다. 『군주론』은 베토리에게도 골치 아픈 존재였다. 그 책자에 등장하는 충고들은 이따금 너무 과격하고 도덕과는 전혀 관계없는 데 반해 그 논조는 지극히 냉정하고 무미건조했다. 작가는 진실을 너무 과감하게 썼다. 마키아벨리는 원고를 다른 친구들에게도 보냈지만, 그들 역시 그것을 어떻게 해야 할지 감을 잡을 수 없었다. 풍자를 위해 쓰인 책은 아닐까? 친구들 사이에서도 마키아벨리는 권력을 쥔 어리석은 귀족들을 경멸하는 사람으로 유명했다.

마키아벨리는 곧 향후 『로마사 논고』로 알려질 또 한 권의 책을 집필했는데, 이것은 불명예스럽게 은퇴한 이후 친구들과 나눈 대화의 정수라고 할 수 있었다. 정치에 대한 일련의 고찰로 이뤄진 그 책은 『군주론』과 마찬가지로 다소 과격한 내용이 포함되어 있었지만 군주 한 사람보다는 공화정 체제에 더 적합한 내용이었다.

그 뒤 2, 3년간 마키아벨리는 점차 대우를 받기 시작하여 피렌체 국사에 참여할 수 있게 되었다. 그가 쓴 《만드라골라》라는 희곡은 교황의 칭송을 받았으며, 피렌체의 역사를 저술해달라는 청을 받기도 했다. 『군주론』과 『로마사 논고』는 출판되지는 않았다. 그러나 이탈리아의 지도자와 정치인들 사이에 그 사본들이 유포되었다. 물론 그때까지도 그 책의 독자는 소수에 불과했다.

그런데 마키아벨리가 사망한 후 출간되지 못한 이 두 저서가 이탈리아 밖에서 유포되기 시작했다. 1529년 영국 왕 헨리 8세의 재상이었던 간교한 토머스 크롬웰은 『군주론』 사본을 입수하여, 경솔한 로렌초 데 메디치와 달리 책을 꼼꼼하고 주의 깊게 읽었다. 그에게는 그 책에 등장하는 역사적 일화들이 매우 생생하고 즐겁게 느껴졌으며, 꾸밈없는 어조 또한 기괴하기보다는 신선하게 생각되었다. 무엇보다도 도덕과 관계없는 조언들이야말로 사실은 꼭 필요한 것이었다. 저자는 지도자가 권력을 유지하기 위해 해야 할 바는 물론이고 국민에게 자신의 행위를 제시하는 방식까지 설명해놓았다. 크롬웰은 마키아벨리의 조언을 왕에게 제시하는 자신의 권고에 적용했다.

『군주론』은 마키아벨리 사후 몇십 년 동안 몇 개 국어로 출간되어 널리 퍼져나갔다. 작품이 두각을 드러내면서 그에 대한 반응은 양극단으로 나뉘었다. 비도덕적이라고 지탄하는 사람들이 있는가 하면, 위대한 정치 거물들은 은밀히 그 책을 탐독했다. 프랑스의 리슐리외 추기경은 정치에서 『군주론』을 일종의 성서로 삼았고, 나폴레옹도 종종 『군주론』을 참고했으며, 미국 대통령 존 애덤스는 항상 곁에 두고 읽었다. 또 프로이센의 프리드리히 대왕은 볼테르의 도움을 받아 「반反 마키아벨리」라는 논문을 쓰고도 태연하게 마키아벨리가 제시한 수많은 생각을 그대로 실천했다.

농장에 칩거하게 된 후, 마키아벨리는 멀리 떨어져서 충분한 시간을 두고 자신이 가장 관심 있어 하는 문제에 관해 깊이 생각할 수 있었다. 첫째, 그는 머릿속으로 오랫동안 준비해온 정치 철학의 공식을 서서히 완성했다. 마키아벨리에게 절대선善은 역동적인 변화의 세계, 즉 공화국이나 도시들이 질서를 재정립하고 활력을 되찾아 영원히 움직일 수 있는 세계였다. 반면 정체와 자기만족은 절대악으로 여겨졌다. 건강한 변화의 매개체는 이른바 '새로운 군주', 즉 젊고 야심만만하며 사자와 여우의 면모를 고루 갖추고 의식적으로든 무의식으로든 기성의 질서에 저항하는 사람이었다.

둘째, 마키아벨리는 새로운 군주가 권력의 정점에 다다르는 과정과 종종 정점에서 몰락하는 과정을 분석했다. 여기에는 분명한 패턴이 존재했는데, 외관을 관리하고, 사람들의 신념 체계를 마음대로 주무르며, 간혹 비도덕적인 조치를 과단성 있게 취해야만 권력을 자신의 것으로 만들고 유지할 수 있었다.

마키아벨리는 저서에 꾸밈없고 간결하여 속도감 있는 어조를 사용했다. 따라서 독자들은 생각의 흐름이 중단되는 일 없이 행동을 취하고자 하는 욕구에 휩싸였다. 종종 등장하는 과격한 조언은 오히려 둔감한 독자들을 일깨워주었다. 그렇게 그는 청년들에게까지 호소력을 발휘할 수 있었다. 그는 결론을 열어둔 채 해야 할 바를 구체적으로 지시하지 않았다. 독자들은 권력에 대한 나름의 생각과 경험을 통해 저서의 빈 곳을 채움으로써 공모자가 되었다. 마키아벨리는 다양한 장치를 통해 독자들에게 영향력을 휘두르는 동시에 그러한 조작의 증거를 은닉하는 데 성공했다. 보이지 않는 것에는 저항이 힘들다.

명심하라. 당신이 천지를 개벽시킬 만한 뛰어난 생각이 있다 해도 그것을 효과적으로 표현하지 못하면, 사람들의 머릿속에 지속적인 영향을 미칠 수 없다. 자신에게 익숙한 표현 방식을 사용하기보다는 독자나 청중에게 초점을 맞춰야 한다. 그것도 장수가 적에 대항하여 전술적 승리를 거두기 위해 쏟아붓는 만큼 전력을 다해서 말이다. 흥미와 집중력을 쉽게 잃는 사람들을 상대할 때는 그들을 즐겁게 해주면서 당신의 생각이 뒷문으로 슬금슬금 침투하도록 만들어야 한다.

또한 지도자들에게는 신중하고도 우회적인 방식을 취해야 한다. 제삼자를 동원하여 전파하고자 하는 개념의 출처를 위장하는 것도 좋은 방법이다. 그리고 젊은이들에게는 더 과격한 표현을 사용하는 것이 좋다. 젊은이들에게 활기를 불어넣을 수 있는 역동적인 어조를 통해 독자들을 몰아쳐야 한다. 되도록 당신이 선택한 의사소통의 형식에 의식적으로 집중하지 않도록 만들어야 한다. 그래야만 당신의 위험한 생각들이 머릿속 깊숙이 침투한다는 사실도 의식하지 못할 테니 말이다.

# 적의 마인드에 침투하라

수백 년 동안 사람들은 말을 통해 타인에게 영향력을 행사할 수 있는 마법의 공식을 모색해왔다. 하지만 그러한 시도는 번번이 실패로 돌아갔다. 말에는 모순적이고 기묘한 특성이 있다. 예를 들어, 당신이 사람들에게 충고하면 그 충고가 아무리 그럴싸해도 결국 그 안에는 당신이 그들보다 더 많은 것을 알고 있다는 암시가 들어 있는 셈이다. 이것이 청중에게 불신을 안겨주는 상황으로 치달으면, 아무리 현명한 충고라도 청중의 방어벽은 더욱 두터워질 수 있다.

그렇다고 해서 언어를 통한 힘의 모색이 완전히 헛수고라는 말은 아니다. 다만 기본적인 심리학 지식을 바탕으로 더 전략적인 태도를 보여야 한다는 얘기다. 우리 자신을, 우리의 태도를 진정으로 변화시키는 것은 다른 사람의 말이 아니라 자신의 경험이다. 어떤 사건 하나가 우리의 감정을 뒤흔들고 평소에 갖고 있던 세계관을 산산이 부숴놓으며 지속적으로 영향을 미칠 수도 있다. 글로 읽거나 귀로 들은 훌륭한 스승의 말 한마디가 눈앞의 문제를 숙고하게 되는 계기가 될 수도 있으며, 그 과정에서 사고방식이 바뀌기도 한다. 요컨대 우리를 깊이 동요시켜 우리의 마음속에 사고와 경험으로 뿌리내린 것들만이 지속적으로 우리의 행동을 변화시키는 힘을 갖는다는 얘기다.

고대 아테네의 위대한 철학자 소크라테스는 분명히 커뮤니케이션의 본질을 깊이 숙고한 인물이다. 소크라테스의 목표는 단순했다. 사람들이 세상에 대해 알고 있는 것들이 지극히 피상적임을 그들에게 인식시키는 것이었다. 하지만 그가 만약 이것을 전통적이고 직접적인 방식으로 말하려 했다면, 청중의 저항감을 부추기고 지식에 대한 자기만족을 더욱 강화하기만 했을 것이다. 그래서 소크라테스는 숱한 시행착오를 거쳐 하나의 방법론을 고안했다. 가장 먼저 해야 할 일은 함정을 파는 것이었다. 그는 자신의 무지無知를 보여주고, 주로 청년층인 청중에게 자신은 별로 아는 게 없으며 자신이 지혜롭다는 것은 소문에 불과하다고 말했다. 그러면서 즉석에서 청중의 생각을 칭송하며 찬사를 늘어놓아 그들의 허영심을 충족시켜주었다. 그런 다음, 일련의 질문을 던져 청중 가운데 한 사람과 대화를 나누면서 방금 찬사를 늘어놓았던 바로 그 생각들을 서서히 해체했다. 직접적으로 부정적인 말을 던지기보다는, 질문을 통해 상대가 스스로 자신의 생각이 불완전하거나 틀렸다는 것을 깨닫도록 이끈 것이다. 소크라테스는 '산파' 역할을 자처하여 세상에 대한 사람들의 선입관을 부숴버렸다. 절대 자기 생각을 주입하지 않았다. 다만 사람들이 모든 이들에게 잠재된 의심을 분만해내도록 도왔을 뿐이다.

소크라테스식의 문답법은 경이로운 성공을 거뒀다. 아테네의 모든 청년이 소크라테스의 주문에 걸리고 그의 가르침에 의해 영구적으로 변화되었다. 그들은 소크라테스의 사상을 마치 복음인

양 전파했다. 그중 가장 유명한 사람이 바로 플라톤이다. 소크라테스의 방법론은 고도로 전략적이었다. 그는 자신을 낮추고 다른 이들을 추켜세움으로써 청자들의 방어 본능에 자리한 뇌관을 제거하고, 그들이 모르는 사이에 그들의 방어벽을 낮췄다. 그런 다음 그들을 토론의 미로, 자신이 믿고 있던 모든 것에 의문이 제기되는 그런 미로 속으로 끌어들였다.

이러한 방법론을 '심층 커뮤니케이션'으로 생각하라. 일반적인 설교와 심지어 문학·예술작품도 대개는 사람들을 피상적으로만 자극할 뿐이다. 이런 것들이 어쩌다가 우리의 말이나 행동이 심금을 울려 모종의 효과를 창출했다고 해도 그들의 사고방식이나 행동 방식을 바꿔놓을 만큼 머릿속에 오랫동안 남아 있는 경우는 드물다.

커뮤니케이션의 내용뿐만 아니라 그 형식에도 주의를 기울여야 한다. 수많은 말을 통해 메시지를 전달하기보다는 사람들이 스스로 당신이 원하는 결론을 내리도록 이끄는 방식에도 주의를 기울이라는 말이다. 예를 들어 사람들의 나쁜 버릇을 고치고자 한다면, 그저 그만하라고 설득하기보다는 그 버릇을 반영하여 보여주는 방식, 즉 그것이 다른 사람들에게 얼마나 성가시게 느껴지는지를 보여주는 방식이 훨씬 더 효과적일 것이다. 자신감이 부족한 사람들에게 자신감을 심어주고자 한다면 그저 피상적인 효과를 내는 칭찬을 건네기보다는 가시적인 무언가를 성취하도록 밀어붙여 그들에게 실질적인 경험을 제공해야 한다. 이러한 경험이 훨씬 더 깊은 자신감으로 바뀔 테니 말이다. 중요한 개념을 전달하고자 한다면 설교를 하기보다는 독자나 청자들에게 단초를 제공하여 스스로 결론에 도달하도록 만들어야 한다. 당신이 전달하고자 하는 개념을 그들 스스로 내면화하도록 만들어라. 그것이 그들의 머릿속에서 떠오른 것처럼 보이게 하라. 이렇게 우회적인 커뮤니케이션은 사람들의 방어선을 깊숙이 꿰뚫는 힘을 발휘한다.

전쟁에서는 거의 모든 것이 그 결과로 판단된다. 장수가 자신의 군대를 패배로 이끌었다면, 처음 그의 의도가 아무리 고귀했다고 해도, 예상치 못한 요소들 때문에 계획이 틀어진 것이라고 해도 어쨌든 그는 패장이다. 어떤 이유도 허용되지 않는다. 마키아벨리가 제시한 가장 혁신적인 생각들 가운데 하나는 바로 이런 기준을 정치학에 적용한 것이었다. 그는 정치가들의 말이나 의도가 아닌 그들이 취한 행동의 결과, 즉 권력의 증감 여부를 중시했다. 마키아벨리는 이것을 '실질적인 진실'이라 일컬었다. 즉 진짜 진실, 다시 말해서 말이나 이론상으로서가 아니라 실제로 일어난 일을 의미하는 것이다. 예를 들어, 교황의 경력을 검증할 때 마키아벨리가 중점을 둔 부분은 그가 구축한 동맹이나 재산, 영토 등이었지, 그의 성격이나 종교적 성명이 아니었다. 공적과 결과는 거짓말을 하지 않는다.

사람들에게 영향을 미치고 그들의 견해를 바꾸는 것은 매우 중대한 사안이다. 전쟁만큼이나 중대하고 전략적인 사안이다. 따라서 자기 자신과 다른 이들에게 더욱 엄격해질 필요가 있다. 커뮤니케이션의 실패는 아둔한 청중이 아닌 전략이 부족한 전달자의 잘못이기 때문이다.

## 뒤집어보기

어떤 경우든 당신은 사람들이 자신을 표현하는 방식에 주의를 기울여야 한다. 절대 그들이 말하는 내용을 액면 그대로 받아들여서는 안 된다. 예를 들어 일반적이고 모호한 얘기를 늘어놓거나, '정의', '도덕성', '자유' 등 추상적 용어를 수없이 사용하면서 실제로는 자신이 말하는 바의 구체적인 의미를 설명하지 않는다면, 십중팔구 무언가를 숨기는 것이다. 대개는 자신도 하고 싶지 않지만 어쩔 수 없이 해야만 하는 행위를 숨기기 위해 옳은 말들을 장황하게 늘어놓는 경우다. 따라서 상대가 그런 말을 늘어놓는다면 의심해봐야 한다.

STRATEGY
31

# 내부에 들어가 파괴하라

## 후방 교란

▲

실제로 전쟁은 적이 자신을 드러내야만 치를 수 있다. 상대의 조직에 잠입하여 내부에서 파괴 공작을 벌이면 상대는 적이 누구인지 알 수도, 그에 대응할 수도 없게 된다. 이것은 최상의 이점이라고 할 수 있다. 당신의 적대적 의도를 숨겨라. 원하는 것을 손에 넣고자 할 때 그것을 가진 자와 싸우는 것이 여의치 않으면 그 사람의 친구나 부하가 되어라. 그리하여 천천히 그것을 당신의 것으로 만들거나, 쿠데타를 감행할 시기를 노려야 한다. 어떤 조직이라도 내부에서부터 썩어 들어가면 오래 버티기가 힘들다.

▲

◆

## 보이지 않는 적

1933년 후반 아돌프 히틀러는 마흔여섯 살의 해군 소장 빌헬름 카나리스Wilhelm Canaris를 군사정보국, 즉 독일 참모부의 비밀 정보 및 방첩 부서의 수장으로 임명했다. 히틀러는 당시 독재 권력을 획득한 지 얼마 되지 않았고, 향후 유럽 정복을 꾀할 목적으로 카나리스가 군사정보국을 영국 정보부처럼 효율적인 정보기관으로 만들어주기를 바랐다. 사실 카나리스는 그 자리에 어울리는 인물이 아니었다. 귀족 출신에 나치 당원도 아니었고 특출한 군사적 업적도 없었다. 그러나 히틀러는 카나리스가 훌륭한 첩보 조직의 지휘자에 어울리는 장점을 갖고 있음을 간파했다. 마치 기만과 속임수를 위해 태어난 듯 극도로 교활하며 성과를 도출하는 법을 아는 인물이라는 점이 바로 그것이었다. 또한 히틀러 외에 다른 고관들에게는 보직을 청탁한 적이 없다는 사실도 장점으로 작용했다.

히틀러는 자신의 선택이 옳았음을 확인했다. 카나리스가 군사정보국을 정력적으로 재조직하여 유럽 전역에 스파이망을 확산시킨 것이다. 그 후 1940년 5월에는 프랑스와 2차 세계대전 초기 북해 연안 국가들(지금의 베네룩스, 즉 벨기에, 네덜란드, 룩셈부르크 지역 - 옮긴이)을 기습 공격하는 데 필요한 이례적인 첩보를 제공했다. 그리하여 같은 해 여름 히틀러는 카나리스에게 중요한 임무를 맡겼다. 일명 '바다사자 작전Operation Sealion'으로, 영국 침공 계획에 필요한 첩보를 제공하는 일이었다. 전격전 끝에 연합군이 덩커크로 필사적으로 철수했을 때, 영국군은 심히 취약해 보였고 이 시점에 그들을 격파한다면 히틀러의 유럽 정복은 보장된 것이나 다름없었다.

정보 수집에 착수한 지 몇 주 후 카나리스는 독일군이 영국 육군과 공군의 규모를 과소평가했다고 보고했다. 바다사자 작전은 나치 총통이 예상했던 것보다 훨씬 큰 자원이 필요한 일이며, 만약 히틀러가 군대를 보강하지 않으면 궁지에 빠질 것이라는 소식을 전해왔다. 신속한 일격으로 영국을 격파하고 싶었던 히틀러에게는 대단히 실망스러운 소식이 아닐 수 없었다. 임박한 러시아 침공에 한눈을 팔고 있던 히틀러는 바다사자 작전에 대규모 병력을 투입하거나 영국을 정복하는 데 몇 년씩 쏟아붓고 싶지 않았다. 카나리스를 전적으로 신뢰하게 된 히틀러는 결국 바다사자 작전을 포기하고 말았다.

같은 해 여름에 알프레트 요들Alfred Jodl 장군이 다른 방식으로 영국에 치명타를 입힐 훌륭한 계획을 들고 나왔다. 스페인을 작전 기지 삼아 영국령 지브롤터섬을 침공하여 지중해를 통과하는 영국의 해로와 영국령인 인도를 포함하여 동쪽 지역으로 가는 길목인 수에즈 운하를 차단하려는 계획이었다. 파괴적인 일격이 아닐 수 없었다. 그러나 독일은 영국이 위협을 알아채기 전에 서둘러 작전을 개시해야 했다. 우회적인 방법으로 영국을 파괴시킬 수 있다는 생각에 들뜬 히틀러는 다시 한번 카나리스에게 그 계획을 검토하라고 지시했다. 카나리스는 스페인으로 가서 상황을 면밀히 검토한 다음, 영국이 그 계획을 알아챌 가능성이 크며 지브롤터의 방어도 매우 견고하다고 보고했다. 또 이 계획을 실행시키기 위해서는 스페인의 독재자 프란시스코 프랑코Francisco Franco의 협조도 필요했는데, 카나리스에 따르면 프랑코는 충분히 도움이 되는 인물이 아니었다. 결론적으로 지브롤터는 공들일 가치가 없다는 얘기였다.

히틀러 주위 사람들 대부분이 지브롤터 침공이 대단히 현실적인 전략이며, 그것은 곧 영국과의 전쟁을 전반적인 승리로 이끌 견인차가 될 것이라고 보았다. 그들은 카나리스의 보고에 충격을 받아 그가 여태껏 제공해왔던 첩보에 대해 의구심을 표출했다. 말수가 적고 마음을 읽히가 힘든 카나리스의 비밀주의적인 성격은 그가 믿음직하지 못하다는 생각에 기름을 부었다. 히틀러는 부하들의 말에 귀를 기울였으나, 프랑코 총통과 지브롤터 계획을 논의한 결과, 카나리스의 말이 모두 옳다는 것을 알 수 있었다. 프랑코가 몹시 까다롭고 온갖 어리석은 요구를 남발하는 인물이라는 사실을 알게 된 것이다. 스페인은 쉽게 주무를 수 있는 상대가 아니었으며, 따라서 매우 복잡한 병참술이 필요했다. 히틀러는 결국 요들 장군의 계획을 철회했다.

그 후 수년에 걸쳐 제3제국에 대한 카나리스의 충성심을 의심하는 장교들이 늘어났지만, 아무도 구체적인 물증을 제시하지 못했다. 어쨌든 히틀러는 카나리스를 대단히 신임했으며, 급기야는 그를 일급 기밀 작전에 투입하기에 이르렀다. 1943년 여름 이탈리아의 전 참모총장 피에트로 바돌리오Pietro Badoglio 원수가 히틀러의 가장 충실한 동맹자인 무솔리니를 체포하면서 독일에 긴장감이 감돌던 시기였다. 히틀러는 바돌리오가 비밀리에 아이젠하워 장군에게 이탈리아의 항복을 위한 협상을 개시하지 않을까 염려한 것이다. 그것은 베를린-로마 추축(1930년대의 독일과 이탈리아의 우호 관계를 가리키는 말 - 옮긴이)에 대한 치명적인 타격으로서, 필요하다면 로마에 군대를 투입하여 바돌리오를 체포하고 로마를 점령하는 등의 조치를 마련해야 했다. 그러나 그런 조치가 과연 필요할까?

카나리스의 임무는 이탈리아가 항복할 가능성을 검토하는 것이었다. 그는 이탈리아 정보부의 체사레 아메Cesare Amé 장군을 만나 양국 정보부 고위층의 회의를 마련했다. 회의석상에서 아메는 바돌리오가 독일을 배반할 의도가 전혀 없음을 힘주어 강조했다. 실제로 바돌리오 원수는 '추축'의 대의를 충실히 따를 것이라고 했다. 게다가 아메의 말은 매우 설득력 있게 들렸으므로 히틀러는 이탈리아를 내버려두기로 결정했다. 그러나 몇 주 뒤 바돌리오는 아이젠하워에게 항복했으며, 소중한 이탈리아 함대는 연합군의 손아귀에 떨어졌다. 카나리스가 농간을 당한 것이다. 아니, 어쩌면 카나리스가 그 농간의 주모자였을 수도 있다. SS(나치 친위대, Schutzstaffel의 약자)의 대외 정보부장 발터 셸렌베르크Walter Schellenberg 장군은 은밀히 조사에 착수했다. 그리하여 곧 아메와 카나리스의 회의에 참석했던 아메의 부하 두 명을 찾아냈다. 그들이 보고한 바에 따르면, 카나리스는 연합군에 항복하려는 바돌리오의 의도를 진작 알고 있었으며, 아메와 공조하여 히틀러를 속여넘겼다.

이번이야말로 군사정보국장은 현장에서 발각된 것이며 목숨을 내놓아야 할 때였다. 셸렌베르크가 카나리스의 의혹에 관한 서류들을 모아 친위대 원수 하인리히 히믈러에게 전달하자, 히믈러는 시기를 봐서 히틀러에게 보고할 터이니 절대 입을 열지 말라고 지시했다. 그러나 히믈러는 셸렌베르크의 기대를 저버리고 몇 달이 지나도록 아무런 조치도 취하지 않았다. 결국 카나리스를 명예 은퇴시키는 선에서 일이 마무리되었다.

카나리스가 은퇴한 뒤 얼마 되지 않아 그가 쓴 일기장들이 친위대의 손에 들어갔다. 곧 그가 군사정보국장이 되면서부터 히틀러에 대한 음모를 꾸몄으며, 미수에 그치긴 했지만 암살 음모까지 구상했다는 사실이 만천하에 드러났다. 카나리스의 모든 행동은 히틀러를 배반하는 것이었다. 카나리스는 강제수용소에 보내졌고, 1945년 4월에 고문받은 뒤 처형되었다.

## 해석

빌헬름 카나리스는 독실한 애국자였으며 보수적인 남자였다. 나치 정권 초기 그는 사랑하는 조국 독일을 히틀러가 파멸로 이끌 것이라고 믿었다. 그러나 그가 무슨 일을 할 수 있겠는가? 그는 일개 국민에 지나지 않았고, 히틀러에 저항할 경우 어느 정도 세간의 주목을 받긴 하겠지만 얼마 안 가 죽음을 맞게 될 것이 분명했다. 카나리스는 오직 결과에만 초점을 맞추었다. 그래서 줄곧 침묵을 지키다가 군사정보국장직을 제의받았을 때 비로소 기회가 왔다고 생각한 것이다. 우선 그는 군사정보국에서의 활동으로 신임을 얻는 동시에 나치 정권이 내부적으로 어떻게 돌아가는지를 파악하며 기회를 노렸다. 그러는 와중에 뜻이 맞는 사람들을 모아 비밀리에 '검은 오케스트라Schwarze Kapelle'를 조직하여, 몇 차례 히틀러를 살해하기 위한 음모를 꾸몄다. 군사정보국장이라는 지위를 이용하여 카나리스는 '검은 오케스트라'를 감시로부터 어느 정도까지 보호할 수 있었다. 또한 히믈러 같은 고위 인사들의 추악한 비밀 정보를 은밀히 수집해서, 그들이 자신에게 대항하는 움직임을 보이면 그 정보를 폭로하여 그들을 파멸시킬 수 있음을 일깨워 주었다.

카나리스의 사례가 예증하듯이, 맞서 싸우거나 파괴하고 싶은 것이 있다면 적대감을 행동으로 표출하고 싶은 욕구를 억눌러, 상대편에게 자신의 위치를 누설하지 말아야 한다. 드러내놓고 싸우면 어느 정도 명성을 얻고 공개적으로 자신을 표명함으로써 마음이 편하기는 하겠지만, 적수가 막강한 권력자일 경우에는 현명한 전술이 아니다. 적은 당신에게서 손쉽게 힘을 박탈하고 당신을 제거할 것이다.

궁극적인 전략은 적의 진영에 머물면서 그 심장부를 파고드는 것이다. 그곳에서 당신은 가치 있는 정보를 수집할 수 있다. 공격 가능한 취약 지점이나 공개될 경우 치명적인 증거 등을 얻게 될 것이다. 여기서는 허위 정보를 흘리거나 상대방이 자기 파괴적 정책을 수립하도록 몰고 가는 등의 교묘한 책략들이 커다란 효과를 거둘 수 있다. 이것은 외부에서라면 엄두도 내기 힘든 효과다. 적의 힘은 오히려 당신이 사용할 수 있는 무기, 당신의 재량에 달린 배신자의 병기가 되는 셈이다. 대부분 사람은 외견상 자신의 지지자나 친구 역할을 연기하는 사람들이 적으로 암약한다는 것을 상상하지 못한다. 따라서 이러한 역할을 활용하면 당신의 적대적 의도와 책략을 좀 더 쉽게 감출 수 있다. 적에게 당신이 보이지 않는다면, 당신은 적을 마음껏 파괴할 수 있다.

◆ 생존의 기술

## 내부에 들어가 파괴하라

재래식 전쟁에서 가장 흔한 방어 형태는 도시를 요새나 성벽으로 둘러싸는 것이었다. 군사 지도자들은 수 세기 동안 그러한 구조물을 점령하는 방법에 대해 전략을 짰다. 요새에 대한 전통적인 전략은 공성 병기와 파성퇴를 이용하여 요새의 성벽을 오르거나 깨뜨리는 것이었다. 먼저 요새를 포위하여 그 주위에 원형으로 이른바 '참호와 포루의 선'을 형성해서 물자와 병력이 안으로 들어가는 것을 막고 수비대를 가둔다. 그런 다음, 도시 주민들이 굶주림으로 인해 서서히 약해지기를 기다렸다가 성벽을 올라가서 성을 탈취하는 방식이다. 이러한 포위는 오랜 기간이 걸렸고 그 양상 또한 처절해질 가능성이 컸다.

그러나 수 세기에 걸쳐 일부 깨어 있는 전략가들이 성벽을 무너뜨리는 다른 방법을 고안해냈다. 그들의 전략은 간단한 전제에 기반을 두었다. 요새는 겉으로 보기에는 견고하지만 그것은 허상에 불과하다는 것이다. 성벽 너머에 갇힌 사람들은 두려움과 생존의 절박함에 처해 있으며 그 도시의 지도자에게는 선택권이 거의 없기 때문이다. 따라서 외관상의 견고함을 그대로 믿고 성벽에 포위망을 치는 것은 명백한 실수다. 실제로 성벽 안에 커다란 약점이 감춰져 있다면, 성벽을 우회하여 내부를 겨냥하는 것이 적절한 전략이다. 말 그대로 성벽 밑으로 굴을 파고 들어감으로써 그들 전력(전통적인 군사 전략)의 토대를 무너뜨려야 한다. 더욱 치밀하고 훌륭한 방법은 내부에 첩자를 침투시키거나 민심이 이반된 주민들에게 작업을 거는 것이다. 이른바 '내부 전선을 여는 것'이다. 내부에서 어떤 집단을 찾아내어 그들이 모종의 불만을 유포시키도록 조장하면 그들이 버린 요새가 당신의 수중에 떨어지도록 만들 수 있다. 그렇게 되면 언제 끝날지 모르는 포위 기간을 단축할 수 있다.

내부에 제거하거나 좌절시켜야 할 사람이 있을 경우, 당신과 같은 생각을 하는 다른 이들과 공모를 꾀하는 것은 자연스러운 경향이다. 대부분의 공모에서 목표는 모종의 대규모 행동을 벌여 지도자를 끌어내리고 권력을 잡는 것이다. 하지만 이것은 위험 부담이 매우 높다. 어떤 공모에서든 주된 약점은 인간의 본성이다. 공모자의 수가 많아질수록, 고의로든 실수로든 누군가가 비밀을 누설할 가능성이 커진다. 벤자민 프랭클린이 말했듯이, "세 사람이 비밀을 지키는 것은 그들 중 둘이 죽을 때나 가능한 일이다." 아무리 공모자를 신뢰한다고 해도 사람 마음속은 결코 알 수 없는 노릇이다.

당신이 취할 사전 대책이 몇 가지 있다. 공모자의 수를 가능한 한 줄여라. 음모의 세부 사항에 꼭 필요한 만큼만 공모자를 연루시켜라. 그들이 아는 것이 적을수록 누설할 것도 적어진다. 그리고 행동에 돌입하기 전에 가능한 한 늦게 계획 일정을 밝히면 그들이 변절할 시간도 주어지지 않을 것이다. 또한 일단 계획을 설명하고 나면 그것을 고수하라. 마지막 순간에 계획을 변경하는 것은 공모자의 마음에 의심의 씨앗을 뿌리는 지름길이다. 이렇게 모든 것이 보장되었다 하더라도 대부분의 공모는 실패로 돌아가기 쉬우며, 그 실패 속에서 온갖 종류의 의도하지 않은 결과들이 발생한다. 심지어 카이사르 암살 음모가 성공했을 때도 공모자들이 의도한 대로 로마 공화국이 부활하는 대신, 아우구스투스 대제의 비민주적 체제로 귀결되었다. 이때 공모자의 수가 너무 적다면 그 결과에 대한 통제력이 부족해진다. 반대로 공모자의 수가 너무 많으면 그 공모는 열매를 맺기도 전에 누설되고 말 것이다. 이 모든 점을 고려해야 한다.

마지막으로 적군의 사기를 떨어뜨리는 일은 언제나 유용하다. 중국인들은 이를 가리켜 '솥 밑에서 장작 빼내기'라고 불렀다. 외부에서도 프로파간다를 통해 시도할 수는 있지만, 역효과를 내기 쉽다. 외부 병력을 동원해 그들을 꺾으려 하면 그들은 군인과 민간인을 응집시켜 그 어느 때보다 전투 의지를 굳건히 다질 것이다. 내부 동조자들을 찾아내어 그들이 불만을 전염병처럼 유포시키게 하는 편이 더 효과적이다. 그들의 지도자가 이러한 위협에 예민하게 반응하여 불평분자들을 처벌하는 식의 행동을 보인다면, 그들은 완전히 당신 손안에서 놀아나는 셈이다. 스스로 부당하고 압제적이라고 선전하는 것이니 말이다. 문제를 그냥 방치한다 해도 문제는 더욱 확산될 따름이다. 그리고 결국 그들이 도처에 적들이 깔려 있음을 깨닫게 된다 해도, 편집증에 사로잡혀 전략 능력을 제대로 발휘하지 못할 것이다. 내부 전선을 이용하여 알력을 확산시키는 일은 적을 제압하고자 할 때 굉장히 유용한 도움을 줄 것이다.

당신이 속한 집단 내부에도 당신에게 등을 돌릴 만한 불평분자들이 도사리고 있을 가능성이 크다. 그렇다고 편집증에 빠져 사람들을 일일이 의심하고 그들의 일거수일투족을 감시해서는 안 된다. 음모와 파괴 공작을 극복할 수 있는 실질적인 수단은 오직 당신의 부대가 자신의 직무에 만족하여 스스로 전념하고 자의에 의해 결집하도록 만드는 것뿐이다. 이렇게 되면 부대원들은 스스로 치안을 유지하면서 내부 문제를 조장하려 드는 모든 불평분자를 그냥 보아 넘기지 않을 것이다. 암세포는 허약하고 쇠잔한 육체에만 뿌리를 내린다.

STRATEGY

32

# 복종하는 것처럼 보이면서 조종하라

## 숨어서 공격하기

▲

당신의 의지대로 사람들을 주무르려는 시도는 무엇이든 일종의 공격으로 봐야 한다. 그런데 정치가 가장 큰 힘을 갖는 세상에서 가장 효과적인 공격 형태는 숨은 공격이다. 순응하는 척, 심지어는 겉으로 좋아하는 척하며 공격하는 형태가 최상의 공격이라는 얘기다. 수동적 공격 전략을 수행하기 위해서는 사람들과 잘 어울리며 전혀 저항하지 않는 것처럼 비쳐야 한다. 그러나 실제로 상황을 지배하는 사람은 바로 당신이다. 당신은 뚜렷한 주관이 없고 심지어는 다소 무력해 보이기까지 하지만, 그것은 모든 상황이 당신을 중심으로 돌아간다는 의미다. 수동적인 공격은 가장 많이 행해지는 전략 가운데 하나다. 그러니 당신을 수동적으로 공격하려 드는 수많은 전사로부터 자신을 방어하는 법도 배워야 한다. 그들은 일상에서 당신을 수시로 공격할 것이다.

▲

◆

## 죄책감이라는 무기

1929년 12월 인도를 통치하던 영국인들은 다소 긴장하기 시작했다. 대영제국 측에서 식민지 인도에 단계적으로 자치권을 돌려주는 문제를 놓고 토론을 제안했지만, 인도의 주요 독립운동 단체인 인도국민회의Indian National Congress가 이를 거부한 것이다. 국민회의는 즉각적이고 총체적인 독립을 요구했으며, 마하트마 간디에게 시민 불복종 운동을 이끌어달라고 요청한 상태였다. 수년 전에 영국에서 법률을 공부한 간디는 1906년 남아프리카의 법정 변호사로 일하면서 수동적 저항이라는 형태의 투쟁을 창안했다. 그리고 1920년대 초에는 인도에서 대영對英 시민 불복종 운동을 주도하여 대단한 반향을 일으키고 투옥되어, 인도에서 가장 존경받는 인물이 된 터였다.

간디는 엄격한 형식의 비폭력 저항에 대한 믿음을 가졌고 그대로 실행했지만 영국 통치하의 식민지 경찰들은 걱정이 되기 시작했다. 영국 경제가 약화되면 간디는 영국 상품 불매운동을 조직화하고 인도의 거리 곳곳을 군중의 시위로 가득 메울 게 분명했기 때문이다. 경찰에게 그것은 악몽과도 같았다.

독립운동을 막기 위한 전략 구축 책임자는 인도 총독인 에드워드 어윈 경이었다. 어윈은 개인적으로는 간디를 존경했지만 더 이상 지체할 수 없었으므로 신속하게 대응하기로 결정했다. 3월 2일 그는 간디의 편지를 받았다. 편지에 따르면, 간디는 소금세에 대해 저항할 예정이었다. 해안에 거주하는 누구나 소금을 쉽게 채취할 수 있음에도 불구하고, 영국은 인도의 소금 생산에 대해 독점권을 행사하고 소금에 과다한 세금까지 징수하고 있었다. 이는 소금이 유일한 양념인 인도의 극빈층에게 과중한 부담이 아닐 수 없었다. 간디는 뭄바이 부근에 있는 그의 아쉬람(수행 공동체)에서부터 바닷가 마을인 단디까지 추종자들의 행진을 이끌었다. 그는 어윈에게 보낸 편지에서, 당장 소금세를 폐지한다면 행진을 중단하겠다고 밝혔다.

어윈은 간디의 편지를 읽고 오히려 안도했다. 기력이 쇠한 예순 살의 간디가, 많아야 80명 정도인 오합지졸의 추종자들을 이끌고 320킬로미터가 넘는 거리를 행진하기는 힘들 것이라고 추측했기 때문이다. 인도국민회의의 인사들마저도 크게 실망할 정도였다. 어쨌든 이제 어윈은 전략을 재고해야 했다. 간디와 대부분이 여성인 그의 추종자들을 체포하거나 공격하면 꼴사나워 보일 것이다. 가혹한 대응보다 스스로 소멸하도록 내버려두는 편이 훨씬 나아 보였다. 이러한 저항 운동이 아무런 효과도 거두지 못하면 간디는 불신을 받을 것이다. 독립운동은 타격을 입거나 최소한 추진력을 상실할 것이다.

어윈은 간디의 행진 준비 과정을 지켜보면서 자신이 현명한 선택을 했다고 확신했다. 간디는 이 행사를 거의 종교적인 것으로 만들고 있었다. 마치 깨달음을 얻으러 떠난 붓다의 행진처럼 말이다. "우리는 사활이 걸린 성스러운 전쟁에 돌입할 것입니다." 빈자들이 간디의 말을 듣기 위해 아쉬람으로 모여들기 시작했다. 간디는 행진을 기록하기 위해 세계 각지의 영화인들을 불러왔다. 자신을 독실한 문명국가의 표상으로 여기던 어윈은 바닷가로 향하는 간디의 발길을 막지 않는 편이 영국에 더 나으리라 생각했다.

간디는 1930년 3월 12일에 아쉬람을 출발했다. 한 마을을 통과할 때마다 무리가 불어나자 간디도 점점 과감해지기 시작했다. 그는 인도 전역의 학생들에게 학업을 중단하고 행진에 동참하라고 호소했다. 그러자 수천 명의 학생이 무리에 합류하고 수많은 사람이 그의 행진을 보려고 길가로 모여들었다. 4월 6일 그는 추종자들을 이끌고 바닷물에 들어가 정화 의식을 치른 뒤, 바닷가에서 소량의 소금을 채취했다. 그러자 인도 전역에 간디가 소금세법을 어겼다는 소문이 빠르게 퍼져나갔다.

어윈은 점차 경악했다. 바다로 향하는 이 행진은 겉보기에는 전혀 대수롭지 않았다. 그런데 별다른 영향력을 발휘하지 못하리라고 생각했던 종교적 상징이 민중의 마음을 뒤흔들었고, 소금이라는 쟁점은 영국 정책에 대한 반발의 피뢰침이 되고 말았다. 간디는 영국에게 위협감을 주지 않으면서도 인도인들의 반향을 얻을 수 있는 방법을 선택한 것이었다. 어윈은 머리가 아팠다. 지금 와서 그를 체포하면 불에 기름을 붓는 격이 될 테고, 그렇다고 그대로 방치하면 간디의 주도권을 인정하는 셈이 될 것이다. 게다가 인도 전역에서 비폭력 시위가 다발적으로 일어나고 있는데, 이를 폭력으로 진압한다면 온건한 인도인들까지 시위에 동참할지 모른다. 어윈이 어느 쪽을 택하든 사태는 악화될 수밖에 없었다. 초초해진 어윈은 수차례 회의를 열었지만 끝내 아무 조처도 취하지 못했다.

이후 며칠에 걸쳐 그 여파는 더욱 넓게 확산했다. 수천 명의 인도인이 간디처럼 소금을 채취하려고 바닷가로 떠나기 시작한 것이다. 비폭력 저항은 또 다른 형태의 저항으로 이어져, 국민회의가 영국 상품 불매운동을 주도하는 등의 저항이 줄줄이 이어졌다. 마침내 어윈의 명령에 따라 영국인들은 무력 진압에 나섰다. 그리하여 5월 4일에 간디를 체포하여 투옥시키고 재판도 하지 않은 채 아홉 달 동안 그를 감금했다.

간디의 체포는 또 하나의 커다란 도화선이 되었다. 5월 21일 2,500명의 인도인이 정부가 운영하는 다라사나Dharasana 제염소로 평화 행진을 했다. 인도인 무장 경찰들과 영국인 경관들이 그곳을 방어하고 있었으므로, 행진자들은 전진하다 철로 도금한 곤봉에 맞아 쓰러졌다. 시위대는 스스로를 방어하려는 어떤 시도도 하지 않은 채 억수처럼 쏟아지는 곤봉 세례에 몸을 내맡겼다. 그러면서도 마지막 남은 한 사람이 곤봉에 맞아 쓰러질 때까지 행진을 멈추지 않았다. 그 끔찍한 장면이 언론에 대대적으로 보도되자, 마침내 인도인들은 영국에 대해 지니고 있던 일말의 감상적 애착마저 모두 걷어내게 되었다.

소요 사태를 종식하기 위해 어윈은 어쩔 수 없이 간디와 협상을 개시하고 몇 가지 쟁점을 양보했다. 대영제국의 총독에게는 전례 없는 일이었다. 영국의 통치는 몇 년 더 지속됐지만, '소금 행진Salt March'은 분명 영국의 통치를 끝내는 시발점이었다. 이를 증명하기라도 하듯, 1947년 영국은 단 한 번의 전투도 치르지 않고 인도를 떠났다.

## ● 해석

간디는 교묘하고 영리한 전략가로, 성자처럼 보이는 연약한 외모로 적이 오판하도록 유도했다. 모든 성공적인 전략의 열쇠는, 적을 알고 나를 아는 것이다. 이런 관점에서, 런던에서 교육받은 간디는 영국인을 제대로 파악하고 있었다. 그가 판단하기에 영국인들은 정치적 자유와 교양 있는 행동의 전통을 고수한다고 자부하는 자유주의자들이었으며, 스스로 이러한 자아상을 무척 중요하게 여겼다. 물론 식민지에서 이따금 잔혹한 행위를 한 것을 보면 자가당착에 불과하지만 말이다. 반면 인도인들은 오랜 세월 동안 영국의 지배를 받으면서 굴종의 삶을 살아야 했다. 그들은 대부분 비무장이었기에 반란이나 게릴라전을 일으킬 처지가 아니었다. 그들은 비폭력 방식을 사용하여 무력 대응을 주저하는 영국인들의 심리를 완벽하게 활용했다. 평화롭게 저항하는 이들을 공격하는 것은 영국인의 도덕적 순결주의에 걸맞지 않았다. 따라서 영국인들은 곤혹감과 죄책감을 느끼며 아무것도 하지 못한 채 주저하고 있다가 전략적 주도권을 포기할 것이 분명했다. 소금 행진은 간디의 전략적 탁월함을 보여주는 전형적인 사례다.

사례의 영국인들처럼 오늘날 수많은 사람에게도 양면적인 모습이 있다. 살아남기 위해 힘이 필요하지만, 동시에 자신의 선함에 대한 확신 또한 필요로 한다는 얘기다. 이런 점을 감안할 때 폭력을 행사하여 싸울 경우 당신은 공격적이고 추한 사람으로 전락할 수밖에 없다. 그 대신 온화하고 부드러우며 심지어 수동적인 모습을 보임으로써 상대의 내면에 잠재된 죄책감과 자유주의적 성향의 양면성을 활용하라. 그리하여 그들을 무장해제시키고 그들의 방어를 무사통과하라. 그들에 대한 도전이나 저항은 도덕적이고 정당하며 평화적인 방법으로 수행되어야 한다. 그들이 참지 못하고 무력으로 대응한다면, 오히려 그들이 꼴사납게 보일 것이이다. 반대로 그들이 주저한다면, 당신은 우위를 점하여 전쟁의 총체적인 역학을 결정할 기회를 얻게 된다. 이를 통해 상대의 죄책감을 일종의 무기로 사용할 수 있다. 정치가 중요한 역할을 하는 세계에서는 수동적이고 도덕주의적인 저항이 적을 마비시킬 것이다.

# 복종하는 것처럼 보이면서 조종하라

우리는 어떤 사안에 대해 가장 단순하고 가장 쉽게 이해할 수 있는 쪽으로 해석하는 경향이 있다. 예를 들어 사람의 경우에는 착하다 혹은 나쁘다, 우직하다 혹은 교활하다, 숭고한 의도를 갖고 있다 혹은 사악한 의도를 갖고 있다는 식으로, 사건의 경우에는 긍정적 혹은 부정적이라는 식으로 이분법적 사고를 한다는 이야기다. 그러나 실제로 세상은 그리 단순하지 않다. 사람들은 언제나 좋은 자질과 나쁜 자질, 강점과 약점을 골고루 갖고 있다. 또 타인이 하는 어떤 행동에도 우리에게 이로운 의도와 해로운 의도가 공존할 수 있다. 그 행위자가 우리에 대해 좋은 감정과 나쁜 감정을 함께 갖고 있기 때문이다. 그런가 하면 아무리 긍정적인 사건이라도 부정적인 측면이 존재하게 마련이며, 우리는 행복과 불행을 동시에 느끼는 경우도 많다. 사람이든 사건이든 단순화시킬수록 쉽게 다룰 수는 있지만, 그러면 결국 오해와 오독이라는 함정에 빠지고 만다.

이는 수동적 공격이 하나의 전략으로서 그토록 지독한 효과를 발휘하는 이유와 많은 이들이 이 전략을 구사하는 이유를 설명해준다. 수동적 공격을 구사하는 이들은 말 그대로 수동적인 동시에 공격적이다. 이들은 겉으로는 고분고분하고 복종적일 뿐만 아니라 충성스러워 보인다. 그런데 사실 그들은 속으로는 음모를 꾸미며 적대적 조치를 취하는 것이다. 그들은 아주 작은 사보타주 행위들을 취하거나 상대의 화를 돋우기 위해 아리송한 말을 건네는 등 종종 미묘한 공격을 시도하지만 때로는 노골적인 공격을 시도하기도 한다.

수동적 공격은 일상생활에서 아주 흔하게 일어나기 때문에 공격만큼이나 방어하는 법을 아는 것도 중요하다. 이 전략을 구사하여 공격해야 하는 것 당연하다. 당신의 무기고에서 배제해버리기엔 너무 효과적인 전략이니 말이다. 그런데 의식적인 수동적 공격이 현대사회에 만연해 있다는 점을 감안할 때, 그에 대처하는 방법 또한 알아두어야 한다.

첫째, 오늘날 들어 어째서 수동적 공격이 이토록 세상에 만연해졌는지를 이해해야 한다. 현대사회에서는 상대에 대한 노골적인 비판이나 부정적인 감정을 표출하는 행위가 그다지 환영받지 못한다. 게다가 무슨 일이 있어도 사람들 사이의 갈등은 피해야 한다는 생각이 널리 퍼져 있다. 가능한 한 많은 사람으로부터 호감과 인지도를 얻어야 한다는 사회적 압력이 크게 작용하기 때문이다. 인간의 내면에는 공격하고픈 충동과 부정적 감정, 타인에 대한 비판적 사고가 존재하게 마련이다. 하지만 이런 감정을 노골적으로 드러내면 사람들의 호감을 잃을 수 있다는 우려가 따르기 때문에, 사람들은 점점 더 수가 얕은, 끈질긴 수동적 공격에 의존하게 된다.

사실 이런 반의식적 수동적 공격은 대부분 비교적 큰 피해를 입히지 않는다. 기껏해야 상습적으로 지각하거나, 야유의 독침을 숨긴 채 칭찬을 떠벌리거나, 도움을 준다 해도 끝까지 책임지지 않는 등의 행위로 표출되기 때문이다. 이렇게 흔한 전술들은 무시하는 것이 최선이다.

반면 좀 더 강력하고 해로운 수동적 공격의 형태로, 실질적으로 해를 입히는 사보타주가 있다. 당신의 동료 한 명이 겉으로는 당신을 따뜻하게 대하는 척하면서 뒤에서 문제를 일으킬 만한 말을 하고 다닌다고 가정해보자. 그렇다면 당신은 그 사람이 당신에게서 매우 귀중한 것을 훔쳐 가도록 허용하는 셈이다. 당신의 고용인에게 중요한 업무를 맡겼는데 그 일을 더디고 형편없이 한다고 가정해보자. 이러한 유형은 당신에게 해를 입히면서도 어떠한 비난이든 요령 있게 피해갈 수 있다.

그들의 수법은 이렇다. 자신들을 무고하고 가엾고 의지까지 없는 방관자이자, 전반적인 역학 관계를 놓고 볼 때 진짜 희생당한 장본인으로 만드는 것이다. 그리고 그들이 책임을 회피함으로써 당신은 혼란을 겪게 된다. 모종의 물밑 작업을 당했다는 의심이 들긴 하지만 이를 증명할 길이 없기 때문이다. 설상가상으로 그들이 '진짜' 능숙하다면, 당신은 무고한 사람을 의심했다는 죄책감까지 느낄 것이다. 죄책감이 든다면, 그것을 그들에게 제압당했다는 하나의 신호로 받아들여라. 사실 당신을 얼마나 강력하게 동요시켰느냐에 따라 해당 수동적 공격의 유해성 정도를 판단할 수 있다. 단순한 짜증이 아닌, 혼란과 편집증, 불안감, 분노 등이 얼마나 강력하게 유발되는지를 가늠해보라.

수동적 공격형 전사를 무찌르기 위해서는 먼저 자신을 면밀히 파악해야 한다. 그래야만 '비난 떠넘기기' 전술을 기민하게 자각할 수 있다. 자신을 수동적 공격형 역학 관계로 몰아넣는 것은 바로 당신 자신의 약점 때문인 경우가 많다. 그러니 이 점을 경계하라.

둘째, 이미 그렇게 위험한 부류를 상대하고 있음을 깨달았다면, 관계를 끊는 것이 가장 현명한 처사다. 그를 당신의 인생에서 내쫓아버려라.

어떤 경우에도 상대가 수동적 공격을 취할 만한 시간과 공간을 줘서는 안 된다. 그들이 뿌리를 내리도록 버려둔다면 온갖 교활한 방법으로 당신을 꼭두각시처럼 마음대로 조종할 것이다. 최선의 방책은 주변 사람들이 수동적 공격의 징후를 보이지는 않는지 기민하게 경계하고 그들의 음험한 영향력에 마음을 사로잡히지 않는 것이다.

## 뒤집어보기

수동적 공격을 뒤집으면 공격적 수동성이 된다. 겉으로는 적대적 표정을 지으면서 속으로는 평정을 유지하고 비우호적인 행동을 전혀 취하지 않는 것을 가리킨다. 공격적 수동성의 목적은 위협이다. 주로 상대보다 자신이 약하다는 것을 알고 난폭한 얼굴을 보임으로써 적의 공격 의지를 꺾으려 할 때 유용하다. 이러한 방법을 사용하면 적은 겉모습에 속아 당신이 모종의 공격을 해올지도 모른다고 생각할 것이다. 일반적으로 실상이나 진짜 의도와 정반대되는 모습을 보이는 것은 당신의 전략을 위장하기에 매우 유용한 방법이다.

STRATEGY 33

# 공포와 불확실성을 유포하라

## 테러와 혼란

▲

테러는 상대의 저항 의지를 마비시키고 전략적 대응을 계획하는 능력을 파괴하는 최상의 방법이다. 테러의 힘은 간헐적 폭력 행위를 통해 얻어지며 그 폭력은 지속적인 위협감을 유발하고 그것을 공공 영역 전체에 확산시킨다. 테러의 목적은 전장에서 승리를 쟁취하는 것이 아니라, 상대 진영에 극도의 혼돈을 유발하여 상대가 필사적으로 과잉 반응을 하도록 유도하는 것이다. 테러 전략가들은 보이지 않게 사람들 속에 녹아 들어가서 대중매체에 걸맞게 폭력 행위를 연출함으로써 자신들이 어디에든 도사리고 있다는 착각을 불러일으킨다. 이런 방법을 통해 그들은 실상보다 훨씬 더 강력하게 보일 수 있기 때문이다. 이것은 일종의 신경전이다. 따라서 테러 대상자들은 평정을 유지해야만 가장 효과적인 대응 전략을 도출해낼 수 있다. 테러와 맞설 때는 이성이 최후의 방어선임을 잊어선 안 된다.

▲

## ◆ 보이지 않는 공포의 힘

11세기 말경 이스파한(Isfahan, 오늘날의 이란)에서는 이슬람 제국의 통치자였던 술탄 말리크 샤의 고관 니잠 알 물크Nizam al-Mulk가 그리 크진 않으나 꽤 골치 아픈 위협을 느끼기 시작했다. 페르시아 북부에는 시아파 이슬람의 작은 분파로, 코란에 신비주의를 접목한 교리를 추종하는 니자리 이스마일파들이 살고 있었는데, 그들의 카리스마적인 지도자 하산 이 사바Hasan-i-Sabah가 종교적, 정치적으로 엄격한 제국의 통치에 염증을 느낀 사람들을 수천 명이나 개종시킨 것이다. 이스마일파의 영향력이 나날이 커지면서 니잠 알 물크의 시름이 깊어갔는데, 문제는 그들이 철저한 비밀주의를 고수한다는 것이었다. 누가 개종을 했는지조차 알아낼 수 없었다.

니잠 알 물크는 그들의 활동을 감시하다가 더 이상 방치하지 않고 행동을 개시하기로 했다. 그들이 페르시아 북부 일부의 통제권을 장악하여 제국 내에 일종의 독립국가가 생겨난 것이었다. 니잠 알 물크는 자비로운 행정가였지만, 이스마일파 같은 종파가 번성하도록 놔뒀다가는 큰 위험이 닥칠 거라는 사실을 잘 알았다.

산불 같은 혁명이 밀어닥치기 전에 촛불 상태일 때 심지를 눌러 불을 꺼야 했다. 1092년 알 물크는 그들이 차지한 성들을 파괴하고 니자리 이스마일파를 분쇄하기 위해 군대를 둘로 나누어 투입하겠다고 술탄을 설득했다.

성의 수비는 철저했고, 주변 지역도 동조자들로 가득 차 있었다. 그리하여 결국 전쟁이 교착상태에 빠져들고 술탄의 두 군대는 귀환해야 하는 운명을 피할 수 없었다. 니잠 알 물크는 해당 지역에 주둔군을 배치하는 등의 방도를 모색해야 했다. 그런데 얼마 후 알 물크는 이스파한에서 바그다드로 향하던 길에 암살을 당하고 말았다. 수피 성직자 하나가 그가 타고 가던 가마로 접근하더니 품속에서 단검을 꺼내어 그를 찔렀다. 살인자는 하산의 지시를 받아 평화로운 수니파로 위장한 이스마일파 신도임이 밝혀졌다.

니잠 알 무크가 죽고 나서 몇 주 후 말리크 샤도 세상을 떠났다. 사인은 자연사였다. 술탄이 죽자 제국은 몇 년간 혼돈에 빠졌다. 1105년경 어느 정도 안정기에 접어들자 다시금 이스마일파에 관심이 쏠렸다. 단 한 번의 암살로 제국 전체를 뒤흔들어놓은 이상, 그들은 반드시 섬멸해야 하는 적이었다. 또한 니잠 알 물크의 살해가 단순한 보복 행위가 아니라, 이스마일파가 전쟁을 벌이는 방식이라는 사실이 드러났다. 그것은 낯설고도 소름 끼치는 전쟁이었다. 그 뒤 몇 년에 걸쳐 새 술탄 무하마드 타파르Muhammad Tapar의 주요 각료들이 같은 방식, 즉 살인자가 군중 속에서 홀연히 나타나 단검으로 치명상을 입히는 방식으로 살해되었다. 대개는 훤한 대낮에 많은 인파 속에서 행해졌으며, 이따금 희생자가 잠든 사이에 그 집의 하인으로 침투해 있던 이스마일파 비밀결사 대원이 암살을 저지르기도 했다.

공포의 물결이 제국의 지배층을 휩쓸었다. 도대체 누가 이스마일파인지 구분하기는 불가능했다. 그들은 참을성이 뛰어나고 철저하게 단련된 사람들로, 자신의 종파를 절대 누설하지 않은 채 어디에서든 잘 어울리는 데 능통했다. 암살자들은 체포되어 고문을 당하는 와중에도 술탄 내부 조직의 사람들을 겨냥하여 이스마일파 첩자나 개종자라고 누명을 씌우기 일쑤였다. 누구도 진실을 알 수 없는 상황이었기에 모두가 혐의자가 될 수밖에 없었다.

고위 대신들과 판사들, 지방 관리들은 여행을 갈 때마다 목숨을 보전하기 위해 경비병들의 호위를 받아야 했으며, 그들 중 대다수가 겉옷 속에 두껍고 불편한 갑옷을 껴입기 시작했다. 일부 도시에서는 이웃 간에도 허가 없이는 왕래할 수 없었는데, 이로 인해 주민들 사이가 소원해지자 이스마일파 사람들은 훨씬 더 쉽게 개종자를 모을 수 있었다. 많은 이들이 밤잠을 설쳤고 가장 친한 친구조차 믿기 힘들어졌으며, 망상에 사로잡힌 사람들이 온갖 뜬소문을 퍼뜨렸다. 지배 계층 사이에서도 일부는 하산에게 강경 방침을 취하라고 요구하고, 또 일부는 화해만이 유일한 해답이라고 설교하는 등 격심한 의견 분열이 일었다.

제국이 이스마일파를 진압하려 안간힘을 쓰는 동안에도 암살은 끊이지 않았다. 그러나 너무나 산발적으로 일어났기 때문에 손을 쓰기도 힘들었다. 관리들은 이스마일파의 행동을 면밀히 분석하며 일정한 패턴을 찾기 위해 끝없이 난상 토론을 벌였다. 그들도 알지 못하는 사이에 어느덧 이 작은 종파가 그들의 사고를 지배했다.

1120년, 새로운 술탄 산자르Sanjar는 조치를 취하기로 하고, 압도적인 병력으로 이스마일파 성들을 점령하고 그 주변 지역을 무장 야영지로 전환시킨다는 군사작전 계획을 세웠다. 산자르는 그의 생명을 노리는 모든 시도를 차단하기 위해 각별히 주의를 기울였다. 전쟁 준비가 진행되자, 하산 이 사바는 산자르에게 외교관을 연달아 보내어 살인 종식을 의제로 한 협상을 제안했다. 산자르는 그들을 모두 돌려보냈다. 형세가 역전된 것 같았다. 이제 두려움에 떠는 쪽은 이스마일파였다.

출정을 앞둔 어느 날 아침, 술탄이 깨어보니 침대에서 몇 발치 안 되는 방바닥에 단검 한 자루가 반듯하게 꽂혀 있었다. 이게 어떻게 들어왔을까? 이게 대체 무슨 뜻일까? 생각하면 할수록 몸서리가 쳐졌다. 이것은 분명히 어떤 메시지를 담고 있는 것이었다. 그는 아무에게도 이 일을 알리지 않았다. 대체 누구를 믿을 수 있단 말인가? 심지어 왕비조차 믿을 수 없었다. 그날 해 질 무렵쯤에는 감정적으로 완전히 황폐해진 상태였다. 그리고 그날 저녁에 그는 하산으로부터 메시지를 받았다. "제가 술탄의 안녕을 바라지 않았다면, 단검을 딱딱한 바닥이 아니라 술탄의 무른 가슴팍에 꽂았겠지요."

산자르는 참을 수 없었다. 더는 이런 나날을 견디기 힘들었다. 불안과 의심, 끊임없는 공포 속에 살아가는 것은 끔찍한 일이었다. 이 악마 같은 자와 협상하는 편이 낫겠다는 생각이 들었다. 그는 출정을 취소하고 하산과 화해했다.

수년에 걸쳐 이스마일파의 정치력이 커지고 그 세력이 시리아까지 확장되면서, 그에 속한 암살자들은 거의 신화적 존재가 되었다. 이들은 절대 도망가지 않았다. 살해한 뒤 묵묵히 체포되어 고문을 당한 다음 처형당하고 나면 또 다른 암살자가 뒤를 이었다. 그 무엇도 그들의 과업을 중단시킬 수 없을 것 같았다. 그들은 종교에 완전히 홀려서 대의에 전적으로 충실했다. 어떤 사람들은 그들을 대마초의 아랍어 '하시시(hashish)'에서 파생한 '하시샤신(hashshashin)'이라 불렀다. 그들이 마약을 복용한 것처럼 행동했기 때문이다. 성지를 찾아 떠난 유럽의 십자군 병사들이 이 악마적인 하시샤신 이야기를 듣고 구전을 거듭한 끝에 '하시샤신'이 '아사신(assassin, '암살'이라는 뜻)'으로 변형되어 지금에 이르렀다.

## ● 해석

하산 이 사바의 목표는 단 하나였다. 페르시아 북부에 자신의 종파를 위한 국가를 개척하고, 그 국가가 이슬람 제국 내에서 살아남아 번영하게 하는 것. 하지만 신자 수가 상대적으로 적은 데다 권력자들이 버티고 있는 상황에서 더는 세력을 확장할 수가 없었다. 그래서 정치권력에 대항하여 역사상 최초로 테러리스트 전쟁을 조직화하는 전략을 고안한 것이다. 하산의 계획은 지극히 간단했다. 이슬람 세계에서 존경받는 지도자의 권위는 대단했으므로 그만큼 그의 죽음은 혼돈을 부를 것이었다. 따라서 하산은 지도자들을 선택해서 습격했다. 대상 선택은 다소 임의적이었다. 다음 표적이 누가 될지는 아무도 예측하기 힘들었고, 그러한 불확실한 공포야말로 상대 진영을 공황에 빠뜨리는 최고의 효과를 발휘했다. 사실 이스마일파는 그들이 장악한 성을 제외하면 매우 취약했다. 그러나 부하들을 꾸준히 술탄 정부의 심장부 깊숙이 침투시킴으로써, 자신들이 어디에서나 도사리고 있는 듯한 착각을 조장했다. 그리하여 생을 통틀어 총 50회에 불과한 암살 행위를 통해, 마치 수십만 대군을 거느린 것처럼 대단한 정치력을 거머쥔 것이다.

우리는 모두 주변 사람들의 감정에 극도로 민감하다는 점을 기억해야 한다. 우리는 한 집단을 휩쓸고 가는 분위기에 얼마나 깊이 감염되는지 쉽게 자각하지 못한다. 바로 이런 점 때문에 테러가 그토록 효과적이고 위협적으로 사용되는 것이다. 소수의 암살자가 적기에 몇 번의 폭력을 행사하는 것만으로도 온갖 종류의 망상과 불안감에 불을 붙일 수 있다.

대중의 상상력이 점점 제멋대로 흘러가면서 암살자들은 '전지전능하며', '어디에서나 도사리고 있는' 것처럼 보이게 된다. 실상보다 훨씬 큰 존재가 되는 것이다. 하산이 증명한 바와 같이, 한 무리의 테러리스트들이 한 집단의 영혼을 정확히 조준하여 몇 번

타격을 주면, 제국 전체를 볼모로 삼을 수 있다. 그리고 그 집단의 지도자가 (항복하거나 비전략적 반격을 개시함으로써) 감정에 굴복해 버리면 테러 전쟁은 완벽하게 성공을 거두게 된다.

◆ 생존의 기술

## 공포와 불확실성을 유포하라

일상생활에서 우리는 온갖 종류의 두려움에 사로잡힌다. 이러한 두려움은 일반적으로 구체적인 상황과 관련된 것들이다. 이를테면 누군가가 해칠지도 모른다는 두려움, 까다로운 문제에 봉착할 거라는 두려움, 질병에 걸리거나 살해 위협을 받을지도 모른다는 두려움 등이 그것이다. 어떤 심각한 공포를 느낄 때 우리는 온갖 나쁜 상황을 상상하게 되고 그럴 때 우리의 의지력은 일시적으로 마비된다. 이런 상태가 너무 오래 계속되거나 그 강도가 너무 높아지면, 더 이상 참지 못하고 이런 생각을 피하고 두려움을 진정시킬 방도를 모색하게 된다. 그런 경우 대개는 일상생활에서 기분 전환을 시도할 것이다. 일에 집중하거나 사교 모임에 참석하거나, 친구를 만나는 방식으로 말이다. 종교나 여타 신념 체계, 즉 과학이나 기술에 대한 신념 등도 도움이 될 수 있다. 이런 기분 전환과 신념이 우리의 토대가 되어 쓰러지지 않도록, 두려움으로 인한 마비 증세를 겪지 않고 계속 나아갈 수 있도록 만들어주는 것이다.

이러한 토대마저 사라져서 어떤 것으로도 마음을 안정시킬 수 없는 상황도 있다. 역사 속에서도 대지진이나 끔찍한 전염병, 심각한 내전 등의 재앙 속에서 일종의 광기가 사람들을 무력화시킨 사례들을 찾아볼 수 있다. 그러나 이런 상황에서 우리를 괴롭히는 것은 끔찍한 사건 자체가 아니다. 인간에겐 아무리 끔찍한 일이라도 극복하고 적응할 수 있는 능력이 있다. 우리를 괴롭히는 것은 바로 불확실한 미래, 끔찍한 일이 다가오고 있으며 곧 엄청난 비극을 맞게 될지도 모른다는 두려움이다. 이러한 두려움이 우리를 초조하고 불안하게 만든다.

이것이 바로 테러의 본질이다. 감당하기 힘들고 일반적인 방법으로는 걷어내기도 힘든, 저항하기 어려운 강렬한 두려움. 모든 것이 너무도 불확실하며 수많은 나쁜 일들이 도사리고 있다는 두려움 말이다.

2001년 9월 11일 이슬람의 알카에다 조직과 연계된 한 무리의 테러리스트들이 뉴욕의 세계무역센터와 수도 워싱턴 외곽의 펜타곤을 공격했다. 그 공격에는 여러 가지 고전적인 테러리즘의 특징이 포함되어 있었다. 작은 집단이 극도로 제한적인 수단으로 미국의 기술을 재량껏 사용하여 최대의 효과를 거둘 수 있었으니 말이다. 그들은 작은 규모를 이점으로 활용하여 사람들 눈에 띄지 않음으로써 쉽게 감지되지 않았다. 미국은 그 사건으로 인한 공포 때문에 공황 상태에 빠졌으며 아직도 완전히 회복되지 못한 상태다.

많은 사람이 9·11 테러가 새로운 형태의 테러리즘이라는 주장을 부인하고 있다. 그들은 9·11 테러가 희생자의 규모 면에서 양적인 변화일 뿐 질적인 변화는 아니라고 주장한다. 그러나 이 공격에 대한 다른 관점도 존재한다. 즉 언제나 테러리스트의 궁극적 목표가 되는 연쇄 반응을 염두에 두어야 한다는 관점이다.

9·11 테러가 경제에 미친 영향을 완전히 측정하기는 힘들지만, 그 파급 효과는 막대한 것이었다. 미국의 국가 안보 예산이 증가했고, 두 국가를 침공하는 데도 막대한 군사 비용이 들었으며, (공황 심리에 늘 영향을 받는) 주식시장이 침체하고, 그에 따라 소비자 신용도 손상되었고, 여행 산업 등의 특정 산업이 타격을 받았다. 또한 정치에도 막대한 영향을 미쳤다. 사실 2002년과 2004년의 미국 선거는 9·11 테러에 의해 결정되었다고 해도 과언이 아니다. 그리고 미국과 유럽 동맹국들 사이에 간극이 커져갔다(테러리즘은 종종 암묵적으로 동맹국들과 여론의 분열, 즉 매파와 비둘기파의 극단적 대립을 노리기도 한다). 9·11 테러는 또한 미국인의 생활 방식에도 뚜렷한 영향을 미쳐 미국의 상징이라고 할 수 있는 시민의 자유를 크게 제한하는 결과를 낳았다. 마지막으로 문화 전반에 걸쳐 우울하고 차가운 분위기를 조장했다.

어쩌면 알카에다의 전략가들은 이러한 영향을 전혀 의도하지 않았을지도 모른다. 아니, 상상조차 못 했을지도 모른다. 그러나 테러리즘은 본질적으로 일종의 주사위 던지기이며, 테러리스트들은 항상 최대의 효과를 노린다. 혼돈과 불안, 공황을 최대한 많이 조장하는 것이 목표라는 얘기다.

고전적이든 새로운 형태든 테러리즘과 싸우려 할 때는 군사적 해결책에 의지하려는 유혹을 느끼게 마련이다. 폭력에 폭력으로 맞대응하면서 그들이 어떤 공격을 가하더라도 응분의 대가를 치르게 해주겠다는 불굴의 의지를 보여주려는 충동을 느낀다는 얘기다. 여기서 문제는 테러리스트는 그 특성상 당신보다 잃을 것이 훨씬 적다는 사실이다. 반격을 가한다 해도 그들에게 상처를 입힐 뿐 그들을 저지하지는 못한다. 오히려 그 반격 때문에 상대가 인원을 늘리거나 더욱 대담하게 행동할 수도 있다. 테러리스트들은 적을 타도하기 위해 기꺼이 몇 년의 시간을 보내기도 한다. 그들에게 극적인 반격을 가하는 것은 오히려 당신의 급한 성격과 즉각적인 결과를 요구하는 조급성, 감정적인 반응 등을 그대로 드러내는 것이다. 이 모두가 강인함이 아니라 허약함의 징후다.

사실 테러리스트 전략에 적용된 극단적인 병력의 불균형 때문에 군사적 해결책은 무용지물인 경우가 많다. 테러리스트들은 뿔뿔이 흩어진 채 명확히 눈에 띄지 않으며 물리적으로 연계된 것이 아니라 과격하고 광신적인 사상에 의해 연결되어 있다.

프랑스 작가 레몽 아롱Raymond Aron은 테러리즘이란 그로 인한 심리적 충격이 물리적 충격을 능가하는 폭력 행위라고 정의했다. 그러나 이러한 심리적 충격은 결국 물리적 충격, 즉 공황, 혼돈, 정치적 분열 등으로 전이되며, 이 모든 것들이 테러리스트를 실제보다 위력적으로 보이게 만든다. 효과적인 대응 전략을 짜려면 이 점을 염두에 두어야 한다. 테러리스트 타격의 여파 속에서 가장 필수적인 것은 심리적 파급 효과를 중단시키는 것이다. 그리고 이러한 노력은 타깃이 되는 국가나 집단의 지도자들로부터 시작되어야 한다.

지도자들은 테러 공격으로부터의 심리적 손상을 저지하도록 노력하는 한편 향후 공격을 좌절시킬 수 있는 모든 시도를 해야 한다. 테러리스트들이 종종 어떠한 패턴도 없이 간헐적으로 작전을 개시하는 것은, 이 같은 예측 불가능성이 더 위협적이기 때문이기도 하지만 한편으로는 지속적으로 전력을 기울이기엔 너무 약하기 때문이기도 하다. 테러리스트들의 위협을 근절시키기 위해서는 끈질기게 시간을 투자해야 한다. 여기서 군사 부대보다 더 가치 있는 것은 충실한 첩보와 적의 내부 침투 (내부에서 반체제 인물 모색), 테러리스트들의 자금줄과 자원을 서서히 끊임없이 고갈시키는 것이다.

동시에 도덕적 우위를 점하는 것도 중요하다. 테러 공격의 희생자라면 쉽게 우위를 점유할 수 있지만, 공세적으로 반격한다면 그러한 이점을 상실할 것이다. 도덕적 우위 점유는 작은 사치가 아니라 결정적인 전략적 책략이다. 세계의 여론과 다른 국가와의 동맹은 테러리스트들을 고립시키고 그들이 분열을 조장하지 못하도록 예방하는 데 중대한 역할을 하기 때문이다. 이 모두를 위해서는 수년에 걸쳐 주로 막후에서 진행되는 전쟁을 기꺼이 벌이겠다는 의지가 있어야 한다.

마지막으로 밀접하게 상호 연계되어 있으며 국경이 흐릿해진 세상에서는 결코 완벽한 안보가 존재할 수 없다. 문제는 우리가 위협을 어느 정도까지 기꺼이 견디며 살아갈 것인가다. 강한 사람이라면 일정 수준의 불안 요소는 포용할 수 있을 것이다. 공황과 광분의 정도로 적의 성공 여부를 가늠할 수 있듯이, 얼마나 과도하게 방어하느냐 또한 그 척도가 될 수 있다. 방어가 지나칠 경우, 크게는 한 사회와 문화 전반이 소수의 사람에게 볼모로 잡히는 셈이다.

## ● 뒤집어보기

테러리즘의 역은 직접적이고 대칭적인 전쟁이다. 그것은 전쟁 행위의 기원으로 회귀하는 것으로서, 정직하고 숨김없이 힘 대 힘으로 맞서는 단순한 겨루기에 불과하다. 현대에서는 본질적으로 구태의연하고 쓸모없는 전략이다.

**옮긴이**

안 진 환 경제경영 분야에서 활발하게 활동하고 있는 전문 번역가. 1963년 서울에서 태어나 연세대학교를 졸업했다. 저서로 『영어 실무 번역』, 『Cool 영작문』 등이 있으며, 역서로 『권력의 법칙』, 『넛지』, 『부자 아빠 가난한 아빠』, 『마켓 3.0』, 『스틱!』, 『스위치』, 『불황의 경제학』, 『실리콘밸리 스토리』 등이 있다.

이 수 경 한국외국어대학교 노어과를 졸업했으며 전문번역가로 활동하며 인문교양, 경제경영, 심리학, 자기계발, 문학, 실용 등 다양한 분야의 영미권 책을 우리말로 옮겨왔다. 옮긴 책으로 『뒤통수의 심리학』, 『영국 양치기의 편지』, 『완벽에 대한 반론』, 『아무도 나를 이해해주지 않아』, 『멀티플라이어』, 『해피니스 트랙』, 『앱 제너레이션』 등이 있다.

인간 생존의 법칙

**초판 1쇄 발행** 2021년 5월 1일
**초판 5쇄 발행** 2023년 11월 6일

**지은이** 로버트 그린 **옮긴이** 안진환 이수경

**발행인** 이재진 **단행본사업본부장** 신동해
**책임편집** 전해인 **디자인** [★]규 **교정** 남은영
**마케팅** 최혜진 이은미 **홍보** 반여진 허지호 정지연 송임선
**국제업무** 김은정 **제작** 정석훈

**브랜드** 웅진지식하우스 **주소** 경기도 파주시 회동길 20
**문의전화** 031-956-7209(편집) 02-3670-1123(마케팅)
**홈페이지** www.wjbooks.co.kr
**인스타그램** www.instagram.com/woongjin_readers
**페이스북** www.facebook.com/woongjinreaders
**블로그** blog.naver.com/wj_booking

**발행처** ㈜웅진씽크빅
**출판신고** 1980년 3월 29일 제406-2007-000046호


ISBN 978-89-01-25018-2 03180

• 웅진지식하우스는 ㈜웅진씽크빅 단행본사업본부의 브랜드입니다.
• 책값은 뒤표지에 있습니다.
• 잘못된 책은 구입하신 곳에서 바꾸어드립니다.